FRITZ KÜNKEL

CHARAKTER, LEIDEN UND HEILUNG

D1726182

CHARAKTER
LEIDEN UND HEILUNG

VON

FRITZ KÜNKEL

DRITTE, UNVERÄNDERTE AUFLAGE

S. HIRZEL VERLAG

STUTTGART

1976

Unveränderter reprografischer Nachdruck der Ausgabe Leipzig 1934

ISBN 3 7776 0308 2

© 1976 S. Hirzel Verlag Stuttgart
Druck: Wissenschaftliche Buchgesellschaft, Darmstadt
Einband: Buchbinderei F. W. Held, Rottenburg
Printed in Germany

Vorwort

Das vorliegende Buch bildet den fünften Band einer Bücherreihe, die, wenn sie vollständig vorliegt, sechs oder sieben Bände umfassen wird. Jedes dieser Bücher ist eine geschlossene und selbständige Einheit, so daß es unabhängig von den übrigen verstanden werden kann. Aber durch die planmäßige Abgrenzung des Stoffes fügt es sich gleichzeitig als Teil in die Reihe der anderen ein.

Nach der Auswahl der Probleme und nach der Richtung ihrer Bearbeitung läßt sich diese Bücherreihe als „angewandte Charakterkunde" kennzeichnen; nach der theoretischen Form der Lebensanschauung, die ihr zugrunde liegt, oder was dasselbe ist, nach dem Standpunkt, der hier eingenommen wird, kann man von „dialektischer Charakterkunde" sprechen. Will man den Gegensatz zur bisherigen Forschung, besonders zu Sigmund Freud und Alfred Adler hervorheben, so kann man sagen, daß an Stelle der analytischen Psychologie die „synthetische Charakterkunde" getreten sei. (Der genauere Sinn der Begriffe „dialektisch" und „synthetisch" wird in den ersten Bänden sorgfältig dargelegt.)

Die Ausdrücke „Charakter" und „Charakterkunde" haben in diesen Büchern eine andere Bedeutung, als es sonst der Fall zu sein pflegt. Es handelt sich hier weder um eine Systematik der Charakterzüge, noch um eine Systematik der Charaktertypen, und noch weniger um eine Spekulation über den „intelligiblen Charakter". Sondern es handelt sich darum, den empirischen Charakter, die Gesamtheit der Verhaltungsweisen, und zwar bei Einzelmenschen und bei Gruppen, in ihrer Zusammengehörigkeit und in ihrer Entwicklung verständlich zu machen.

Dieser empirische Charakter kann von den körperlichen Vorgängen und darum auch von der rassischen Grundlage im Menschen so wenig losgelöst werden wie von seinem seelischen Schicksal und seiner sozialen Entwicklung. Der Gegensatz „seelisch und körperlich" wird durch den Begriff „Charakter" zu einer organischen

Einheit zusammengefaßt. Diese Einheit ist eine Gestalt von
besonderem stilistischen Gepräge. Sie läßt es einerseits zu, daß wir
allgemeine Stilgesetze für die verschiedenen Charaktergestaltungen
aufstellen (ähnlich wie man etwa von den Gesetzen der Gotik oder
des Barock sprechen kann); und sie zwingt uns andererseits doch,
jeden Einzelmenschen als ein einmaliges und unwiederholbares
Wesen zu betrachten, das sein eigenes Schicksal hat und seine eigene
Lebensbeschreibung verdient (ganz ähnlich wie das Straßburger
Münster oder die Peterskirche in Rom).

Die Frage nun, für wen diese Charakterkunde bestimmt ist, wer
sie (als Subjekt) anwenden soll und für welche Menschen (als Objekt) sie zutrifft, muß dahin beantwortet werden, daß sie sowohl
als Subjekte wie als Objekte die Menschen unserer Gegenwart
voraussetzt. Ob und wie weit sie für das deutsche Mittelalter oder
für das heutige Tibet noch zutrifft, ist eine kulturhistorische Frage,
die hier nicht entschieden werden kann. In rassischer Hinsicht gilt
sie selbstverständlich in erster Linie für die germanisch-slawisch-
romanische Blutmischung des deutschen Volkes. Ob und wie weit
für alle Rassen die gleichen Charaktergesetze gelten, ist noch nicht
festgestellt. Doch ist die merkwürdige Tatsache zu verzeichnen, daß
die „dialektische Charakterkunde", wie die Übersetzungen zeigen,
in Nordamerika, England, Holland und Skandinavien eine sehr
warme Aufnahme gefunden hat, während ihre Veröffentlichung in
einer romanischen Sprache bisher nicht möglich war (daß eine
neugriechische Übersetzung existiert, ist einem günstigen Zufall zu
verdanken). Ein Pariser Freund, der sich um die französische Über-
setzung bemühte, schrieb schließlich: „Ich finde hier nur langsam
Interessenten für votre psychologie blonde". – Diese Erfahrungen
dürften charakterologisch von Wichtigkeit sein.

Der Gesamtplan des Werkes ist folgender:

Band I: Die „Einführung in die Charakterkunde" (1. Auflage
1928, 6. Auflage 1934), will ohne alles theoretische Beiwerk
dem Leser durch die konkrete Darstellung unserer praktischen Lebensprobleme zu demjenigen Standpunkt verhelfen,
der dieser „dialektischen Charakterkunde" zugrunde liegt. Es will
den dialektischen Ablauf des Lebens unmittelbar verständlich
machen.

Band II: „Charakter, Wachstum und Erziehung" (1. Auflage 1931, 2. Auflage 1934), stellt die dialektische Auseinandersetzung zwischen der alten und der jungen Generation dar, wobei der letzteren das Wachstum und der ersteren die Erziehung als Aufgabe zufällt.

Band III: „Charakter, Liebe und Ehe" (1932) behandelt einerseits die Wechselwirkung zwischen Mann und Frau, die Liebe, und andererseits die Wechselwirkung zwischen Paar und Gesellschaft, die Ehe. Drittens wird die Wechselwirkung zwischen der Ehe (oder ihren Abarten), als der äußerlich bedingten Form des Paares, und der Liebe, als seiner inneren Bedingtheit, dargestellt.

Band IV: „Charakter, Einzelmensch und Gruppe" (1933) untersucht einerseits den Einfluß der Gruppe auf den Charakter des Einzelnen, der in ihr lebt, und andererseits den Einfluß des Einzelnen auf den Charakter der Gruppe, der er angehört. Eine charakterologische Gruppenkunde bildet als Voraussetzung dieser Untersuchungen den ersten Teil des Buches.

Band V: „Charakter, Leiden und Heilung", das vorliegende Buch, wird die Dialektik zwischen dem Einzelnen und der Gemeinschaft zum Gegenstande haben. Der Einzelne setzt sich mit der Umwelt auseinander, und das — fast unausbleibliche — Mißlingen dieser Auseinandersetzung führt zur Neurose, zum Leiden oder zum Verbrechen und so in die Krisis hinein. So ergibt sich die Charakterpathologie. Aber auch die Umwelt setzt sich mit dem Einzelnen auseinander, in dem sie ihn verwöhnt und pflegt oder ausstößt, straft und verurteilt oder aber ihm die Treue hält und ihn heilt. So ergibt sich die Charaktertherapie, einschließlich Heilpädagogik und Selbsterziehung.

Der Band: „Charakter, Arbeit und soziale Lage" sollte die Dialektik zwischen dem Einzelnen und seinen sozialen Lebensbedingungen zur Darstellung bringen. Es erscheint jedoch fraglich, ob dieses weite Gebiet der charakterlichen Forschung, das sich mehr und mehr zu einer „Charakterkunde der Stände und Berufe" auswächst, im Rahmen eines einzigen Bandes dargestellt werden kann. Es handelt sich um Untersuchungen, die auch methodisch neuartig sind und die den Problemen der Arbeitsteilung, der Konkurrenz, der Dialektik zwischen Ich und Du und Ich und Wir mit den Mitteln der Tiefenpsychologie nachspüren. Der Einfluß der

sozialen Lage auf den Charakter und der Einfluß des Charakters auf
die Veränderung der sozialen Lage rückt in ein neues Licht, so daß
auf diesem Wege schließlich eine „Charakterologie der Evolution
und der Revolution" entstehen wird. Wahrscheinlich müssen diese
Untersuchungen aus der angewandten Charakterkunde heraus-
genommen und in einem besonderen größeren Werke zusammengestellt werden.

Band VI: „Vitale Dialektik" (1929) faßt die Ergebnisse der
dialektischen Charakterkunde zusammen und gibt ihnen ihre theoretische Grundlage sowie ihr wissenschaftliches System. Gleichzeitig bringt die Vitale Dialektik in bescheidenem Ausmaße auch
die kritische Auseinandersetzung mit den übrigen charaktero-
logischen Standpunkten, und schließlich sucht sie den Übergang
zur Charakterkunde der Stämme, Völker und Rassen zu eröffnen.

Das Literaturverzeichnis ist für jeden Band selbständig zusammengestellt worden. Manche Autoren sind in verschiedenen
Bänden zitiert und besprochen worden. In den Fußnoten weist der
Buchstabe L. mit nachfolgender Zahl auf die betreffende Nummer
im Literaturverzeichnis am Ende des Bandes hin. Dort sind die
Autoren alphabetisch geordnet; hinter den Eigennamen werden in
Klammern die Seiten angegeben, auf denen das betreffende Werk
zitiert ist. Das Literaturverzeichnis dient auf diese Weise gleichzeitig als Autorenregister.

Berlin-Charlottenburg, im August 1934

Dr. Fritz Künkel

Inhalt

VIII   Inhalt

Erster Teil

Heilpädagogik

1. Vorbemerkungen

Unter Charakter-Heilpädagogik soll hier die pädagogische Arbeit an schwer erziehbaren Kindern verstanden werden. Doch ist mit Schwererziehbarkeit nicht, wie es oft geschieht, eine Erschwerung durch organische Fehler gemeint, wie etwa Blindheit, Taubheit, Stummheit, Verkrüpplung oder Schwachsinn, sondern es soll nur die zentrale Schwierigkeit in der Charakterentwicklung in Betracht kommen, die wir als Entmutigung, Schüchternheit, Rückzug vor dem Leben oder als Trotz, Herrschsucht, Bosheit und asoziale Haltung zu beschreiben gewohnt sind.

Ein taubstummes Kind ist schwerer zu erziehen als ein gesundes; aber die Aufgabe heißt zunächst nur, es so zu erziehen, daß trotz der organischen Benachteiligung keine charakterlichen Entgleisungen zustande kommen. Wir sprechen dann von Körper-Heilpädagogik. Je schwerer die körperliche Behinderung ist, um so größer wird die Gefahr der charakterlichen Fehlentwicklung; darum setzt die Erziehung solcher Kinder auch in unserem Sinne ein großes heilpädagogisches Können voraus, aber zunächst nur zum Zwecke des Vorbeugens und der Vermeidung einer drohenden Gefahr. Praktisch zeigen indessen die körperlich behinderten Kinder meist auch charakterliche Schwierigkeiten; schon ihre ersten Erzieher waren ihrer Aufgabe wohl nie ganz gewachsen; und so gibt es sehr bald Hemmungen zu beseitigen, Fehlentwicklungen rückgängig zu machen und aus der Ordnung Geratenes wieder einzuordnen. — Diese schon echt heilpädagogische Aufgabe im charakterlichen Sinne findet sich jedoch nicht nur bei den körperlich behinderten, sondern auch bei zahllosen anderen Kindern.

Charakterliche Schwererziehbarkeit ist ein sehr weitverbreiteter Übelstand. Und wenn wir aufzählen, welche Eigenschaften oder

Symptome dazu gehören, wird man zugeben, daß in unserem heutigen Kulturkreis kaum ein Kind heranwächst, das nicht wenigstens
zeitweise einmal zu den Schwererziehbaren gerechnet werden
müßte. Darum ist die Grenze zwischen Pädagogik und Heilpädagogik durchaus fließend. Die Weiterbildung in der lebendigen Richtung und die Umbildung und Wiedereinordnung derer, die in
unlebendige Nebenrichtungen geraten sind, läßt sich praktisch
kaum unterscheiden. Es handelt sich nicht nur um Krankheiten,
sondern auch um Reifungskrisen, wie sie jeden Menschen einmal
überfallen. – Wohl aber gibt es einige Kinder, bei denen die heilpädagogische Aufgabe so überwiegt, daß die „normale" Pädagogik
davor zurücktreten muß. Doch soll im folgenden nicht nur von
diesen schweren Fällen die Rede sein; es kommt vielmehr darauf
an, den gesamten Umkreis der charakterlichen Heilpädagogik darzustellen, also nicht nur die kriminellen und pathologischen Fälle,
die der Anstaltsbehandlung bedürfen, sondern auch die einfachen,
aber oft hartnäckigen Entgleisungen, die in jeder Erziehung gelegentlich vorkommen.

Die Aufzählung der vorhin erwähnten Eigenschaften oder Symptome, die die Schwererziehbarkeit kennzeichnen, erweckt leicht den
Eindruck, als ob es sich um schwere Krankheiten handelte; doch
können alle diese Züge auch so vereinzelt und gemildert auftreten,
daß sie durchaus noch in den Rahmen des „Normalen" oder, richtiger gesagt, des „Durchschnittlichen" hineinpassen. Und gerade
diese milderen Fälle sind praktisch die wichtigeren, weil ihre Behandlung leicht ist und weil ihre rechtzeitige Heilung sehr viel
Unglück, Not und unnützen Aufwand erspart. Die Symptome sind
etwa folgende: Bei den harten aktiven Typen (Cäsaren): Trotz,
Eigensinn, Rechthaberei, Befehlenwollen, sich nicht unterordnen
können, Negativismus, Zerstörungssucht, Grausamkeit, Quälsucht,
Schadenfreude, Hartherzigkeit, Gefühllosigkeit, Verständnislosig-
keit und Rücksichtslosigkeit. Bei den weichen aktiven Typen
(Stars): Eitelkeit, Gefallsucht, Ruhmsucht, Strebertum, Schau-
spielerei, Verstellung, Renommieren, Lügen, Stehlen, Verleumden,
Schmeicheln, Übertreiben, Empfindlichkeit, Reizbarkeit und Stellung übermäßiger Ansprüche. Bei den weichen passiven Typen
(Heimchen): Wehleidigkeit, Schüchternheit, Weichlichkeit, Schmerz-
empfindlichkeit, Mangel an Frische und Unternehmungslust, Mangel

an Ideen und Einfällen, Hilflosigkeit, Ratlosigkeit und ständiges
Angewiesensein auf andere. Bei den harten passiven Typen (Töl-
peln): Neinsagerei, Ungeschicklichkeit, Interessenlosigkeit, Emp-
findungslosigkeit, Gedankenlosigkeit, Stumpfheit, Mangel an Ini-
tiative, Gleichgültigkeit und Ziellosigkeit[1]. Dazu kommen gewisse
Kinderfehler, die bei allen vier Typen sowie bei ihren Mischformen
gelegentlich auftreten können, wie etwa Jähzorn, Angstzustände,
Stottern, Bettnässen, Denkhemmungen, Versagen der Konzentration und des Gedächtnisses.

Eine ganze Reihe von diesen Symptomen findet sich bei den
schweren Neurosen der Kinder und der Erwachsenen wieder. Das
bedeutet, daß die Grenze zwischen Heilpädagogik und Psychotherapie ebenso fließend ist wie die Grenze zwischen Pädagogik und
Heilpädagogik. Nur andeutungsweise und für die Praxis viel zu
schematisch läßt sich schon hier sagen, daß in die Heilpädagogik
alle diejenigen Fälle gehören, bei denen es sich nur um eine allgemeine Entmutigung und Erstarrung handelt, nämlich um die
„Psychosklerose", von der später die Rede sein soll; während der
Psychotherapie alle diejenigen Fälle zuzuweisen sind, bei denen
die allgemeine Entmutigung und Erstarrung schon um eine Stufe
weiter vorgeschritten ist, so daß eine Art von Selbstboykott, Selbst-
schädigung oder Selbstzerfleischung daraus hervorgegangen ist.
Keinesfalls aber darf der Altersunterschied zur Feststellung der
Grenze dienen. Es gibt Kinderneurosen, die durchaus in die Psy-
chotherapie gehören; und es gibt Leute von vierzig oder fünfzig
Jahren, für die die Heilpädagogik zuständig ist.

Damit ist gleichzeitig gesagt, daß man keine scharfe Grenze zwischen ärztlicher Psychotherapie und heilpädagogischer Laien-
behandlung zu ziehen vermag. Dazu kommt noch, daß meistens
auch der Arzt mit seinen schweren Fällen nicht fertig wird, wenn
er nicht andere Fachleute (die er als Laien zu entwerten liebt) zur
Mithilfe heranziehen kann. Gymnastik, Massage, Spiel, Sport und
gemeinsame Arbeit, Atemkunst, Meditation und Versenkung sind
so wichtige Heilfaktoren, daß man sie in allen ernsteren Fällen fast
als unentbehrlich bezeichnen muß. Der Nervenarzt kann jedoch

---

[1]) Näheres über die vier Typen siehe „Einführung" Kap. 8, und
„Wachstum" Kap. 8—10 (L. 43 und 44).

nicht Masseur, Gymnastiklehrer, Atem-Sachverständiger und Yogi zugleich sein; wie er ja auch andererseits eines besonderen Internisten und Endokrinologen meist nicht entraten kann. Ferner sind für die tiefenpsychologische Durchbildung, auf die es hier vor allem ankommt, meist die Philosophen und die Theologen weit geeigneter als die Mediziner, die durch ihre naturwissenschaftliche Vorbildung für das tiefenpsychologische Studium oft geradezu verdorben worden sind. Andererseits sollte man sich an die Tiefenpsychologie nicht heranwagen, wenn man nicht auch genaue Vorstellungen und einige Erfahrungen von Drüsenstörungen, inneren Vergiftungen, Hirnerkrankungen und endogenen Psychosen mitbringt.

Wer also soll Heilpädagogik treiben? Wer kann Psychotherapeut werden? – Wenn man es genau nimmt, muß man antworten: niemand. Denn kein Mensch kann die Forderungen erfüllen, die hier gestellt werden. Aber das Leben selbst gibt über unsere individualistische Ratlosigkeit hinausgehend eine sehr einfache Antwort auf die scheinbar so schwierige Frage. Die Lösung des Rätsels liegt in der Bildung psychotherapeutischer Gruppen. Schon in den letzten Jahrzehnten brachte es die Praxis immer häufiger mit sich, daß Mann und Frau gemeinsam diesen Beruf ausübten. Manche Patienten ließen sich eine Zeitlang bei dem einen und dann bei dem anderen behandeln; und wenn ein solches therapeutisches Paar auf dem Lande in einem Heim oder einem Sanatorium wohnte, traten deutlich die Komplikationen und Schwierigkeiten, aber auch die heilenden Wirkungen der Familiensituation in Erscheinung.

Je mehr es gelang, diese Zusammenhänge zu verstehen und im Dienste der Therapie auszunutzen, um so besser wurden die Erfolge. Und ganz von selbst schlossen sich an die gründliche tiefenpsychologische Arbeit auch die gymnastischen und die meditativen Übungen an, die in den Sanatorien wohl nie ganz gefehlt hatten, und die nun – besonders durch die Forschungen von C. G. Jung und I. H. Schultz – zu ungeahnter Bedeutung gelangten. Trotzdem die orthodoxen Psychoanalytiker sich noch aufs strengste dagegen verwahren, wird jetzt ganz allgemein, dem Zuge der natürlichen Entwicklung folgend, die Psychotherapie zu einer Gruppenangelegenheit. Die Hilfsbedürftigen und auch die Helfenden treten in Gruppen auf; und die Frage, ob Laie oder Arzt, ob

Heilpädagoge oder Psychotherapeut die Aufgabe übernehmen soll, löst sich von selbst, da sich in der organisch arbeitenden Gruppe immer sehr bald für eine bestimmte Leistung auch ein bestimmter Mensch finden wird.

Wichtig ist nur, daß sich in der heilenden Gruppe mindestens ein Therapeut befindet, der tiefenpsychologisch gründlich durchgebildet ist, und das heißt, der sich selbst einer Analyse unterzogen hat. Von dieser Forderung, daß der Therapeut selbst analysiert sein muß, sollte man nur in äußerst seltenen Ausnahmen absehen, wenn eine besondere Reifung durch schwere Schicksale und eine besondere Bewährung durch praktische Erfolge offensichtlich vorhanden ist. Ferner muß in der heilenden Gruppe ein Arzt sein, der psychiatrisch, neurologisch, internistisch und vor allem endokrinologisch gründlich durchgebildet ist. Ferner gehört, wie schon angedeutet wurde, eine Gymnastiklehrerin, ein Sachverständiger für Atmung, ein erfahrener Masseur, ein Ernährungsfachmann und, wenn möglich, auch ein Graphologe dazu.

Vor allem aber kommt es darauf an, daß diese Gruppe eine lebendige Einheit bildet, und das heißt, daß im Sinne des oft beschriebenen „Reifenden Wir" eine gegenseitige Förderung und ein organisches Weiterwachsen der Gesamtheit durch immer neue Aufgaben und immer neue Erfahrungen zustande kommt[1]. — Daß ein solches Wachstum immer auch Führertum voraussetzt, versteht sich von selbst. Sobald jedoch die Autorität erstarrt oder sobald auch nur die Produktivität sich wesentlich auf eine oder zwei Personen beschränkt, sinken die übrigen zu unlebendigen Mitläufern herab; die „Übertragungsmanöver" von seiten der Patienten sprengen das Wir, die Heilungen mißlingen, und der Kreis zerfällt. — Von den Greueln dieses starren Papismus ist in unseren heutigen Gymnastikschulen, Atemschulen, Therapeutenschulen — und zwar gerade in den besten — das denkbar Schlimmste zu sehen.

Je mehr es gelingt, auch die Patienten gruppenweise zu behandeln, sie am gemeinsamen Leben des Kreises teilnehmen zu lassen und die individuelle Beeinflussung auf wenige besondere Stunden zu beschränken, um so mehr handelt es sich um Heilpädagogik. Je

---

[1] Über das „Reifende Wir" findet sich Genaueres in „Charakter, Einzelmensch und Gruppe" (L. 46, Kap. 4 und 29).

mehr dagegen die Einzelstunden im Vordergrund stehen und je
mehr die geschlossene Gruppe der Helfenden den noch individuell
zersplitterten und kontaktunfähigen Einzelpatienten gegenübersteht, um so mehr verdient die Arbeit den Namen der Psychotherapie.

Nach all dem braucht nicht mehr betont zu werden, daß diese
Bemühungen stets auf den ganzen Menschen und genau gesehen
sogar nicht einmal auf ihn, sondern auf ganze Gruppen von Menschen gerichtet sind. Es kann nicht unsere Aufgabe sein, hier eine
Schlafstörung, dort einen Schreibkrampf und da eine Angstvor-
stellung zu beseitigen. Und derartige Symptomheilungen gelingen
auch bekanntlich (und man könnte sagen: glücklicherweise) nur
dann auf die Dauer, wenn sie als Teilerscheinung einer grundsätzlichen Umstellung des Charakters auftreten. Auch nicht das
Seelenleben allein oder der Körper allein muß behandelt werden,
sondern eben der ganze Mensch; und nur wenn er selber sich
grundsätzlich ändert, können wir sagen, daß sein Charakter sich
geändert hat, der die seelischen und körperlichen Funktionen
gleicherweise umfaßt.

Daß aber derartige Charakteränderungen möglich sind und daß
die Lehre von der unabänderlichen Festlegung des ererbten Charakters nur ein pessimistisches Märchen ist, das aus mutlosen und
verantwortungsscheuen Gehirnen stammt, dürfte die Erfahrung
der letzten Jahrzehnte zur Genüge bewiesen haben. Theoretisch
werden die Gründe und auch die Grenzen dieser Änderungsfähig-
keit des menschlichen Charakters noch genau erörtert werden
müssen; hier mag zunächst die Bemerkung genügen, daß die Charakterfehler sich stets in hohem Maße als Entwicklungskrisen oder
Fehlentwicklungen verstehen lassen und daß darum eine Nach-
entwicklung sehr wohl möglich sein kann. Nur mißlingt sie regelmäßig, wenn sie ohne besondere Nötigung, nur auf Grund einer
Überredung oder um moralischer Ziele willen, in Angriff genommen
wird. Die wichtigste Voraussetzung jeder Charakteränderung
und darum auch jeder Heilpädagogik und jeder Psychotherapie ist
die Not. Bevor nicht eine Notlage entstanden ist, die das Beharren
eines Menschen in seiner bisherigen Form durchaus unmöglich
macht, darf man die echte und grundsätzliche Charakteränderung
von ihm nicht erwarten. Darum erscheinen Nachreifungen und

Umordnungen, die den ganzen Menschen betreffen, stets in der Form von seelischen Zusammenbrüchen und manchmal auch von schweren körperlichen Leiden. Die Krisenkunde, die Kriseologie, bildet darum den wichtigsten Bestandteil der Charakterpathologie. — Aber nicht nur der seelisch kranke Mensch, sondern der Mensch überhaupt, der sich entwickelnde Mensch, und das heißt, der durch Krisen gehende Mensch muß hier betrachtet werden. —

Die Dynamik des Heilungsprozesses setzt stets ein Kraftfeld mit drei wirksamen Punkten voraus: erstens den Patienten, der geheilt werden will (die leidende Instanz); zweitens den Ausgangspunkt des Druckes oder die Quelle des Unglücks (die leidenschaffende Instanz); und drittens den Helfer, der weder mit der ersten noch mit der zweiten Instanz identisch sein darf (die vermittelnde Instanz). Darum kann von Heilpädagogik und Psychotherapie nur die Rede sein, wenn der Helfer nicht gleichzeitig die drohende Autorität zu sein braucht, und wenn andererseits Helfer und Patient sich als zwei Personen gegenüberstehen. Darum gehört die Selbsterziehung nicht in dieses Gebiet. — Aber noch eins ist wichtig: das Ergebnis der Heilung ist nie die Wiederherstellung des früheren Zustandes, die restitutio ad integrum, sondern die Einmündung in eine höhere Stelle des Weges. Die Krisen können nicht umsonst gewesen sein.

Wie schon gesagt wurde, braucht der Heilpädagoge kein Arzt zu sein; ob er von Chirurgie etwas versteht, ist gleichgültig. Aber von Psychiatrie sollte er viel, von Endokrinologie einiges und von Neurologie wenigstens die Anfangsgründe genau kennen. Schon weil er selbst sich in seiner Arbeit ständig fortentwickeln muß, und weil er ferner in den Eltern seiner Zöglinge oft schwere Neurotiker auf indirektem Wege zu behandeln hat, sollte er alle menschlichen Schwächen, Hemmungen, Entgleisungen und Erkrankungen bis hinein in die schweren Psychosen aufs gründlichste kennengelernt haben. Darum gehört zu einer ausreichenden Darstellung der Heilpädagogik die gesamte Charakterpathologie und Charaktertherapie hinzu. Hier eine Grenze ziehen wollen, indem man ein „einfacheres" Buch für nichtärztliche Heilpädagogen und ein „gründlicheres" Buch für ärztliche Psychotherapeuten verfaßt, hieße der Wahrheit und der tatsächlich vorhandenen Heilungsmöglichkeit Abbruch tun zugunsten von Standesvorurteilen und Standesegoismen. Für die Charakterpathologie andererseits kann der heilpädagogische Teil als Beispielsammlung und Propädeutik gute Dienste leisten. Daß die Pathologie der Therapie vorangehen muß, versteht sich von selbst. Und somit ergibt sich die Anordnung der drei Teile: I. Heilpädagogik, II. Charakterpathologie, III. Charaktertherapie.

2. Der heilende Kindergarten

Ein vierjähriges Mädchen, Gertrud D., wurde von ihrer Mutter in die Erziehungsberatung gebracht. Die Hauptklage bestand darin, daß Gertrud nicht allein bleiben konnte. Die Mutter durfte nicht einmal für einige Minuten in die Küche gehen, wenn Gertrud des Nachmittags bei ihr im Wohnzimmer spielte. Auch gegen den Besuch von Fremden war das Kind auffallend empfindlich. Es schmiegte sich dann halb ängstlich und halb zärtlich an die Mutter an und ließ sie erst wieder los, wenn die Fremden fortgegangen waren. Und die gleiche Haltung zeigte sich während der Beratung selbst.

Gertrud war das einzige Kind, körperlich gesund, aber seelisch nach der Meinung der Mutter überaus zart. Der Vater war ein mittlerer Beamter, arbeitete tagsüber im Büro und beschäftigte sich in seiner freien Zeit und besonders des Sonntags recht viel mit seinem Töchterchen. Die Familie war gesund; sie stammte beiderseits aus ländlichen, kleinbäuerlichen Verhältnissen. Nur die mütterliche Großmutter war „nervös", still und oft traurig, neigte aber zu heftigen Affektausbrüchen.

Nach den Angaben der Mutter wurde Gertrud von ihrem Vater offensichtlich verwöhnt. Die Mutter selbst bemühte sich, wie sie sagte, diesen Erziehungsfehler durch ihre eigene Haltung wieder auszugleichen. Aber diese Versuche blieben erfolglos. Über den Beginn der Schwierigkeiten wußte sie nichts Sicheres anzugeben; sie meinte nur, daß Gertrud vielleicht nach dem Besuch der väterlichen Großmutter, die sie ebenfalls verwöhnt habe, so seltsam anspruchsvoll geworden sei. Vorher habe man nichts Besonderes an dem Kinde bemerken können, aber nachher habe sich gezeigt, daß sie nicht mehr allein bleiben konnte. Jeder Versuch, sie wie früher allein zu lassen, habe mit Geschrei und heftiger Angst und schließlich mit dem Nachgeben der Erzieher geendigt. – Und auf weiteres Fragen berichtete sie schließlich noch, daß Gertrud seit dieser

Zeit auch gelegentlich wieder das Bett naß mache, was vorher viele Monate lang nicht mehr vorgekommen war.

Es handelte sich offenbar um eine viel zu starke Bindung zwischen Mutter und Kind. Die Beziehung des Kindes zu den Dingen der Außenwelt, die äußere „Ich-Es-Beziehung", war jedoch nicht gestört; denn mit der Mutter zusammen, auch wenn der Zusammenhang nur im Austausch gelegentlicher Bemerkungen bestand, konnte Gertrud recht geschickt und geduldig mit ihren Puppen spielen. Sie kam dann auch auf allerlei gute Gedanken und drollige Einfälle, so daß man annehmen mußte, auch das Innenleben der kleinen Patientin, die Beziehung zwischen dem Ich und dem „inneren Es", war noch nicht wesentlich beeinträchtigt. Die Störung lag weder im Außenleben noch im Innenleben des Kindes, sondern allein im Verhältnis zur Mutter; nur die Beziehung Ich-Wir war krankhaft verändert.

Sobald das Kind als selbständiges und verantwortliches Subjekt handeln sollte, geriet es in Unruhe, Zorn oder Angst. Und nur wenn die Mutter ihren moralischen Beistand lieh, wenn das Subjekt nicht mehr „Ich" (das Kind) hieß, sondern „Wir" (die Gemeinschaft von Mutter und Kind), war auch die Phantasie, die Produktivität und die Lebensfreude des Kindes wieder vorhanden. Dieses enge Verwachsensein mit der Mutter entsprach jedoch durchaus nicht mehr dem Alter des Kindes; ja, wahrscheinlich gab es überhaupt keine frühere Entwicklungsstufe, die eine Unselbständigkeit dieser Art aufgewiesen hätte. Denn das Kind machte sich nicht nur von der Mutter abhängig, sondern es tyrannisierte gleichzeitig seinerseits die Mutter in einer kaum beschreiblichen Weise. Die Störung der Ich-Wir-Beziehung fand ihren Ausdruck darin, daß die Mutter alle Verantwortung und alle Nachteile des Subjektseins übernehmen mußte, während das Kind die Freiheit und alle sonstigen Vorteile für sich in Anspruch nahm. Die Mutter wurde zur Daseinsbedingung, zur Lebensvoraussetzung und mußte deswegen rücksichtslos unterworfen werden; alles dies aber geschah im Dienste der Ich-Bewahrung des Kindes. Die zärtliche Bindung an die Mutter war durchaus ichhafter Art; und die Angst, die auftrat, wenn die Mutter fortging, war die Angst um das gefährdete eigene Subjekt. Der zu geringen Selbständigkeit und dem völlig fehlenden Selbstvertrauen des Kindes entsprach die rücksichtslose Ausnutzung der

Mutter und die Abwälzung aller Verantwortung und alles Folgen-
tragens auf diesen Regiersklaven. Der Regiersklave, der regieren
und die Verantwortung tragen soll, obgleich er als Sklave im
Dienste des Kindes steht, erscheint in den kindlichen Phantasien
und Träumen genau wie in Mythen und Märchen stets als der
gütige weiße Held, die unbeirrbar freundliche und allmächtige
Mutter Gottes oder, wie wir kurz sagen, als der „weiße Riese"[1]).

Unbewußt und zwangsläufig hatte Gertrud ihr ganzes Verhalten
einer sinnvollen und folgerichtigen Lebenspolitik untergeordnet.
Sie benutzte ihre Mutter als „weißen Riesen"; sie konnte und
wollte sich nicht von ihr loslösen, sie vermied jede selbständige
Auseinandersetzung mit der Wirklichkeit, um dem schlimmen
Schicksal zu entgehen, daß jedem Menschen bevorsteht: nämlich
der Wechselwirkung von aktivem Handeln und passivem Folgentragen. Gertrud war verwöhnt; sie hatte, wie wir sagen, die Charakterform des „Heimchen" angenommen. Ihre Tragfähigkeit für
persönliche Mißerfolge war äußerst gering; und darum richtete
sich ihr gesamtes Verhalten darauf ein, den Notstand des Ausge-
liefertseins, des Folgentragenmüssens, des passiven Subjektseins
um alles in der Welt zu vermeiden. Wir wissen nicht, seit wann und
durch welche schmerzlichen Erlebnisse diese Angst vor dem
„Standhaltenmüssen im Unglück" sich in ihrem Charakter festgesetzt hatte. Vielleicht war es die Abreise der Großmutter und der
Wegfall einer großen Bequemlichkeit und einer liebgewordenen Verwöhnung; vielleicht war es auch der dauernde Gegensatz zwischen

---

[1]) Die Freudsche Psychoanalyse und ihr folgend die Tiefenpsychologie
Jungs betont die Mutter-Bindung des Kindes im Sinne einer Entwicklungshemmung. Dann tritt die Angst vor dem Leben und die Neigung zum
Rückzug (schließlich bis in den Mutterleib) ganz in den Vordergrund der
heilpädagogischen Beobachtung. (L. 12, Bd.VI, S. 252f. und L. 41a, S. 66.)
Alfred Adler dagegen betont das kindliche Machtstreben und die Indienst-
stellung der Mutter durch das Kind. Dann erscheint die Ausnutzung der
kindlichen Gefühle als Mittel zur Beherrschung der Mutter als der wichtigste Zug des Krankheitsbildes (L. 3a, S. 32f.). Heyer weist darauf hin,
daß der Charakter des Kindes nur vom Charakter der Mutter her zu verstehen ist (L. 16, S. 87f.). Die dialektische Charakterkunde versucht diese
verschiedenen Gesichtspunkte sinnvoll zu vereinigen. Und zu diesem
Zweck muß sie bis auf den Grundzug allen Lebens, nämlich auf die
Beziehung zwischen Lebewesen und Umwelt, zurückgreifen, die sie als
Subjekt-Objekt-Beziehung begrifflich zu erfassen sucht (L. 43, S. 152f.).

der Haltung des Vaters, der dem Kinde jeden Willen tat, und den fruchtlosen Versuchen der Mutter, die diese Verweichlichung wieder ausgleichen wollte. Wahrscheinlich werden beide Umstände wirksam gewesen sein, das einmalige plötzliche Erleben und der dauernde Konflikt in der pädagogischen Situation, und außerdem wohl auch noch manche andere Dinge, die von niemandem bemerkt worden sind.

Die heilpädagogische Aufgabe bestand jedenfalls in der Verselbständigung des Kindes, und das heißt, in seiner Loslösung vom weißen Riesen. Dabei war ein krisenhafter Übergang, nämlich die zeitweise Umwandlung des weißen in den schwarzen Riesen, nicht zu vermeiden. Die Mutter war dieser Aufgabe, wie sich schon gezeigt hatte, nicht recht gewachsen. Und ein zweiter wichtiger Faktor, nämlich die dem kindlichen Alter entsprechende Wir-Bildung, war ohnehin zwischen den Eltern und ihrem einzigen Kinde nicht möglich. So ergab sich die Unterbringung Gertruds in einem heilpädagogischen Kindergarten als die selbstverständlichste Maßregel. Die Mutter ließ sich leicht von der Notwendigkeit eines solchen Schrittes überzeugen. Und auch der Vater gab seine Einwilligung, als man ihm klarmachte, daß auf andere Weise die Schulfähigkeit seines Töchterchens, die doch in zwei Jahren erreicht sein mußte, niemals zustande kommen könne. Mit den krisenhaften Erscheinungen des Übergangs und mit der voraussichtlichen Verschlimmerung aller „Symptome" einschließlich des Bettnässens erklärten sich die Eltern von vornherein einverstanden (wahrscheinlich weil sie sich keine Vorstellung von ihrer Heftigkeit machten); und so konnte der Heilungsversuch nach allen Regeln der Kunst unternommen werden. —

Gertrud kam zu einer heilpädagogisch gut durchgebildeten Kindergärtnerin, die einen Kreis von sechs oder sieben schwer erziehbaren vorschulpflichtigen Kindern nach den Grundsätzen der Maria Montessori leitete. Die Mutter brachte Gertrud eines Morgens dort hin, übergab sie der Kindergärtnerin und verschwand dann verabredungsgemäß nach kurzem Abschied. Gertrud war zunächst noch einigermaßen zufrieden, da sich die neue Tante recht freundlich mit ihr abgab. Man zeigte ihr den Raum mit den kleinen Möbeln und den vielen brauchbaren Dingen; man half ihr beim Anziehen der Hausschuhe und der Arbeitsschürze;

und man brachte ihr sogar den hübschen Kasten mit den Zylindern, die wie Gewichte aussehen, auf ihren kleinen Tisch. Aber nachdem die Kindergärtnerin ihr gezeigt hatte, wie man die Zylinder herausnehmen und wieder hineinstecken kann, ging sie mit freundlichem Kopfnicken fort — und von da ab war Gertrud namenlos einsam. Sie saß ganz erschrocken auf ihrem kleinen Stuhl und konnte zunächst wohl nicht begreifen, was man ihr zumutete. Das wichtigste Gesetz ihres Kinderlebens, daß sich die Mutter oder eine mütterliche Frau stets um sie kümmern müsse, wurde hier schamlos verletzt. Ja es galt offenbar der Grundsatz in diesem seltsamen Raum, daß jedes Kind auf eigene Verantwortung sich mit den Dingen der Wirklichkeit auseinandersetzen sollte. Denn die Kindergärtnerin sprach nur mit jedem einen kurzen Augenblick. Dann saß sie in der Ecke und tat gar nichts mehr[1]).

Dicht neben Gertrud am Nachbartisch saß ein fünfjähriger Junge und strich emsig mit dem Finger über große Buchstaben aus braunem Papier. Andere Kinder, weiter entfernt, banden Schleifen auf und zu oder zeichneten bunte Muster. Ganz vorn bei der Tante zankten sich zwei Mädchen um einen langen Stab, aber niemand kümmerte sich darum. Jeder war ein selbständiger kleiner Mensch für sich.

Dies alles mußte auf Gertrud aufreizend und geradezu empörend wirken; denn es widersprach aufs gründlichste ihrer gesamten bisherigen Lebensauffassung. Eine Zeitlang schien es, als werde sie mit Schreien und Strampeln und vielleicht gar mit einem Angstanfall auf diese unerhörte Zumutung antworten. Sie fing laut an zu weinen; aber die Kindergärtnerin sah sie nur freundlich von ferne an und rührte sich nicht. Gertruds Weinen wurde so kläglich, daß es der Mutter und jedem anderen weißen Riesen das Herz zerbrochen hätte. Aber die Kindergärtnerin blieb sehr freundlich und sehr still auf ihrem Platze sitzen. Und darum geschah nun das Fürchterlichste, was in Gertruds Leben überhaupt geschehen konnte. Die freundliche Tante auf dem Stuhl in der Ecke, von der die Mutter ihr versichert hatte, daß sie für alles sorgen werde, diese bisher weiße Riesin erwies sich nun als etwas anderes, als etwas über alle Maßen Schreckliches. Sie wurde aus einer weißen zu einer schwarzen Riesin.

---

[1]) Maria Montessori, „Selbsttätige Erziehung" (L. 28a).

Nur ganz selten und nur in grauester Vorzeit, als es noch keine klaren Gedanken und kaum erst unterscheidbare Bilder gab, war Gertrud ein paarmal einem schwarzen Riesen begegnet. Sie wußte es nicht mehr, sie hatte keine begriffliche Erinnerung mehr daran; doch die entsetzliche Stimmung, die völlige Ohnmacht und das Erdrücktsein von äußerster Verzweiflung nahm jetzt die gleichen Formen an, die es damals schon in Gertruds erst halbwachen Sinnen angenommen hatte.

Die Kindergärtnerin sah deutlich, wie Gertruds Weinen zuerst anschwoll und wild fordernd und fast kämpferisch aussah, und wie es dann ganz rasch verstummte; wie eine tiefe, unmäßige Angst in den Augen zum Ausdruck kam; wie das Kind in sich zusammensank und nur noch leise klagend vor sich hinwimmerte. Länger als eine Stunde wagte Gertrud kaum, sich zu bewegen. — Es versteht sich von selbst, daß das ganze klare Wissen und die volle innere Reife der heilpädagogischen Bildung dazu gehört, in solchen Augenblicken keinen Fehler zu begehen. Wer hier weich wird und ermutigen oder gar trösten möchte, der zerstört die Brücke zur Gesundung wieder, die schon fast überschritten ist; und wer hart oder gar gefühllos das Kind sich selbst überließe, der stieße es in einen Abgrund äußerster Verzweiflung, aus dem es kaum noch einen Ausweg gäbe. Beide Fehler stellen eine Versündigung am Charakteraufbau des Kindes dar.

Die Heilpädagogin hielt stand; sie blieb freundlich und warm; sie begriff den Vorgang in Gertruds Innenleben und schaute sie ernst und zuversichtlich an, aber sie rührte sich nicht von ihrem Platz. Nur wenn Gertrud verzweifelt und scheu einmal aufsah, begegnete sie dem klaren und warmen Blick dieser mütterlichen Frau, die sehr wohl wußte, daß sie jetzt in Gertruds Seele als die böse schwarze Riesin erschien.

Dann kam das Stillesein und dann das Laufen auf dem Ring mit kleinen Fahnen und mit Gläsern voll Wasser in den Händen. Aus den sieben einzelnen Kindern wurde eine Gruppe, ein lebendiges Wir; und auch die schwierigen Außenseiter, die sich vorher um den Stab gezankt hatten, liefen fröhlich mit im Kreise. Die Musik war sehr verführerisch; aber Gertrud blieb sich treu; sie saß auf ihrem Stühlchen gerade so bewegungslos, wie vorher die Tante im Winkel gesessen hatte. Man ließ sie gewähren. Und auch als die

Frühstückspause kam, und als die Kinder schwatzten und aßen, rührte Gertrud sich noch nicht vom Fleck. —

Die innere Angst vor dem schwarzen Riesen scheint sich jedoch schon im Laufe dieses ersten Tages wesentlich verringert zu haben; sie tauchte nur gelegentlich in der folgenden Zeit noch manchmal auf. Aber der Kampf um die Herrschaft über den Regiersklaven bestimmte offensichtlich noch für längere Zeit das Verhalten des Kindes. Es war ein „Streik der gekreuzten Arme"; Gertrud tat nichts, sie beteiligte sich an nichts und verlangte offenbar, daß man sich gründlich mit ihr beschäftige. Aber die anderen Kinder kümmerten sich nicht um sie; und die Kindergärtnerin gab ihr jeden Morgen immer mit der gleichen Freundlichkeit einen Gegenstand und zeigte ihr, wie man ihn benutzen konnte. Gertrud setzte ihren Streik hartnäckig fort. Nur die Mutter geriet langsam in Verzweiflung, denn zu Hause nahm die Unrast und die Tyrannei des Kindes überhand; das Bettnässen trat in gehäuftem Maße auf; und Gertruds Stimmung war im höchsten Grade unerfreulich.

Die Hauptaufgabe bestand jetzt darin, die Eltern zu ermutigen, damit sie die Geduld nicht verloren. Immer wieder mußte man ihnen den inneren Zusammenhang des Ganzen erklären, und immer wieder sahen sie verstandesmäßig ein, daß dieser Weg der richtige war. Aber immer wieder mußten sie aus ihren eigenen Charakterschwierigkeiten heraus die Einheitsfront verraten, die sich um das Kind zu schließen begann. Der Vater verwöhnte das Mädchen mehr denn je, und die Mutter machte ihr moralische Vorhaltungen. Beides verzögerte die innere Umstellung. Aber schließlich ließ sich doch ein Zeichen des Fortschritts bemerken. — Der schwarze Riese war innerlich überwunden. Die Kindergärtnerin war ein allzu ungeeigneter Vertreter des satanischen Prinzips; weit eher wäre sie ihrer Art nach zur Madonna geeignet gewesen; aber auch als weiße Riesin ließ sie sich nicht mißbrauchen. So mußte sich Gertrud damit abfinden, daß sie diese Tante weder in ihren Dienst stellen noch auch wie einen bösen Teufel fürchten konnte. Sie mußte, ob sie wollte oder nicht, allmählich begreifen, daß man mit einem erwachsenen Menschen freundlich und von gleich zu gleich zusammenleben kann, ohne sich von ihm bedienen zu lassen und ohne von ihm totgeschlagen zu werden. Damit war der Weg zur inneren Selbständigkeit grundsätzlich frei geworden.

Aber die erste Äußerung dieses neuen Subjektseins fiel begreiflicherweise recht negativ aus.

Ein Kind lief eines Tages an Gertruds Platz vorüber, um sich irgendeinen Kasten zu holen. Und da tat Gertrud wohl zum erstenmal in ihrem Leben etwas ganz Eigenmächtiges und ganz Böses. Sie stieß mit ihrem Fuß nach den Beinen des Kindes. Der Junge fiel hin, schlug sich die Nase blutig und brach in ein schreckliches Geheul aus.

Die Kindergärtnerin stand auf, und Gertrud duckte sich, als ob sie einen Schlag erwartete. – In diesem Augenblick entschied sich ihr Schicksal für lange Zeiten. Hätte sie den Schlag bekommen, so wäre sie in ihre alte Haltung zurückgesunken. Der schwarze Riese hätte seine furchtbare Macht in den Tiefen des kindlichen Charakters wieder übernommen, und das alte Spiel, die alte Angst und die alte Politik zwischen dem Kinde und seinen Erziehern hätte aufs neue begonnen. Die völlige Duldung, das Nur-Weichsein hätte den umgekehrten Charakterfehler hervorgerufen, nämlich die ichhafte Überheblichkeit des Kindes. – Welcher heutige Erzieher aber hätte sich in diesem Augenblick nicht an der Seele des Kindes versündigt?

Die Heilpädagogin fühlte sich ihrer Aufgabe nicht gewachsen. Sie wußte recht gut – wie sie später angab – daß sie einen Fehler machen müsse. Es schoß ihr durch den Kopf, daß der verunglückte Junge jetzt weniger in Gefahr sei als das Mädchen; darum hob sie ihn mit übermäßigem Bedauern und mit lauten Äußerungen des Schreckens von der Erde auf. Der Junge schrie daraufhin noch mehr; er klammerte sich krampfhaft an die Kindergärtnerin an; er wurde zum Heimchen. Aber diese Verweichlichung mußte mit in Kauf genommen werden; wie man sie wieder ausgleichen konnte, war eine spätere Sorge.

Der kleinen Gertrud gegenüber erreichte dies Verfahren völlig seinen Zweck. Sie war zutiefst erschrocken, und als sie das Blut sah, fing auch sie aus jähem Entsetzen heraus an zu schreien. Die Kindergärtnerin trug den Jungen zur Wasserleitung und begann ihn zu waschen. Gertrud stand totenblaß daneben. Dann bekam sie den Auftrag, einen kleinen Lappen immer wieder unter das laufende Wasser zu halten; sie tat es voll Eifer, und schließlich wagte sie die schüchterne Frage: „Muß er jetzt sterben?" – Die Kindergärtnerin

sagte ernst: „Ich hoffe, daß wir ihn noch einmal retten können."
(Auch in diesem Augenblick beging sie bewußt dem Jungen gegenüber einen pädagogischen Fehler, um ihre heilpädagogische Aufgabe an Gertrud zu lösen.)

Es zeigte sich bald, daß dem Jungen nichts geschehen war. Sie
waren alle mit dem Schreck davongekommen. Sie saßen wieder auf
ihren Plätzen; der Junge beruhigte sich, die übrigen Kinder waren
schon in ihre Arbeit vertieft. Nur Gertrud sah noch zaghaft und
ängstlich zur Heilpädagogin auf; sie glaubte sicher, daß sie eine
Strafe bekommen würde. Aber statt dessen begegnete sie wieder
den freundlichen Augen, und dann sagte die Kindergärtnerin laut
und sehr warm: „Habt ihr gemerkt, wie vorsichtig man sein
muß? Man kann nicht mit den Füßen nach den Kindern stoßen,
sonst gibt es ein Unglück. Das ist ebenso wie mit den Blumen
und den Tieren und den Wassergläsern; nach denen darf man
auch nicht mit den Füßen stoßen. Das haben wir nun gründlich gelernt."

Sie wußte, daß diese gute Lehre nutzlos blieb, wenn innere Not
und Verzweiflung doch wieder einmal zerstörerisch hervorbrechen
würden. Aber sie brachte zum Ausdruck, daß das Ereignis abgeschlossen war und daß nun wieder voller Frieden herrschte. —
Gertrud starrte sie verständnislos an. Wahrscheinlich verwandelte
sich der schwarze Riese jetzt wieder in den weißen Riesen; aber
dieser neue weiße Riese war zu keinerlei Verwöhnung oder Ent-
gegenkommen bereit. So blieb dem Kinde nichts übrig als die
Wahrheit zu begreifen, daß die Erwachsenen nicht immer schwarze
oder weiße Riesen sind, sondern daß sie freundlich, ruhig, aber fest
in schlichter Sachlichkeit den Kindern gegenüberstehen können.
Und nun erst verlor die Ich-Du-Beziehung (nämlich das Verhältnis
des Kindes zur Erzieherin) sein vordringliches Interesse. Und in
gleichem Maße gewann die Beziehung Ich-Es, nämlich das Verhältnis des Kindes zum Lehrmaterial an selbständiger und ermuti-
gender Bedeutung.

Sie nahm unversehens ein paar Zylinder aus dem Einsatzkasten.
Dann erschrak sie vor sich selbst (denn sie hatte das innere Gesetz
ihres Eigensinns und ihrer Angst übertreten). Es vergingen wieder
zehn Minuten. Dann nahm sie noch ein paar Zylinder heraus.
Zwischendurch sah sie scheu umher, ob man sie nicht beobachte.

Vermutlich hätte jedes kleine Lob und jede kleine Aufmerksamkeit sie in die alte Passivität zurückgescheucht. Aber niemand kümmerte sich um sie. Die Ich-Du-Beziehung, die für Gertrud zur Giftquelle geworden war, wurde in diesem Raum grundsätzlich an die zweite Stelle gerückt; und die Ich-Es-Beziehung, die Freude an der Arbeit und die Ehrfurcht vor dem Material, stand eindeutig im Mittelpunkt.

Noch an demselben Tage setzte Gertrud ihre Holzzylinder sorgfältig und eifrig in den Kasten zurück, nahm sie wieder heraus und setzte sie von neuem hinein. —

Soweit der Kindergarten reichte, war Gertrud geheilt. Aber ihre Umstellung zu Hause ließ noch längere Zeit auf sich warten. Indessen hatte die Mutter nun auch erlebt, was es heißt, ein Kind zu erziehen. Ihre Fähigkeit, das Kind zu verstehen, war in diesen schweren Wochen wesentlich gewachsen. Sie hatte bisher nur vom Kinde aus gesehen, und dann hatte sie es verwöhnt; oder sie hatte nur von sich aus gesehen, und dann war sie zu hart gewesen. Nun erst bemerkte sie, daß es sich immer um das Verhältnis zwischen Mensch und Mensch oder um das Verhältnis zwischen Mensch und Ding handeln muß. Von diesem Standpunkt aus vermochte sie die einzelnen Schwierigkeiten und die zahllosen Spannungen, die der Alltag mit sich brachte, weit ruhiger zu betrachten; ihr innerer Abstand wurde größer, ihre Gelassenheit wuchs, und ihre innere Verbundenheit mit dem Kinde gewann um so mehr Tiefe, je mehr es ihr gelang, sich aus den oberflächlichen Bindungen freizumachen. Charakterlich gesprochen: auch die Mutter tauchte jetzt erst langsam aus dem Urwir, oder richtiger, aus dem Schein-Urwir hervor, in das sie sich mit dem Kinde eingelassen hatte. Und je erwachsener sie selber wurde, um so besser gelang ihr auch die Erziehung des Kindes. — Nach einem Vierteljahr war auch das Bettnässen verschwunden.

Es gibt keine Überwindung von Erziehungsschwierigkeiten, wenn nicht gleichzeitig eine Nachreifung und Charaktervertiefung bei den Erziehern zustande kommt. Denn in der Schwierigkeit des Kindes spiegelt sich die Schwierigkeit der Erwachsenen. Das Wir ist krank, die erziehende Gruppe erweist sich als fehlerhaft, und wenn die Gruppe sich nicht ändert, kann auch das Kind nicht gedeihen.

3. Das heilende Spiel

Erwin B. litt an nächtlichen Angstanfällen, an sogenanntem pavor nocturnus. Er war fast sechs Jahre alt, der einzige Sohn eines höheren Beamten; seit zwei Jahren hatte er ein kleines Schwesterchen, das er angeblich aufs innigste liebte. In seinem sonstigen Verhalten war er recht anspruchsvoll, herrisch und unverträglich. Im Kindergarten gab es immer wieder Schwierigkeiten, besonders mit kleineren Kameraden, die Erwin rücksichtslos unterjochte. Zu Hause fiel vor allem seine Neigung zum Neinsagen auf. Jede Anordnung und jede Bitte wurde zunächst mit Widerspruch beantwortet, dann aber doch ausgeführt, wenn eine Strafe oder ein merklicher Verlust an Einfluß oder Geltung zu befürchten stand. Vor allem mit dem Dienstmädchen und mit der Mutter gab es ständig Zänkereien. Der Vater setzte seinen Willen mit Gewalt durch; er duldete keinen Widerspruch; und Erwin ging ihm aus dem Wege, solange es möglich war.

Die Mutter brachte den Jungen zunächst nur wegen der nächtlichen Angstanfälle zur Behandlung. Daß er im übrigen rechthaberisch und unverträglich war, erzählte sie nebenbei wie eine Merkwürdigkeit, da sie sich nicht erklären konnte, wieso derselbe Mensch sich bei Tage so gewalttätig und bei Nacht so hilflos gebärdete. Daß die Rechthaberei, die cäsarische Charaktermaske, nur ein Ausgleich und eine Sicherung gegen das ursprüngliche und tieferliegende Gefühl der Ohnmacht und der Hilflosigkeit sein konnte, leuchtete ihr noch nicht ein. Sie nahm es theoretisch zur Kenntnis, konnte aber praktisch noch nichts damit anfangen. Denn die einfache Formulierung, daß man den Jungen ermutigen müsse, damit er nicht mehr nötig habe, den Herrn zu spielen, schien ihr zunächst noch völlig sinnlos zu sein. Auch war noch nicht klar, worin eine solche Ermutigung bestehen mußte; nur daß sie auf dem Gebiete der Ich-Wir-Beziehung zu suchen war, ließ sich aus dem Tatbestand schon erraten.

Erwin war wegen seines unangenehmen Wesens mit niemandem recht befreundet. In der Familie erlebte er fast nur noch Tadel und Zurechtweisung; oder es hieß günstigenfalls: „Heute warst du aber artig; wenn du nur immer so wärst wie heute!" Doch diese Worte bedeuteten für Erwin nur: „Heute hast du dich unterworfen, heute hast du auf dein eigenes Leben verzichtet. Warum tust du das nicht alle Tage?" Die richtige Einstellung zu den Erwachsenen, das Wir, in dem er die anderen gelten ließ und in dem er selbst zu seinem Rechte kam, konnte dieser Junge von sich aus nicht mehr finden; und die Erzieher drängten ihn immer weiter in die Ichhaftigkeit hinein, statt ihm die Brücke zu bauen, die in das lebendige Wir hinüberführt. Auch den anderen Kindern gegenüber kannte Erwin nur die Beziehung von Herren und Knechten. Entweder er unterwarf sich die anderen, oder er wurde von ihnen unterworfen. Nur ein Kind gab es, dem er unbedingt und immer überlegen war, das ihm nicht entfliehen konnte, und gegen das er keine Sicherungen nötig hatte: das war das kleine Schwesterchen, das er angeblich liebte. Bei genauerer Beobachtung konnte die Mutter sich gründlich davon überzeugen, daß er es liebte, wie ein Despot seinen wertvollsten Sklaven liebt.

Die Ermutigung, die hier not tat, war gleichbedeutend mit dem Erlebnis des Wir. Erwin war ein „Wir-Krüppel"; ihm fehlte der Mut zur Gemeinschaft, zum offenen Mitmachen, zum Verzicht auf Überlegenheit und Herrschergewalt. Sobald er mit Menschen zusammenkam, hatte er Sicherungen nötig. Er mußte kommandieren oder nein sagen; zum Jasagen fehlte ihm das nötige Vertrauen. So war es kein Wunder, daß er in der Nacht, „wenn die Wächter schlafen", besonders unsicher war. Sobald er nicht mehr selber mit seinem wachen Bewußtsein dafür sorgen konnte, daß er stets Herr der Lage blieb, mußte er befürchten, einem ständig lauernden Feinde zum Opfer zu fallen. Der große Cäsar fühlte sich dann klein und wehrlos. Irgendein schwarzer Riese, eine Art Drache, wie sich später zeigen sollte, drohte ihm aus allen Winkeln des nächtlichen Zimmers. Und in seiner Not schrie der Sechsjährige dann, wie ein kranker Säugling schreit.

Die erste Sitzung brachte nur die Aufklärung der inneren Lage. Man sah, daß ein Wir hergestellt werden mußte; aber man sah auch, daß die Gefahr der Verwöhnung sehr nahe lag. Auf diesen kleinen Herrenmenschen wirkte schon die Freundlichkeit des Heilpädagogen wie die Huldigung eines unterworfenen Fürsten auf einen Großkönig des Altertums. Für die zweite Sitzung wurde beschlossen, daß man mit den großen Tieren spielen wollte, die im Zimmer herumstanden, aber daß die Mutter nicht dabei sein sollte, angeblich weil sie etwas zu besorgen hatte, in Wirklichkeit jedoch, weil ihre Anwesenheit den Machtkampf und das Geltungsstreben des Kindes merkbar verstärkte.

Wer mit schwererziehbaren Kindern heilpädagogisch arbeiten will, sollte sich ein wirkliches Kinderzimmer einrichten. Es muß ein großer Raum sein mit wenigen handfesten Möbeln und einer freien, sauberen Bodenfläche, auf der mehrere Menschen ungehindert herumliegen können. Man braucht einiges Material, wie Maria Montessori es erfunden hat, nur wenn möglich noch standfester und unzerbrechlicher. Vor allem aber — ganz gegen den Grundsatz der Montessori-Methode — muß man viele große Tiere haben, etwa ein Pferd so hoch wie ein Tisch, aber kein Schaukelpferd; einen Elefanten, auf dem man reiten kann; ein paar riesige Teddybären, und Kühe, Nilpferde, Krokodile, Hunde, Schafe, Schlangen, Kröten, Fische und allerhand niederes Getier bis hinab zu kleinen Fröschen, die kaum so groß sind wie ein Pfennigstück. Daß auch ein paar Baukästen dazu gehören, versteht sich von selbst; aber das Entscheidende sind immer die Tiere.

Diese helle standfeste Welt erscheint dem Erwachsenen ebenso wirklich und gegenwärtig wie auch zugleich zeitlos, märchenhaft und jenseitig. Er wird sie verächtlich ablehnen, wenn er nach außen gewandt und „praktisch" eingestellt ist; und er wird sie mit Neid und Sehnsucht betrachten, wenn er nach innen als Sucher oder Träumer durchs Leben geht. Dem Kind ist diese Welt sofort vertraut, auch wenn es sie noch nie gesehen hat. Der Gegensatz von innen und außen legt sich erst später endgültig fest. Je jünger das Kind ist, um so vertrauter sind ihm die Gestalten der Mythen und Märchen, auch wenn sie ihm zum erstenmal begegnen. Wir hatten eine Zeitlang ein großes geflügeltes Krokodil, ein Stofftier, das fast ein Meter lang war. Die kleineren Kinder fürchteten sich oft zu Anfang, schlossen aber sehr rasch Freundschaft mit diesem Fabelwesen, und dann hätte ein ganzer zoologischer Garten den unvergleichlichen Wert dieser Freundschaft nicht mehr aufgewogen. Manchmal lassen sich leichtere Angstzustände des frühen Kindesalters allein schon durch den vertrauten Umgang mit solchen Tieren aus der Welt schaffen.

„Was innen ist, ist außen". Die schlechten Erfahrungen, die das Kind in der Außenwelt macht, finden ihr Echo tief im Innern, wo die Sagenwelt der Vorzeit als eine Unzahl von traumhaften Möglichkeiten wartend bereit liegt. Je schlechter die Erfahrungen in der Außenwelt sind, um so grausiger sind die Vorstellungen, die im Innern erweckt werden. Es gibt immer wieder Kinder, die nie etwas Schlechtes vom Teufel oder vom Schwarzen Mann oder auch nur vom Schornsteinfeger gehört haben, und die doch eines Nachts nach der Mutter schreien, weil eine gräßliche schwarze Fratze mit Hörnern und langen Ohren sie angegrinst hat. Dann genügt es nicht mehr, mit der Außenwelt Frieden zu schließen; der Friedensschluß mit den inneren Angstgestalten wird unentbehrlich. Am besten aber ist es, wenn gleichzeitig in ein und derselben Handlung die äußere und die innere Lage entgiftet wird. Doch das gelingt nur durch eine schöpferische Tat. Denn die Feindseligkeiten müssen nicht nur überwunden, sondern sie müssen durch Freundschaft, durch vertrauten Umgang und gemeinsame Arbeit ersetzt werden. Und diesen Vorgang des großen Friedensschlußes, der gleichzeitig eine äußere und eine innere Grenzerweiterung in sich enthält, erreicht man mit kleineren Kindern am besten durch das gemeinsame Spiel.

Auch Märchenerzählungen Kasperle-Theater und dramatische Aufführungen mit kostümierten Kindern können wertvolle Dienste leisten. Daß auch das Zeichnen eine wichtige Rolle spielt, ist oft betont worden; doch scheint uns hier das gemeinsame Zeichnen an einem dramatischen Bilde weit brauchbarer als die Einzelzeichnungen, die nur wie Träume oder einzelne Einfälle ein Schlaglicht auf die innere Situation des Kindes zu werfen pflegen. Je mehr man sich in diese Dinge vertieft, um so mehr verschwinden außerdem die Grenzen zwischen den verschiedenen Äußerungsformen des kindlichen Lebens. Die lebhafte Erzählung eines Märchens geht oft von selbst in die mimische Darstellung über; und ob man mit Stofftieren, Bleisoldaten oder den Figuren des Kasperle-Theaters spielt, bedeutet kaum einen Unterschied. Wichtig ist immer nur der lebendige Ausdruck für das Innenleben des Kindes. Und deshalb gilt ganz allgemein die Regel, daß bei allen heilpädagogischen Versuchen dieser Art dem Kinde selber soweit wie irgend möglich die Entscheidungen zugeschoben werden müssen.

Nehmen wir an, zwei Tiere kämpfen miteinander. Welches wird stärker sein? Was wird dem Schwächeren geschehen? Wird der

Sieg mit Freude oder mit Schmerz empfunden werden? In allen
diesen Dingen sollte möglichst ungetrübt die Stimmung des Kindes
zum Ausdruck kommen. Ist das Kind zu schüchtern, um selber zu
spielen, so muß der Heilpädagoge ihm das Sprechen und das Handeln abnehmen; er sollte aber möglichst genau in der Gestaltung
des Spiels ein Porträt des kindlichen Innenlebens herzustellen
suchen; und dazu muß er wie jeder Porträtmaler aufs sorgfältigste
den Augenausdruck und das Mienenspiel des Kindes beobachten.

Aus der Art dieser Aufgaben ergibt sich eine besondere Forderung an die charakterliche Artung des Heilpädagogen. Er muß im
besten Sinne des Wortes „spielen" können. Das heißt aber nicht nur,
daß er produktiv sein muß, daß ihm immer neue Einfälle kommen
müssen und daß er keine Hemmungen haben darf, sich mit dem
Kinde als Spielgefährte restlos wohlzufühlen; sondern es heißt
darüber hinaus noch, daß seine inneren Tore und Treppen, die zu
den unbewußten Tiefen des Charakters hinabführen, durchaus
gangbar sein müssen. Er darf nicht an rationaler Engigkeit leiden,
die ihn etwa sagen ließe: „Es ist unmöglich, daß ein Elefant zehn
Jahre lang tief in der Erde schläft, ohne zu fressen"; er darf nicht
an moralischen Mißverständnissen leiden, die ihn etwa zwingen
könnten, den jungen Elefanten zu verurteilen, der seinen Urgroß-
vater zehn Jahre lang in den Mittelpunkt der Erde vergräbt; und
er darf drittens nicht an eine ichhaft erstarrte Auffassung von
Autorität gebunden sein, denn sonst müßte er versagen, wenn
gerade im wichtigsten Augenblick des Spiels der kleine Patient ihm
erklärt: „Und jetzt bist du der dumme, böse, böse Ururgroßvater,
und darum grabe ich dich noch viel tiefer ein, und dann schlage ich
dich tot, und dann verbrenne ich dich mitten in der Hölle." —
Würde er an dieser Stelle das Spiel nicht mehr verstehen, so wäre
alles verloren. Denn hier ist es bitterernst, noch weit mehr als sonst
die Kinderspiele ernst sind (was die Erwachsenen selten begreifen).

Wenn er sich jetzt begraben und erschlagen und verbrennen läßt,
kann er einer großen und leuchtenden Auferstehung sicher sein.
Der schwarze Riese würde sich auch hier in seinem tiefsten Kern
als einen weißen Riesen enthüllen. Und das große Mysterium der
Schöpfung, die Versöhnung von Hölle und Himmel, der Dienst
der bösen Finsternis für die Ziele des ewigen Lichtes, wäre hier
im Kinderspiel und in der Heilung einer kindlichen Verirrung

selbsttätig und unbeirrbar zum Ausdruck gelangt. Wenn dagegen der Heilpädagoge aus moralischer Ängstlichkeit eingewandt hätte: „Pfui, Erwin, wie kannst du so häßlich zu mir sein, wo ich doch so hübsch mit dir spiele!" – dann hätte er die erhabene Rolle, die das Kind ihm unbewußt zugeteilt hatte, aus ichhafter Gekränktheit heraus mit Füßen getreten. Und anstatt wenigstens für einen Augenblick Baldur, Dionysos, Heiland und Sonnengott zu werden, wäre er geblieben, was er war: ein Philister. Und er hätte auch das Kind auf seinen philisterhaften Weg gezwungen, nämlich auf den Weg der Ichhaftigkeit, der Starrheit und der Neurose.

Gertrud A. erlebte die Heilung ihrer Ich-Wir-Beziehung unmittelbar an den Menschen. Die Verbesserung ihrer Ich-Es-Beziehung war nur eine Folge und Begleiterscheinung auf diesem Weg. Erwin B. war in seiner Ich-Es-Beziehung ebenfalls nur wenig und nur indirekt gestört. Nach wenigen Versuchen gelang es ihm schon, ganz ungehemmte und traumhafte Spiele zu schaffen. Sie glitten manchmal ins Oberflächliche und Spielerische ab. Aber je weniger der Heilpädagoge sich dadurch stören ließ, um so ernstere Formen nahm das innere Drama an, das hier im Spielen zum Ausdruck kam. Ein wesentliches Hilfsmittel, das im Falle der Gertrud A. nicht zur Verfügung stand, waren die Tiere, mit deren Hilfe sich das Spiel vollzog. Aber bald zeigte sich, wie in allen ähnlichen Fällen, daß der Heilpädagoge, wenn man so sagen darf, zum wichtigsten von allen Tieren wurde. Auch Erwin selbst war ein Tier, aber eine Art Sammeltier, das alle Eigenschaften, Leiden, Freuden und Kämpfe der übrigen Tiere in sich vereinigte. Zuerst gab es viel Streit und Tränen in der Tiergesellschaft. Am häufigsten wurde der Elefant, der hauptsächlich (aber nicht ausschließlich) den Vater bedeutete, wegen seines herrischen Benehmens von den übrigen Tieren geknufft und gebissen und unter dem Sofa „ganz tief in die Erde vergraben". Manchmal starb die kleine Gans, die sich genau so benahm wie Erwins kleine Schwester. Sie sollte fliegen lernen, stürzte vom Tisch auf die Erde, brach sich das Genick und wurde mit unendlich viel Beileid unter dem Teppisch verscharrt. Am besten ging es, wenn das fliegende Pferd, das schönste von allen Tieren, (das aber nie Erwin genannt wurde, sondern Dietrich hieß wie Erwins Onkel, der in der Reichswehr diente) allein war mit dem alten Walfisch und der uralten Kuh. Dann taten diese mütterlichen Tiere alles, was das herrliche Pferd nur wollte; doch die Freude dauerte nie lange, weil der Elefant stets wieder zum Vorschein kam und den Familienfrieden aufs häßlichste störte[1]).

Diese unverkennbare Darstellung von Erwins Familienleben ergab sich als das Wesentliche aus etwa zehn recht langen Spielversuchen, die außerdem noch zahlreiche andere Episoden, Unglücksfälle und Heldentaten enthielten, deren tiefere Bedeutung jedoch nicht festzustellen und vielleicht auch nicht vorhanden war. Man kann nun sagen, daß Erwin sich in der Gestalt des schönen Pferdes selbstgefällig erhöhte; das wäre ein Ausdruck für sein Geltungsstreben im Sinne Alfred Adlers. Man kann auch behaupten, daß er sich auf dem Wege über den bewunderten Onkel mit dem Vater identifizierte; denn er war der Herrscher über die weiblichen Mitglieder der Familie, vor allem wohl über Mutter und Großmutter, vielleicht aber auch über Dienstmädchen und Tante. Dann müßte man hinzufügen, daß er sein eigenes kämpferisches und doch erfolgloses Benehmen im Spiel auf den Vater projizierte (im Sinne C. G. Jungs) und daß er den Elefanten die gleichen Erfahrungen machen ließ, die eigentlich dem Pferde zukamen. Die Todeswünsche gegen die Schwester kamen eindeutig zum Ausdruck. Aber wer tiefenpsychologisch geschult ist, wird noch eine ganze Reihe von anderen Deutungsmöglichkeiten bemerken; und je mehr er nur geschult, aber nicht wirklich gebildet ist, um so schwerer wird er der Versuchung widerstehen, schon in diesem Stadium deutend oder belehrend oder wenigstens doch dirigierend einzugreifen. So kann man beispielsweise versuchen, eine Art Rechtfertigung des väterlichen Elefanten oder auch eine Machteinschränkung für das fliegende Pferd durchzusetzen. In manchen Fällen haben derartige Wendungen eine recht gute Wirkung. Aber man verbaut dadurch dem Kinde und sich selber den Weg in die tieferen Schichten.

Läßt man dem Spiele weiter seinen Lauf, so wird die Aufmerksamkeit des Kindes allmählich von ganz anderen Dingen in Anspruch genommen. Im Falle Erwins geriet der Elefant unter dem Sofa fast in Vergessenheit, und auch die Gans unter dem Teppich,

---

[1]) Daß sowohl der schwarze wie der weiße Riese sowohl väterliche wie mütterliche Züge in sich vereinigt, dürfte jedem Tiefenpsychologen klar sein. Für die Heilpädagogik reichen diese undifferenzierten Symbole jedoch meistens aus. Man vergleiche L. 16, Kapitel 7 und 8.

die ohnehin nur selten wieder auferstand, blieb ruhig liegen. Der uralte Walfisch dagegen wurde zur Hauptperson. Manchmal schien es, als ob er schwerkrank sei, dann wieder machte er unendlich weite Reisen, dann sollte er geschlachtet werden, und schließlich ballte sich alles um eine entsetzliche Gefahr zusammen, die dem Walfisch drohte und aus der auch nur der Walfisch selber sich die Rettung bringen konnte. Aber gerade in diesem Augenblick war er wieder „ganz weit weggefahren".

Es konnte wohl kein Zweifel mehr bestehen, daß es sich hier um eine unbestimmte Erinnerung an die Geburt der kleinen Schwester handelte. Der Walfisch, der zuerst die Großmutter zu sein schien, war zur Mutter geworden; vielleicht bedeutete er sogar das mütterliche Wesen schlechthin, das, „was helfen konnte" und „was weit weg war". Der Heilpädagoge glaubte erraten zu können, daß die Mutter zur Zeit der Entbindung in einem Krankenhaus war, daß ihr Aufenthalt dort längere Zeit gedauert hatte und daß Erwin sich inzwischen sehr vereinsamt fühlte. Die Erkundigung bei den Eltern bestätigte diese Vermutung. Auch die völlige Abwesenheit des Vater-Elefanten erklärte sich nun. Damals bestand auch seelisch eine arge Entfremdung zwischen den Ehegatten. Das Wochenbett bedeutete für die Mutter eine ungeheure seelische Belastungsprobe, die in ihr fast den Entschluß zur Scheidung reifen ließ. Sie fühlte sich damals völlig verlassen und vereinsamt.

Wir können nicht entscheiden, ob Erwin diese innere Krisis der elterlichen Ehe, wie C. G. Jung es vermuten würde, auf Grund eines urwirhaften Teilhabens unmittelbar auch in sich selber erlebte, oder ob er nur, wie es der Adlerschen Auffassung entsprechen würde, die eigene Verlassenheit und den Verlust des mütterlichen Schutzes als Katastrophe empfand[1]). Sicher ist nur, daß hier die Verankerung seiner Angsterlebnisse zu finden war. Und der weitere Verlauf der Spiele bewies es aufs deutlichste.

Jetzt erst entschloß sich der Heilpädagoge zum Eingreifen. Er sagte etwa: „Wenn es auch sehr lange dauert, und wenn es auch sehr schlimm ist, schließlich wird es doch in Ordnung kommen. Ich weiß schon, daß der große Walfisch wieder zurückkommt, und dann wird er auch den Elefanten wieder holen, und dann werden

---

[1]) Über die schicksalhafte Verbindung zwischen Eltern und Kindern berichtet vor allem die Jungschülerin Wickes (L. 41a).

die beiden sich freuen und zusammen viele Apfelsinen essen." Erwin antwortete sofort in wilder Abwehr: „Nein, sie werden ganz bestimmt keine Apfelsinen essen! Sie sind beide weg, ganz weg, ganz weg!" Der Erwachsene schob ihm wieder die Entscheidung zu: „Was tun wir dann? Wir müssen etwas machen, damit alles noch einmal gut wird. Was können wir denn dafür tun?" Erwin sah den Heilpädagogen mit einem Gemisch von Zorn und Entsetzen an. Er schrie: „Nein, wir sollen nichts tun. Der Walfisch ist ganz weg!"

Da übernahm der Heilpädagoge, einer inneren Wendung seines eigenen Traumlebens folgend, die Rolle einer überirdischen Macht. Er wußte, daß er jetzt in priesterlicher Weise im Namen einer höheren Instanz in das Geschick der Tiere und des Kindes und damit auch in das Geschick der Familie eingreifen mußte. Er sagte langsam, leise und feierlich: „Du mußt den Walfisch rufen, du mußt gehen und suchen, bis du ihn findest. Über das Meer und über viele Berge mußt du gehen, manchmal wirst du dich fürchten und manchmal froh sein, manchmal hast du Angst, weil du allein bist, aber schließlich durch Not und Gefahr hindurch wirst du ihn finden." — Erwins Abwehr war verschwunden; er fragte noch staunend: „Ist das wahr?" Und er bekam die Antwort schon fast wie einen Aufruf zum Kampf: „Das ist wahr; jetzt vorwärts, mach dich auf den Weg!"

Erwin nahm das fliegende Pferd in die Hand — das erstemal, daß er sich zu seiner Rolle bekannte — stellte sich mitten ins Zimmer und rief sehr laut: „Walfisch, Walfisch, komme wieder!" Dann flog das Pferd in alle Ecken und Winkel, und dann schien es, als ob es plötzlich den Walfisch entdecken würde. Aber der Erwachsene griff ein: „So schnell geht es nicht. Erst muß das Pferd noch in der Hitze schwitzen und dann in der Kälte frieren und dann in der Trockenheit dursten und dann in der Dunkelheit sich fürchten, und erst wenn es gelernt hat, sich nicht mehr zu fürchten, und wenn es Hunger und Durst und Hitze und Kälte aushalten kann, dann kann es über die himmelhohen Berge gehen, hinter denen der Walfisch zu finden ist." Nun wurde das Spiel ganz mühsam und wirklichkeitsnah. Bald glich es einer Nordpolexpedition, bald einer Wüstenwanderung und bald einem Kampf mit großen Straßenjungen. Aber immer mußte das Pferd, das nun auch nicht mehr fliegen konnte, sich allein durchschlagen. Aller Märchenzauber verschwand, und auch die Hilfe des Walfischs und des Elefanten war nicht mehr zu haben. Aber schließlich hatte dieses Pferd, das teils Erwin und teils der Onkel von der Reichswehr und teils Herkules und teils Parzival war, seine schicksalhaften Aufgaben redlich erfüllt. Dann stieg es keuchend über einen großen Sessel, und dahinter lag der Walfisch, der nun Mutter und Gral, Herzeleide und Montsalvasch zugleich bedeutete. – Der Schluß des langen Spiels lag etwa vier Wochen nach Beginn; inzwischen hatte es sechzehnmal von neuem angefangen, aber jedesmal war es ein Stück weiter gediehen.

Die Angstanfälle verloren sich schon während der zweiten Hälfte der Behandlung. Die Neinsagerei und das herrische Wesen steigerten sich am Schluß der Spielversuche zu besonderer Heftigkeit, waren jedoch nach weiteren sechs Wochen völlig verschwunden. Doch muß berichtet werden, daß inzwischen auch eine Umstellung der Mutter in recht erheblichem Maße erreicht wurde. Es folgte regelmäßig auf jeden Spielversuch eine therapeutische Aussprache mit ihr. Die bewußte Verarbeitung des Materials, das aus den Spielen gewonnen wurde, erfolgte nicht zwischen dem Heilpädagogen und dem Kinde, sondern zwischen ihm und der Mutter. Sie wurde zwar verpflichtet, nichts zu sagen und auch nichts zu tun, was unmittelbar auf die Spiele Bezug hatte; und auch eine planmäßige Änderung ihres Verhaltens wurde nicht von ihr verlangt (denn solche Versuche mißlingen fast immer). Aber die tiefere Einsicht in die inneren Zusammenhänge des kindlichen Lebens, und vor allem die Klärung ihres Standpunktes sowohl dem Vater wie auch dem Sohne gegenüber, führte zu einer größeren inneren Sicherheit und darum auch zu größerer Ruhe, Gleichmäßigkeit und Selbständigkeit. – Wenn man will, kann man dieser Reifung der Mutter den Hauptanteil an der Genesung des Kindes zuschreiben; und tatsächlich wäre die Genesung wohl nicht erfolgt, wenn die Reifung der Mutter ausgeblieben wäre. Andererseits aber hätte diese Reifung allein nur ganz allmählich auf dem Wege über viele Krisen zur inneren Befriedung des Kindes geführt. Der richtige Weg der Heilpädagogik ist die gleichzeitige und gleichsinnige Einwirkung auf Eltern und Kinder.

4. Die Elternberatung

Die religiöse Einstellung der heutigen Menschen ist in hohem Maße nicht sachlich von der Religion her, sondern persönlich von den ichhaften Dressaten her bestimmt. In diesen Fällen kommt es weniger auf die religiösen Inhalte an, die geglaubt werden oder an denen gezweifelt wird, als vielmehr auf die persönlichen Zwecke und Ziele, in deren Dienste man glaubt oder zweifelt. Nirgends wirkt die Umfinalisierung so verborgen und so verheerend wie auf diesem Gebiet. Der Religionsunterricht und auch die sonstige religiöse Erziehung ist dagegen machtlos, da auf diesem Wege immer nur Inhalte und Mittel, nicht aber Zwecke und Ziele auf die junge Generation übertragen werden können. Die Frage der Zielsetzung und vor allem die Frage des Wertträgers (Ichhaftigkeit oder Wirhaftigkeit) wird erst in den Charakterkrisen der Reifezeit oder des späteren Lebens entschieden, und die religiöse Vorbereitung erweist sich hier, wenigstens in unserer Zeit, kaum nützlicher als die sonstige Vorbereitung auch. – Entscheidend bleibt das Zusammentreffen des Kindes mit mehr ichhaften oder mehr wirhaften Erwachsenen.

Freilich wird die Vermittlung religiöser und das heißt von Grund aus wirhafter Inhalte durch stark ichhafte Menschen besonders abschreckend wirken. Der Primaner, von dem alsbald die Rede sein soll, behauptete, daß der Teufel den Religionsunterricht erfunden habe, um dem lieben Gott möglichst viele Seelen zu entreißen. Der heutige Unterricht sei eine geniale Einrichtung zur Stiftung endgültiger Feindschaft zwischen dem Lernenden und dem Lehrstoff. Homer, Plato, Goethe und die Bibel, das seien unerhört anziehende und lebendige Bücher, und es sei bewundernswert, wie gründlich es der Lehrerschaft gelinge, sie dem werdenden Menschen ein für allemal zu verleiden.

Dieser Primaner, Bruno C., war ein begabter und vielseitig interessierter Schüler. Er hatte eine ältere und eine jüngere Schwester, die beide etwas schüchtern, aber pflichttreu ihren Weg gingen, die ältere schon als Fürsorgerin, die jüngere mit dem Ziel, einmal dasselbe zu werden. Sein Vater war Oberingenieur in einem großen Betriebe des rheinischen Industriebezirks. Die Mutter still, arbeitsam und bescheiden, hatte, wie Bruno sich lieblos ausdrückte, „nie in ihrem Leben einen eigenen Gedanken gehabt". Vater, Mutter und Töchter sahen den Schwerpunkt ihres Lebens auf dem Gebiete der evangelisch-kirchlichen Arbeit. Sie hatten Ämter in den betreffenden Körperschaften und wandten viel Zeit, Kraft und Überzeugungstreue für diese Tätigkeit auf[1]).

Etwa seit seinem sechzehnten Jahre kam Bruno in der Schule nicht mehr recht vorwärts. Es wurde ihm schwer, sich zu konzentrieren. Allerlei Angstzustände, Zweifel und kleinliche Grübeleien drängten sich ihm auf, so daß er schließlich nicht mehr in der Lage war, sein Schulpensum richtig zu erledigen. Ermahnungen und Strafen blieben wirkungslos oder verschärften das Übel noch mehr. Schließlich stellten Ärzte und Lehrer fest, daß es sich um eine „nervöse Erkrankung" handeln müsse, und so kam es zur Behandlung des Primaners, und was noch wichtiger war, auch zur Behandlung des Vaters.

Der Vater stellte sich als ein kerngesunder Mann vor, solide, wohlwollend, lebensklug und energisch. Er glaubte, wie er sich selbst ausdrückte, „an Leib und Seele rechtwinklig" zu sein. Und auch die Art, wie er das Schicksal seines Sohnes auffaßte und wie er sofort daranging, alles nur mögliche zu tun und jedes Opfer zu bringen, um Abhilfe zu schaffen –, das verriet einen Charakter, der durch und durch auf Güte, Verantwortung und Herrentum eingestellt war. Und schon das erste Dreigespräch zwischen Vater, Sohn und Heilpädagogen zeigte deutlich, wo der Schaden lag. Der Vater wußte alles, bedachte alles, sorgte für alles, und zwar so freundlich, daß niemand ihm widersprechen konnte. Für den achtzehnjährigen Sohn blieb keine Wahl, keine Entscheidung und keine Verantwortung übrig. Er hatte nur immer zu tun, um was man ihn bat. – „Sie sind ein Baby, und Ihr Herr Vater ist Ihre Amme. Sie kämpfen um Ihre Selbständigkeit, sind aber viel zu unselbständig, um sich in dieser Richtung auch nur das Geringste zuzutrauen." Das war die Diagnose, die sich zunächst ergab.

Der Vater indessen beschwerte sich unter vier Augen über die ausgesprochene Lieblosigkeit und „Insubordination" seines Spröß-

---

[1]) Dieser Fall ist mit wenigen, aber recht wichtigen Ergänzungen aus der 1. Auflage von „Charakter, Wachstum und Erziehung" übernommen (Kapitel 34). Von der 2. Auflage an sind dort die ursprünglichen Kapitel 31 bis 40 durch andere Darstellungen ersetzt worden.

lings. Der Heilpädagoge aber setzte ihm auseinander, daß er, der Vater, durch seine allgewaltige gütige Autorität den Sohn in diesen unbewußten Abwehrkampf hineintreibe. — Der Oberingenieur lächelte nachsichtig: „Das sind so liberale Erziehungsideen." — „Das ist der charakterliche Ruin Ihres Sohnes. Und Sie haben die Wahl, Ihr Verhalten zu ändern, und das heißt sich selber von Grund aus zu ändern, oder Ihren Sohn ins Unglück zu treiben." — Damit war die Analyse des Vaters in den Vordergrund gerückt.

Die Besprechungen mit dem Sohn führten rasch zu einem vorläufigen Erfolge; doch konnte diese Besserung nur von Dauer sein, wenn es gelang, den Vater umzustellen. Und die Gefährdung des Sohnes ließ sich so eindeutig auf das Verhalten und die Erziehungsmethoden und somit auf den Charakter des Vaters zurückführen, daß der letztere seine Zwangslage einsah und die Folgerung daraus zog. Er stellte sich zwar nach wie vor auf den Standpunkt, daß seine Weltanschauung und sein Verhalten richtig sei, aber er prüfte mit Ernst und Bereitwilligkeit alle Einwände, die der Heilpädagoge ihm machte.

Der Haupteinwand lautete: „Wir als Erwachsene wissen bestenfalls nur ganz im allgemeinen und in großen Umrissen, wohin die Zukunft sich entwickeln will. Darum können wir nur den kleineren Kindern die richtigen Wege genau zeigen. Ihnen gegenüber wissen wir, was richtig und was falsch ist. Aber bei einem Jungen von siebzehn oder achtzehn Jahren wissen wir es schon nicht mehr. Wir dürfen ihm darum nicht im einzelnen vorschreiben, welche Ziele er sich zu setzen hat. Wir müssen ihm den Rahmen zeigen, an den er sich anpassen muß, und auch die Mittel und Wege, deren er sich bedienen kann. Was er aber damit anfängt und wozu er sich entschließt, das ist seine Sache." Der Gegeneinwand des Ingenieurs hieß: „Damit wäre alle Autorität vernichtet!" Der Heilpädagoge erwiderte: „Die Autorität des einzelnen Privatmenschen ist ohnehin nur Schein, ist ichhafte Konstruktion und Selbstbetrug. Sie bricht, wie Sie sehen, vor der Wirklichkeit hilflos zusammen. Die väterliche Autorität, auch wenn sie noch so lebendig und schöpferisch ist, reicht längst nicht soweit, wie Sie denken. Sie stehen in Ihrer Familie, mit Verlaub zu sagen, in der Rolle eines Führers, der seine Zuständigkeit weit überschritten hat. Die Autorität hätte hier schon längst an höhere Instanzen, an Jugendverbände, an den Staat, und

wenn Sie es so nennen wollen, an das schöpferische Leben selber
übergehen sollen." — „Meinen Sie nicht", sagte der andere zögernd,
„daß die Autorität nicht dem Menschen zukommt, sondern nur
Gott?" — Der Heilpädagoge bejahte: „Letzten Endes ist alle Autorität nur Lehen von Gott. Aber vermutlich sprechen Sie jeden Tag
mindestens einmal den Satz aus: Dein Wille geschehe. Darf ich Sie
fragen, wie Sie sich das vorstellen?" — Der Ingenieur wurde eifrig.
„Selbstverständlich hat der Mensch sich der Fügung unterzuordnen." — „Aber seinen Kindern hat er Meinung, Werturteile und
Weltanschauung vorzuschreiben? Was berechtigt Sie dazu, Ihrem
Sohn die Verantwortung für sein eigenes Leben abzunehmen?" —
„Man ist doch älter. Man hat mehr Erfahrung und darum die Verantwortung für die Unmündigen." — „Ja, man trägt die Verantwortung", sagte der Heilpädagoge, wohl wissend, daß hier der entscheidende Punkt lag, „wenn man die Unmündigen am Mündig-
werden hindert, muß man die Folgen dieser ichhaften Anmaßung
oder Ängstlichkeit tragen. Man muß erleben, daß die Unmündigen
sich empören und daß die Meuterei recht unmündige Formen annimmt."

Der Ingenieur nahm den hingeworfenen Fehdehandschuh auf.
„Sie verlangen also", sagte er, „daß ich auch meine Weltanschauung
ändere?" — „Ich habe durchaus nichts zu verlangen, ich muß nur
darauf aufmerksam machen, daß die Erkrankung Ihres Sohnes eine
typische Mündigkeitskrisis ist und daß ein Vater in solchen Krisen
den Kindern nur helfen kann, wenn er sich tatsächlich und gründlich innerlich umstellt. Mit einer solchen Umstellung würde möglicherweise auch eine Umorientierung in weltanschaulicher Hinsicht verbunden sein." — „Und mein Christentum?" fragte der
andere fast feindselig. — „Steht in der Bergpredigt auch nur das
geringste von starrer menschlicher Bevormundung? Und waren
wir uns nicht schon einig über den Satz: Dein Wille geschehe? Und
was bedeutet Gethsemane, wenn es nicht unter anderem auch bedeutet, daß man auf sein liebes Ich, auf seine Ansprüche, Meinungen
und Vorurteile gründlich zu verzichten hat?" — „Aber wie würde
ich dastehen vor meinen Kollegen und in meiner Fabrik, wenn ich
plötzlich wie ein Schwächling oder gar wie ein Sozialist auftreten
sollte?" — „Sie brauchen weder wie ein Schwächling noch wie
ein Sozialist aufzutreten, Sie müssen nur Ihre eigenen bisherigen

Ansichten, die zweifellos zu starr und zu ichhaft waren, um Ihrer eigenen Kinder willen noch einmal auflockern und noch einmal im Dienste der lebendigen Wirklichkeit umgestalten. Was später aus ihnen wird, das überlassen Sie ruhig der Autorität einer höheren Instanz."

So weit war man im wesentlichen schon in der ersten Besprechung gekommen. Aber es mußte vierzehn Tage lang immer das gleiche von neuem durchgedacht und durchgesprochen werden, ehe es in das Innenleben des Oberingenieurs einging. Und immer wieder war es nur die Not seines Sohnes und die Verantwortung für ihn, die den erschrockenen Vater zu dieser schweren und krisenhaften Auseinandersetzung zwang. Aber seine Klugheit und Aufrichtigkeit und vor allem seine Abneigung gegen Halbheiten und Unklarheiten half ihm in recht kurzer Zeit um ein wesentliches Stück vorwärts. In der dritten Woche konnte man schon ruhig und fast kampflos auf die Vorgeschichte dieses „gütigen Cäsarentums" eingehen.

Es zeigte sich, daß der Oberingenieur schon früh an Stelle seines verstorbenen Vaters für die Mutter und die jüngeren Geschwister hatte sorgen müssen. Er hatte seine ganze Kraft und seine ganze Zeit im Dienste seiner Angehörigen geopfert; aber er hatte auch keinen Widerspruch geduldet. Und da er zu Hause der weitaus Klügste war, hatte er auch nicht nötig gehabt, ihn zu dulden. So war ihm ein großes Stück „Schein-Wir" erhalten geblieben, durchsetzt und getragen von seiner eigenen wohlwollenden Gottähnlichkeit.

Auch in der Fabrik, in der er bald eine angesehene Rolle spielte, wagte niemand dieser Gottähnlichkeit nahezutreten. Er hatte sich eine freundliche, halb mitleidige, halb ironische Miene angewöhnt, vor der seine Kollegen sich fürchteten und die meistens auch gegenüber den Direktoren Erfolg hatte. Besonders der technische Direktor war ihm ausgeliefert, und zwar, wie sich nachweisen ließ, weil er von einem gütigen und unbedingt überlegenen Vater erzogen worden war.

„Ihr Sohn also muß bestenfalls ein ichhafter Angstmeier werden, wie dieser technische Direktor, wenn Sie nicht Ihre eigene Gottähnlichkeit abbauen und Ihren Sohn in seine eigene Verantwortung stellen." Das war der theoretische Schluß dieser Behandlung.

Der praktische Schluß aber war, daß der Vater sich nach längeren Schwankungen recht gründlich umstellte. Seine Wirhaftigkeit und sein Mut, dem wachsenden Leben die Bahn frei zu lassen, stieg erheblich. Sein Sohn wurde und blieb infolgedessen völlig gesund. Aber seine Frau und seine Töchter, die den Cäsar vorläufig nicht entbehren konnten, gerieten ihrerseits in ziemlich schwere Krisen. Es hat im ganzen etwa zwei Jahre gedauert, bis die Familie sich auf einer neuen Ebene und in einer vorher völlig unbekannten Produktivität wieder zusammenfand.

Das Leben ist unerbittlich. Es zwingt immer neue Hunderttausende von Vätern und Müttern durch die Charakterentgleisungen ihrer Kinder in die Elternkrisis hinein. Aber noch gelingt es der elterlichen Ichhaftigkeit immer wieder, die eigenen ichhaften Forderungen („mein Wille geschehe, sonst . . .") zu verstecken in einer idealen Sorge („wir sind die Kulturträger, und wir regieren, sonst . . ."). Und im Bewußtsein, daß die eigene Ansicht mit der Ansicht „aller Vernünftigen" und vor allem auch mit der Ansicht der eigenen Standesinteressen übereinstimmt, schieben sie die Schuld lieber auf die Vererbung oder auf die Schule oder auf die Kinos, anstatt sich selber mitverantwortlich zu fühlen für die allgemeine Ichhaftigkeit, die uns und unsere Kinder vergiftet.

Nur in ganz wenigen Fällen gelingt es bisher (und meistens nur mit Hilfe einer Charakteranalyse), die eigene Krisis der Eltern so weit in Gang zu bringen, daß sie ihren Kindern nachher durch ihr eigenes Beispiel zu helfen vermögen.

5. Die Einzelbehandlung

I. Auflösung der Widerstände

Die Einzelbehandlung schwererziehbarer Kinder stellt eine solche Steigerung und Zuspitzung der heilpädagogischen Einwirkung dar, daß sie ebenso gut auch schon dem Gebiete der eigentlichen Psychotherapie zugerechnet werden könnte. Man verzichtet dabei soweit wie möglich auf die Hilfeleistung der Jugendgruppe und der elterlichen Umgebung; nur mittelbar und auf Umwegen wird die Wirksamkeit dieser Faktoren noch beeinflußt und ausgenutzt. Dadurch erlangt jedoch die unmittelbare Beziehung zwischen dem Heilpädagogen und dem Kinde eine weit größere Bedeutung; jedes Wort und jede Bewegung wird wichtig; und dementsprechend gestaltet sich der erste Teil der Behandlung, nämlich die Herstellung eines tragfähigen „Wir", verhältnismäßig einfach; aber die zweite Hälfte, die Verselbständigung des Kindes innerhalb dieses Wir, pflegt um so schwieriger zu werden.

Je mehr die Art der Behandlung sich der echten Psychotherapie nähert, um so mehr wird die tiefenpsychologische Durchbildung des Heilpädagogen unentbehrlich. Er muß Träume, Phantasien, Spiele und Lügen richtig zu deuten verstehen; er muß das verborgene Wirken der Widerstände, der Fluchtbereitschaft, der Feindseligkeiten, Wünsche und Sehnsüchte rechtzeitig aus kleinen Anzeichen erraten können, und er muß aus dem Schweigen des Kindes ebenso den wahren Tatbestand erkennen wie aus seinen falschen oder unzulänglichen Aussagen. Daß er über Lügen und Böswilligkeiten nicht in Entrüstung geraten darf, versteht sich von selbst. Und daß er weder durch den Haß seines Schutzbefohlenen gekränkt, noch durch dessen glühende Verehrung sympathisch berührt werden darf, wurde ebenfalls schon angedeutet. Ja in gewissem Sinne setzt diese Form der Heilpädagogik mehr innere Klarheit, Lebendigkeit und Erfahrung voraus als die eigentliche Psychotherapie, denn man muß weithin auf die Verständigung durch Worte und auf den logischen Ablauf der Gedanken verzichten. Das unmittelbare Erlebnis steht im Vordergrund; und nicht was der Heilpädagoge sagt, sondern was er lebt, führt schließlich die Heilung herbei. —

Berta D. ist ein Mädchen von dreizehn Jahren[1]). Sie benimmt sich lebhaft und scheinbar unbefangen und versucht offenbar, einen möglichst „kessen" Eindruck zu machen. Die ältere Schwester berichtet, daß Berta schon seit mindestens fünf Jahren eine Gewohnheitsdiebin ist. Und außerdem habe sie in einer Erziehungsanstalt jedesmal, wenn sie Postdienst hatte, eine Reihe von Briefen unterschlagen und vernichtet, die sie an ihre Kameradinnen hätte verteilen sollen. Im übrigen aber sei sie gesund und kräftig, lerne gut und werde überall, wo sie hinkomme, von den anderen Kindern als Anführerin anerkannt. Auch in Jugendgruppen, in denen

---

[1]) Dieser Fall ist — allerdings weniger vollständig — bereits in Heft 10 der Sammlung „Schule und Leben" veröffentlicht worden.

jemand anders mit der Führung betraut sei, reiße sie sofort die Herrschaft an sich, und die offizielle Führerin sei dann nur noch ein Werkzeug ihres Willens. Nur in allerletzter Zeit kämen Klagen, daß sie manchmal auch als Störenfried und Spielverderberin auftrete.

Berta ist die Jüngste von sechs Geschwistern. Vier ältere Brüder werden als ordentliche Leute geschildert, die schon Geld verdienen. Die älteste Schwester, die dem äußeren Eindruck nach zart, etwas vergrämt und mutlos zu sein scheint, führt schon seit zwölf Jahren den Haushalt, da die Mutter lange Zeit krank war und vor zehn Jahren gestorben ist. Der Vater ist ein gelernter Arbeiter und verdient ziemlich gut[1]). Er legt großen Wert darauf, daß es in seiner Familie ordnungsgemäß zugeht. Wenn er Unregelmäßigkeiten bemerkt, greift er mit großer Strenge ein; sonst aber kümmert er sich nicht weiter um die Erziehung der Kinder.

Er hat schon mancherlei mit seiner mißratenen Tochter versucht. Als er den ersten kleinen Lügereien und Diebereien auf die Spur kam, hat er das Kind oft und heftig verprügelt. Aber es half nichts. Das Stehlen hörte nicht auf; es nahm nur raffiniertere Formen an. Dann wurde Berta eingesperrt, einmal sogar mehrere Tage lang bei Wasser und Brot. Als auch das nichts half, brachte man sie auf Rat des Geistlichen in eine Erziehungsanstalt, aus der sie jedoch nach sechs Wochen als unverbesserlich zurückgeschickt wurde. Sie hatte dort immer wieder gestohlen, verfiel aber schließlich darauf, die gestohlenen Dinge wenigstens teilweise am nächsten Tage beim Anstaltsleiter wieder abzugeben. Sie nahm dann alle Strafen scheinbar empfindungslos hin, erklärte, daß sie nicht wisse, wie sie zum Stehlen komme, und erreichte schließlich, daß man sie nicht mehr schlug. Die Anstaltsleitung erklärte sich außerstande, dieses seltsame und hochbegabte Kind beeinflussen zu können. Es ist bezeichnend, daß in dem Bericht der Anstalt auf eine gewisse Ähnlichkeit mit jenem „Meretlein" hingewiesen wurde, das Gottfried Keller in seinem „Grünen Heinrich" geschildert hat.

Auch nach der Rückkehr ins Elternhaus blieb Berta die alte. Ihre Schulleistungen wurden im ganzen besser, zeigten aber Schwankungen; gegen ihre Kameradinnen bewies sie eine etwas größere Verschlossenheit und auch gelegentliche Bosheit. Das Stehlen aber nahm noch zu. Eine Zeitlang glaubte die Lehrerin und

[1]) Es sind die guten wirtschaftlichen Verhältnisse des Jahres 1926.

auch die ältere Schwester, daß das Lügen nachgelassen habe. Doch stellte sich später heraus, daß Berta nur dazu übergegangen war, die Wahrheit noch geschickter zu verschleiern: sie sagte überhaupt nichts mehr und antwortete auf alle Fragen mit einem gleichgültigen: „Ich weiß es nicht." Schließlich griff die Jugendfürsorge ein, als Berta einer Schulfreundin einen größeren Geldbetrag entwendet hatte. —

Die heilpädagogische Behandlung begann hier, wie in den meisten Fällen, mit einer ruhigen Besprechung des Tatbestandes und einer Aufklärung der Zusammenhänge ohne jede moralische oder juristische Beurteilung. Nur einmal, gegen Ende der ersten Besprechung, ließ sich der Heilpädagoge durch eine alte, aber falsche Denkgewohnheit zu der Frage verleiten, warum Berta denn immer wieder stehle, trotzdem sie doch offensichtlich viel mehr Schaden als Nutzen davon habe. Berta gab darauf die einzig richtige Antwort: „Das weiß ich nicht; das müssen Sie wissen; wozu haben Sie denn sonst studiert!" — Sie hatte vollkommen recht; denn wenn sie die wahren Zusammenhänge durchschaut hätte, wäre die ganze Lage eine andere gewesen. Es hätte sich dann um einen erwachsenen Verbrecher gehandelt und nicht um ein entgleisendes Kind. Hier war ohne die Aufdeckung unbewußter Gesetze und somit ohne tiefenpsychologische Forschung nicht weiterzukommen; und darum wäre es absurd, derartige Einsichten von dem Kinde selbst zu erwarten. Die falsche Frage aber hatten ihr mindestens zehn unzulängliche Erzieher schon mindestens hundertmal vorgelegt.

Was jetzt weiterführte, war nicht die falsche Frage, sondern das offene Eingeständnis und die Selbstentlarvung, die in Bertas frechem und fast übermütigem Tone zum Ausdruck kam. Man kann sagen, daß sie in ihrem Bekenntnis zum Nichtwissen aufs genaueste gerade das verriet, was der Heilpädagoge wissen wollte. Sie zeigte sich als eine kämpferische und siegessichere Individualistin, die von vornherein jeden Erzieher wie einen gefährlichen Feind behandelte.

Wer sich durch diese Haltung des Kindes in seiner Würde gekränkt fühlte, hätte auf den Machtkampf eingehen müssen und wäre so in das Gezerr der pädagogischen Halbheiten hineingeraten, in dem Berta bisher sämtliche Erzieher überwunden hatte. Ebenso groß jedoch war die Gefahr, daß man sich über die fesche und geradezu elegante Schlagfertigkeit dieser Kämpferin amüsierte. Dann aber hätte sie ein blendendes Feuerwerk von Witz und Maskerade losgelassen und wäre schließlich ebenfalls zum ichhaften Siege gelangt. (Versuche dieser Art hat sie im Laufe der Behandlung oft unternommen.) Ihr halb bewußtes Ziel blieb immer das gleiche: sie wollte den Erziehern imponieren, sie erschrecken, reizen, ärgern und schließlich ihren Zorn zur Weißglut steigern, weil sie ja immer wieder erlebt hatte, daß dieser Kampf dann schließlich mit dem müden Eingeständnis endete: „Ich kann mit diesem Kinde nicht fertig werden; meine Nerven sind zu Ende; hier mag sich ein anderer die Zähne ausbeißen." So hatte Berta im Laufe der Zeit wohl ein Dutzend kluge und energische Männer zur Strecke gebracht, indem sie sie zu Strafen und zu immer härteren Strafen reizte, bis nach wenigen Wochen alle Grausamkeiten erschöpft waren.

Die heilpädagogische Haltung besteht darin, daß man die Haltung des Kindes in Worte übersetzt. Man macht sich gleichsam zum Sprachrohr des kindlichen Unbewußten. Man tritt nicht dem Kinde entgegen, sondern man verbündet sich mit ihm; aber nicht mit seinem kämpferischen Ich, das ohnehin nur eine Maske ist, sondern mit dem ganzen, vollständigen Kind, mit dem kindlichen Lebewesen schlechthin, dem das kämpferische Ich als Mittel dient. „Du redest so", sagte der Heilpädagoge, „weil du mir zeigen willst, daß du keinen Funken Respekt vor mir hast." — „Habe ich auch gar nicht." — „Und brauchst du auch nicht. Was liegt schon an deinem Respekt, der jetzt doch nur Schwindel sein könnte." — „Na, also." — „Sondern im Gegenteil, du willst mir beweisen, daß du machen kannst, was dir beliebt." — „Kann ich ja auch." — Sie wandte sich trotzig ab und schaute aus dem Fenster.

Sie hatte einen ihrer wichtigsten Trümpfe aufdecken müssen. Ihr Verhalten bestätigte Wort für Wort die Deutung, die der Heilpädagoge vorher gegeben hatte. Er konnte nun einen Schritt weitergehen. Er erzählte ihr so sachlich und schlicht, als ob er von einem dritten, ganz unbekannten Menschen redete, daß sie schon seit langer Zeit, sobald sie mit einem Erwachsenen zusammenkomme, es immer darauf anlegen müsse, ihn zu besiegen. Sie könne gar nicht anders; sie müsse entweder versuchen, ihn durch ihr keckes und schlagfertiges Wesen zum Lachen und zur Bewunderung zu zwingen, oder sie müsse ihn ärgern, bis er seine Wut an ihr auslieBe und bis er dann seine Ohnmacht knirschend eingestehe. Sie sei im Laufe der Zeit durch viele Erfahrungen so weit gewitzigt, daB man auf diesem Wege nicht mehr mit ihr fertig werde. Sie mache es einfach wie ein Indianer, der am Marterpfahl steht und der seine Feinde dadurch zur Verzweiflung bringt, daB er scheinbar keinen Schmerz mehr empfindet. Denn unberührt bleiben von allen Strafen, das wäre ja auch eine Waffe, mit der man seine Peiniger besiegen könne. Aber schließlich sei dies ganze Verfahren doch ziemlich kostspielig und ein recht schlechtes Geschäft.

Berta brach in ein endloses Gelächter aus. Sie konnte sich gar nicht fassen vor Heiterkeit; und man merkte bald, daB nicht nur Freude und Entspannung, sondern auch eine neue Anspannung fast krampfhafter Art in diesem Gefühlsausbruch mit unterlief. Sie warf sich schließlich auf den Fußboden und fing an, den Teppich mit ihren Stiefeln zu bearbeiten, als ob sie ihn zerreißen wollte. — Der Heilpädagoge erklärte ihr in immer gleicher Freundlichkeit, es müsse doch wohl richtig sein, was er ihr gesagt habe. Eine ihrer Kriegslisten in den Kämpfen gegen die Erwachsenen sei aufgedeckt und dadurch etwas unbrauchbar geworden; nun müsse sie wohl auf eine ältere Kriegslist zurückgreifen, die um ein gutes Stück kindlicher aussähe; sie käme jetzt auf die Hinrichtung unschuldiger Dinge, als Ersatz für den Heilpädagogen, den sie ja nicht hinrichten könne. Anstatt den Teppich zu verderben, könnte sie vielleicht auch die Vase vom Tisch werfen oder die Lampe zerschlagen.

Berta stand auf; sie war blaB und sagte fast tonlos: ,,Ich werfe Ihnen die Bücher an den Kopf." Die Erregung des Kindes ließ deutlich erkennen, daB eine ernste Entscheidung nahe bevorstand. Wenn der Heilpädagoge jetzt versagte, war auf lange Zeit hinaus alles verloren. Sie fühlte sich offenbar in einem Maße durchschaut, wie es ihr bisher noch nicht begegnet war. Sonst hatte sie stets den Erziehern wie ein unlösbares Rätsel gegenübergestanden; und in dieser Unerklärlichkeit und Undurchdringlichkeit hatte sie sich sicher gefühlt. DaB sie selber sich auch nicht verstand, änderte nichts an dieser ungeheuren Überlegenheit. Nun aber wußte jemand viel mehr von ihr, als sie selber gewußt hatte. Er klärte sie auf über ihr eigenes Verhalten; und was sie auch tun mochte, er würde es vorher wissen und würde ihre Absichten durchschauen, noch ehe sie verwirklicht waren. Es gab keine Undurchdringlichkeit und keine Sicherheit mehr. Der Feind war in die Festung eingedrungen, die sie für uneinnehmbar gehalten hatte. Aber dieser Feind benahm sich gar nicht als Feind. Er blieb freundlich und ruhig, zeigte keine Überlegenheit und keine Siegesfreude. Der schwarze Riese, der ihr in den letzten Minuten immer riesenhafter erschien, war vielleicht gar nicht schwarz, sondern weiß. — Die kämpferische Haltung drohte wahrscheinlich schon hier in eine bedingungslose Unterwerfung umzuschlagen.

Aber der Heilpädagoge tat jetzt etwas, was vielleicht nicht richtig war, da es möglicherweise einen leisen Beigeschmack von Überlegenheit enthalten konnte. Er schob dem Mädchen ein winzig kleines Wörterbuch hin und sagte mit unveränderter Freundlichkeit: „Wenn du mit Büchern nach mir wirfst, nimm die kleinen Bücher zuerst." Er hoffte wohl, daß sich der Übergang zum Humor schon jetzt finden ließe, wahrscheinlich weil er sich selber der gespannten Lage nicht mehr gewachsen fühlte. Aber Berta gab den Kampf noch nicht auf. Sie sagte: „Es fällt mir gar nicht ein, immer zu tun, was Sie wollen." — „Nein, tu nur, was du selber willst. Aber es ist gar nicht wahr, daß die Erwachsenen deine Feinde sind. Du machst sie nur dazu, weil du durchaus mit ihnen Krieg führen mußt. Und ich denke, du wirst sehr böse auf mich sein, weil ich den Krieg nicht mitmache. Aber es ist doch langweilig, immer und ewig Krieg zu führen, nur um allen zu beweisen, daß man ihnen überlegen ist."

Berta benahm sich von nun ab völlig apathisch und hörte kaum noch zu. Das Nichtverstehen und das Nicht-mehr-bei-der-Sache-Sein war offenbar die nächste Waffe ihrer Selbstverteidigung. Sie wurde darum freundlich nach Hause geschickt und aufgefordert, am nächsten Tage wiederzukommen, weil man sich mit ihr darüber einigen müsse, ob die Erwachsenen wirklich ihre Feinde seien oder nicht. — Am Abend brachte ihr Bruder ein Briefchen, in dem sie schrieb: „Sie haben sich vollständig in mir getäuscht, es ist alles genau anders als Sie gesagt haben. Aber Sie werden mich nie verstehen, und darum sind Sie mein Feind." — Sie war doch wieder zu ihrer aktiven Haltung zurückgekehrt.

Es kam nun alles darauf an, die feindselige Haltung des Mädchens in eine freundliche zu verwandeln und aus der kämpferischen

Neinsagerin eine Bundesgenossin und Jasagerin zu machen. Es
mußte zunächst ein Wir hergestellt werden, und erst innerhalb
dieses Wir konnte die wirhafte Selbständigkeit und die wirhafte
Übernahme der Verantwortung, die dem Alter des Kindes entsprach, allmählich erreicht werden. Das aber konnte nur gelingen,
wenn man alle Unfreundlichkeiten, die sie mit großer Geschick-
lichkeit herausforderte, aufs sorgfältigste vermied, und wenn man
ihr so die Erfahrung übermittelte, daß durchaus nicht alle Menschen
nur herzlose Raubtiere sind.

6. Die Einzelbehandlung

II. Herstellung des Wir

Berta kam viermal wöchentlich je eine halbe Stunde zum Heilpädagogen. Die nächsten Besprechungen verliefen äußerlich ruhig.
Ihr Inhalt bestand in der Wiederholung und in der gemeinsamen
Verarbeitung der bisher dargestellten Gedankengänge. Doch kam
insofern etwas Neues hinzu, als Berta immer wieder versuchte,
ihre Mitmenschen, besonders den Vater, die Geschwister und die
Lehrer, in den Augen des Heilpädagogen zu entwerten. Sie wollte
ihnen die Schuld für alle Entgleisungen und alle Schwierigkeiten
zuschieben und stellte den Zusammenhang geschickt so dar, als ob
sie durch die falsche Behandlung von seiten der Erwachsenen geradezu gezwungen worden sei, zu stehlen und zu lügen. Gelegentlich machte sie aber auch die Vererbung für ihre Untaten verantwortlich. Die beiden Gefahren, die sich im heilpädagogischen
Denken gegenüberstehen, nämlich das Abschieben der Verantwortung auf die Vererbung oder auf die Umwelteinflüsse, traten
hier abwechselnd mit großer Deutlichkeit hervor. Und einmal erklärte sie sogar ganz kraß: „Nur die falsche Behandlung durch
meine Schwester hat mich zu dem gemacht, was ich bin. Das
wissen Sie selber genau so gut wie ich."

Wer sich hier auf einen Streit über Ursache und Wirkung oder
gar über Schuld und Sühne eingelassen hätte, der wäre auf die
unbewußte Kriegslist der Patientin hereingefallen. Er würde im
Irrgarten der Widerstände am Gängelband zahlloser Spitzfindig-
keiten hin und her gezerrt worden sein; und die weitere Arbeit

würde nicht seiner heilpädagogischen Absicht, sondern dem Geltungsbedürfnis des Kindes gedient haben.

Die heilpädagogische Frage lautet nicht: „Ist das richtig, was du sagst?" sondern: „Wozu sagst du das, was du sagst?" Und die Antwort ist leicht zu geben: „Du sagst es, um dich nicht ändern zu müssen. Aber wir wollen gar nicht feststellen, wo die Schuld an deinen Fehlern liegt, sondern wir wollen sehen, wie man diese Fehler bessern kann." Berta erwiderte selbstverständlich: „Meine Fehler lassen sich nicht ändern; mir kann überhaupt kein Mensch helfen." — „So sagt nur jemand, der Angst vor seiner eigenen Änderung hat." — „Ich habe überhaupt keine Angst!" — „Niemand gibt gern zu, daß er sich geirrt hat, und das müßtest du zugeben." — „Ich irre mich nie!" — „Man irrt sich sicher, wenn man sich immer so benimmt, als ob alle Menschen Feinde wären; denn das ist einfach nicht wahr." — „Die Menschen sind entweder meine Feinde oder Idioten." — Ihr Ton wurde gereizt; sie ging zum Angriff über, weil wieder einmal die Waffen ihrer Verteidigung erschöpft waren. Aber der Heilpädagoge sagte ruhig: „Die meisten Menschen sind weder deine Feinde noch sind sie Idioten." Da brach ihre Ungeduld los: „Sie sind beides zugleich! Sie sind mein Feind und ein Idiot obendrein!" — „Das sagst du jetzt, damit ich böse werde. Und wenn ich böse würde, hättest du recht, ich wäre dein Feind und ein Idiot. Aber es ist doch allzu klar, daß du die Menschen nur ärgerst, um selber recht zu behalten. Denn wenn man wütend auf dich würde, hättest du eben recht: man wäre ein Narr. Und weil das so klar ist, ist es gar nicht mehr möglich, daß man sich über dich ärgern könnte."

„Aber der Lehrer X. und die Lehrerin Y. und mein Vater und die anderen alle, die ärgern sich ganz schrecklich über mich." — „Die werden jetzt wohl auch dahinterkommen, daß du das alles nur tust, um ihnen überlegen zu sein. Und schließlich wirst du es vielleicht sogar selber einmal merken." — „Ich weiß das längst, aber die anderen sehen es nicht. Ich stelle es viel zu schlau an. Ich weiß nämlich ganz genau, wie man es machen muß, daß sie sich ärgern."

Die heilpädagogische Lage hatte sich wieder um ein wichtiges Stück weiterentwickelt. Es war eine Art von Gauner-Gemeinschaft zwischen dem Kind und dem Heilpädagogen entstanden. Die Einheitsfront der Erwachsenen, die angeblich wie ein einziger riesiger

Feind dem Kinde gegenübergestanden hatte, war jetzt gesprengt.
Der „schwarze Riese" war zwar noch nicht aufgelöst; aber es hatte
sich ein wichtiger Bestandteil, nämlich die Person des Heilpädagogen, davon abgelöst; und es stand zu erwarten, daß sich dieser Bestandteil alsbald in einen „weißen Riesen" verwandeln würde.
Alle Sehnsucht nach einem Bundesgenossen, alles kindliche Vertrauen und alle Zuneigung mußte dann plötzlich dem Heilpädagogen zugewandt werden, und zwar in den Formen einer sehr frühen
Vergangenheit. Das „Wir" war im Entstehen begriffen; aber es war
nicht das neue lebendige Wir, das dem dreizehnjährigen Mädchen
entsprochen hätte; sondern es war das Urwir, das dereinst bestanden hatte, noch bevor in schweren Krisen der Gegensatz Ich-
Ihr (die weiße Zwergin und der schwarze Riese) aus dem Urwir
hervorgegangen war.

Darum wäre es falsch gewesen, sich jetzt schon auf die Bundesgenossenschaft einzulassen. Das hätte nur auf Kosten der anderen,
nämlich des schwarzen Riesen, der ichhaften Überlegenheit des
Kindes geschmeichelt. Das wiederhergestellte Urwir wäre miß-
lungen; es wäre statt dessen eine ichhaft mißbrauchte Schein-
Gemeinschaft entstanden. — Das ist eine Gefahr, an der sehr viele
Heilpädagogen zu scheitern pflegen. Sie freuen sich über das Zu-
trauen und die Dankbarkeit des Kindes und halten ihre Aufgabe
für gelöst, wenn das Kind „ihnen zuliebe" alles tut, was sie von
ihm verlangen. Sie sind der dämonischen List der kindlichen Ichhaftigkeit zum Opfer gefallen. Ihre „weiche" Entgleisung ist womöglich noch schlimmer als die „harte" der Prügelpädagogen. —
Die unbeirrbar sachliche Haltung des Erziehers, die warm, verstehend und gerade aus dem Verstehen heraus ganz fest und unbeirrbar bleibt, ist hier das einzige, was weiterhelfen kann.

Die nächsten Gespräche beschäftigten sich mit den Mitteln und
Wegen, die Berta anwandte, um den Erwachsenen überlegen zu
sein. Viele Einzelheiten, deren geheimer Sinn bisher niemandem
klar geworden war, stellten sich jetzt als Schleichwege im Dienste
des „Obensein-wollens" heraus. Auch die Unterschlagung der
Briefe klärte sich auf. Berta fühlte ihre Macht über die Mitschü-
lerinnen und auch über die Erzieher ganz besonders stark, wenn sie
die Briefe in der Tasche hatte, auf die die anderen sehnsüchtig
warteten. Und bald wurde auch klar, daß die Diebstähle den gleichen

Sinn hatten. Berta stahl, weil sie im Augenblick der Tat ein Gefühl von unbeschränkter Herrschaft über die gestohlenen Dinge und auch über die bestohlenen Menschen genoß. Aber nachher stürzte sie durch die Angst vor der Entdeckung (die sie in ihrem ichhaften Irrtum als „Reue" erlebte) von ihrer Überlegenheit wieder herab in das Gegenteil. Da sie aber keinen anderen Weg fand, der ihr mit der gleichen Geschwindigkeit den Sieg über ihre Feinde verschaffen konnte, mußte sie doch immer wieder auf das Stehlen zurückkommen, das sie sich einmal angewöhnt hatte, auch wenn es sich in der Folge immer deutlicher als ein schlechtes Geschäft erwies.

Ihr Verhalten glich hier genau demjenigen eines Trinkers. Man trinkt, wenn man sich niedergedrückt fühlt, um wieder „oben" zu sein; nachher bereut man diesen Versuch, weil er nur zu einer vorgetäuschten oder irrtümlichen Überlegenheit führen konnte. Diese angebliche Reue bedeutet ein neues „Untensein", und zwingt — solange keine besseren Mittel des Ausgleiches vorhanden sind — zum neuen Sprung nach oben auf dem schon längst als falsch erkannten Weg. — Berta litt an einer Stehlsucht, die der Trunksucht, der Spielsucht oder der Morphiumsucht sehr nahe verwandt war. In den Fällen aber, in denen sie einen Teil des gestohlenen Gutes zurückbrachte und ihre Schandtat reuig eingestand, handelte es sich um einen unbewußten Versuch, das schlechte Geschäft des Diebstahls doch noch zu einem gewinnreichen Abschluß zu bringen. Denn zu dem Triumpf des gelungenen Diebstahls kam nun noch der Triumpf hinzu, daß die Erwachsenen dem ganzen Vorfall, der Tat und der Beichte, völlig ratlos und verständnislos gegenüberstanden. Sie schwankten dann in etwas kläglicher Weise zwischen Zorn, Entrüstung, Rührung, Mitleid und Grauen hin und her. Und Berta hatte das unklare, aber starke Gefühl, ein kleines Weltwunder, ein Dämon und eine bedauernswerte Kranke zugleich zu sein.

Diese Aufklärung der Zusammenhänge hätte nicht gelingen können, wenn nicht vorher ein wesentlicher Teil des Widerstandes abgebaut worden wäre. Denn der Mut, der zum Eingeständnis und zur ruhigen Besprechung solcher Einzelheiten gehört, stellt sich erst ein, wenn ein Stück der ängstlichen Abwehr gegen die Mitmenschen und damit auch die Abwehr gegen die Wahrheit und gegen das Leben selbst überwunden worden ist. Auch hier zeigt sich wieder, daß man mit Gewalt und Strafen nicht viel erreichen kann. Der Mut wächst nicht, wenn man den Mutlosen verneint, sondern nur, wenn man ihn bejaht. Aber auch die Bejahung muß richtig verstanden werden. Der Mut wächst nämlich auch nicht, wenn man den Mutlosen verweichlicht und verwöhnt wie ein Baby; sondern er wächst nur, wenn man den Dreizehnjährigen so ernst nimmt und ihm so viel Verantwortung und so viel Selbständigkeit zuteil werden läßt, wie es sich für den Dreizehnjährigen gehört. Dieser Vorgang aber hatte sich in den vielen Gesprächen zwischen Berta und dem Heilpädagogen schon zugetragen. Er war vielleicht weniger durch die Worte oder durch den Inhalt des Gesagten bedingt als vielmehr durch die Art, wie gesprochen wurde, nämlich offen, ehrlich, frisch, klar, ernsthaft, heiter, ohne Zagen, ohne Bewertung, ohne Verurteilung, ohne Moralisieren, oder kurzweg: lebendig.

Die Aufdeckung ihres sinnvollen und durchaus verständlichen „Lebensplanes" war mit vielen Heiterkeitsausbrüchen der entlarvten Diebin verbunden. Manchmal tanzte sie wie erlöst im Zimmer herum und rief: „Ja, das stimmt. Darum habe ich es getan!" — Nach einiger Zeit aber traten, wie zu erwarten war, noch einmal heftige Widerstände hervor.

Sie verstummte plötzlich, war wie geistesabwesend und hatte Tränen in den Augen. Ein Traum, den sie drei Tage vorher erzählt hatte, verriet den Grund dieser Änderung. Der Traum lautete: „Ich spiele auf einer Wiese mit einem kleinen Ochsen. Lange geht es sehr gut, und ich wundere mich darüber. Aber plötzlich wird der Ochse wütend und rennt mich um." — Der Heilpädagoge übersetzte den Traum, soweit es die Lage erforderte: „Du hast Angst, daß ich dich verrate, weil du dich schon zu weit mit mir in eine Bundesgenossenschaft eingelassen hast." Sie nickte stumm und war wieder dem Weinen nahe. „Dann wäre ich freilich ein Ochse", sagte der Heilpädagoge, „aber warum sollte ich dich denn verraten? Vielleicht denkst du, daß ich mit deinem Vater und deiner Schwester im Bunde stehe. Aber du kannst doch gelegentlich selber deinen Angehörigen erzählen, wie alles zusammenhängt. Je besser sie es verstehen, um so besser ist es für dich. Sie werden dann nicht mehr denken, daß du ein verdorbener Mensch bist, sondern werden einsehen, daß da nur von Irrtümern, Fehlern und Mutlosigkeiten die Rede sein kann, die man schleunigst beseitigen muß. Es kommt ja doch nur alles darauf an, wie man das Verkehrte wieder in Ordnung bringt." Da lachte sie leise und sagte: „Der Ochse hatte auch eine Brille auf, genau so wie Sie."

Damit war dieser Teil des Widerstandes überwunden. Aber ein neuer und noch stärkerer erhob sich unmittelbar darauf. Die Schwester hatte gesagt: „Jetzt wirst du hoffentlich Vernunft annehmen, wenn der Pädagoge dir den Kopf zurecht setzt." Darüber war Berta außer sich. Sie spürte wieder den Angriff des schwarzen Riesen. Niemand sollte denken, sagte sie, daß sie sich jemals ändern werde; sie lasse sich den Kopf nicht zurecht setzen. Sie werde den Erwachsenen noch zeigen, was für ein Teufel sie sei. — Der Heilpädagoge begrüßte diese Wendung sehr freudig. Denn nun trat ein wesentlicher Teil des Zusammenhangs deutlich hervor, der bis dahin noch kaum zur Sprache gekommen war: Der Konkurrenzkampf mit der älteren Schwester.

Hier sprangen die stärksten Affekte auf. „Lieber stehle ich weiter und lasse mich ins Zuchthaus sperren, als daß ich meiner Schwester den Spaß gönne, daß ich doch noch ein anständiges Mädchen werde! Vor der zu Kreuze kriechen? Nein, lieber verrecken!" Der Hinweis, daß ihr eigenes Lebensglück doch wichtiger sei als die Meinung der Schwester, blieb diesen Zornausbrüchen gegenüber wirkungslos. Etwa eine Woche lang bewegten sich die Besprechungen ohne merkbaren Fortschritt um diesen Haß gegen die Schwester. Aber schließlich kam das entscheidende Erlebnis zustande.

Berta hatte zum erstenmal seit dem Beginn der Behandlung wieder etwas gestohlen; und zwar hatte sie ihrer Schwester einen silbernen Fingerhut aus dem Nähkasten genommen. Das war ein Erbstück von der Großmutter und verkörperte in den Augen des Kindes die hausfrauliche Gewalt. Der Heilpädagoge sagte: „Du möchtest selber Hausfrau sein, wie es deine Großmutter und deine Mutter war; und darum gönnst du deiner Schwester diese Würde nicht." — Berta starrte ihn an und brach dann in wütendes Schluchzen aus. „Natürlich! Ja! Sie soll nicht immer kommandieren! Und Sie, Sie sollen auch nicht so auf Ihrem Stuhl sitzen, als ob Sie alles wüßten wie der liebe Gott! Das lasse ich mir nicht gefallen. Meinetwegen schlagt mich tot, aber gefallen lasse ich es mir nicht!"

Das war die Krisis. Der Heilpädagoge wurde noch einmal aus der Rolle des weißen Riesen in die des schwarzen Riesen hinübergeworfen. Noch einmal erschien das Weltall Schwarz in Schwarz, und alle Hoffnungen, die sich schon aufgetan hatten, brachen wieder zusammen. Jetzt kam alles darauf an, ob es gelang, dem verzweifelnden Kinde die Treue zu halten. Es wollte verwöhnt und bemitleidet werden; darauf durfte man nicht eingehen; es wollte bekämpft, geschlagen und verneint werden; aber darauf durfte man erst recht nicht eingehen. Auch hier war die einzig richtige Haltung eine völlig ruhige, sehr warme und sehr feste Freundlichkeit.

Der Heilpädagoge sagte: „Du mußt selber entscheiden. Wenn dein Ziel ist, gegen alle Menschen zu kämpfen, die dir irgendwann einmal Vorschriften machen oder die dir etwas zu sagen haben, so mußt du immer aufpassen, daß dich ja niemand unterdrückt oder kommandiert. Und das wäre freilich eine Beschäftigung, die dein ganzes Leben ausfüllen würde. Leben hieße dann sich wehren, stehlen, lügen und die anderen Menschen hassen. Ist dein Ziel aber die Entfaltung deiner eigenen Kräfte und die Arbeit, die dich weiterbringt, und die Erholung, die dir Freude macht, dann brauchst du dich nicht zu verteidigen; dann gehe einfach in die Schule und lerne; gehe zur Arbeit und verdiene Geld; gehe zum Tanzen und erhole dich; heirate, erziehe deine Kinder und laß die anderen denken, was sie wollen."

„Aber Sie machen mir doch Vorschriften, Sie sind doch allwissend, Sie irren sich doch nie!" — „Es gibt Vorschriften genug im Leben, nach denen man sich richten muß; aber die sind nicht aus Bosheit aufgestellt, um uns zu ärgern, sondern nur um uns weiterzuhelfen. Denke an die Vorschrift, daß man auf der Straße rechts gehen muß. Wirst du dadurch erniedrigt?" — „Nein." — „Ich mache dir jetzt nur Vorschläge. Ob sie richtig sind, mußt du selber sehen. Und wenn du es nicht weißt, müßten wir genauer davon sprechen. Und wenn wir uns irren, verbessern wir den Irrtum, sobald wir ihn merken. Es ist doch keine Schande, sich geirrt zu haben." — „Aber ich habe eine entsetzliche Wut auf Sie!" — „Nur weil du nicht gern die Verantwortung für dich selber übernimmst. Du möchtest sie mir zuschieben, und ich nehme sie nicht an. Du hast noch nicht begriffen, wie selbständig du bist und wie sehr du dein eigenes Schicksal in der Hand hast." — Berta wurde sehr nachdenklich; und dann sagte sie zaghaft: „Wollen Sie mein Freund sein?"

In dieser Frage lag eine schwere Gefahr. Wer „Ja" gesagt hätte, hätte den entscheidenden Schritt, der zur eigenen Verantwortung hinüberführte, noch einmal rückgängig gemacht. Der Heilpädagoge gab eine halbe Antwort: „Alle vernünftigen Menschen helfen sich gegenseitig, folglich wir auch." — „Sie sind ein ganz besonderer Mensch!"

Berta ging trotz jener halben Antwort aus der ablehnenden Haltung in die volle Begeisterung über. Wer aber meinen würde, nun sei die pädagogische Aufgabe gelöst, der müßte bald eine bittere Enttäuschung erleben. Der letzte Teil der Behandlung, die Loslösung des Kindes vom Pädagogen, oder anders ausgedrückt, die innere Reifung im neugebildeten Wir stand noch bevor.

7. Die Einzelbehandlung

III. Verselbständigung

Berta tat zunächst alles, was nach ihrer Meinung den Wünschen des Heilpädagogen entsprach. Sie stahl nicht mehr, log nicht mehr und wurde zu Hause immer umgänglicher. Auch in der Schule hörten ihre Störungsversuche, die zeitweise recht unangenehm waren, mehr und mehr auf. Aber diese „Besserung", die allgemein auffiel, verkündete sie laut als das Verdienst ihres „Herrlichsten aller Menschen".

Eine solche Bindung an den Heilpädagogen ist bei der Behandlung Jugendlicher fast unvermeidlich. Manchmal zeigt sie sich sogar vom ersten Augenblick an. Aber sie enthält stets zwei entgegengesetzte Tendenzen, und es kommt darauf an, beiden gerecht zu werden. Einerseits liegt in der starken Bejahung, im neugewonnenen Vertrauen und in der freudigen Gefolgschaft eine ganz erhebliche Steigerung des Mutes. Andererseits aber verrät die Kraßheit der Zuneigung und die ausschließliche Abhängigkeit von der Person des Helfers noch eine große Unsicherheit. Solche Kinder sind noch nicht fähig, selbständig die Verantwortung auf sich zu nehmen, die ihrem Alter entsprechen würde. Noch deutlicher tritt dies zutage,

wenn gelegentlich der heilpädagogische Führer gegen die übrigen
Autoritäten ausgespielt wird. So gab Berta immer wieder zu verstehen, daß ihre Lehrer und ihre Verwandten doch recht unfähige
Erzieher seien im Vergleich zu jenem „Herrlichsten aller Menschen". Denn keiner habe ihr helfen können außer ihm.

Daß sich in diese Begeisterung auch erotische Züge einmischen,
versteht sich von selbst. Es ist unvermeidlich, aber es braucht keine
Besorgnis zu erregen, vorausgesetzt nur, daß der Heilpädagoge sich
auch nach dieser Richtung hin völlig im Gleichgewicht befindet.
Wer aus Mangel an eigener Befriedigung auf die stürmische Verehrung solcher Kinder auch nur mit dem leisesten Gefühl von
Sympathie antwortet, kann hier freilich großes Unheil anrichten.
Wer aber ausgeglichen lebt, so daß er nicht auf die halb erotischen
Zärtlichkeiten eines halben Kindes angewiesen ist, wird in solchem
Beiwerk des pädagogischen Führertums keine besondere Schwierigkeit finden. Was an diesen Beweisen von Zärtlichkeit und Verehrung den Namen Erotik wirklich verdient, muß selbstverständlich ernst genommen werden. Man spreche rechtzeitig, aber nicht
zu früh über diese Färbung der neuen wirhaften Gefühle. Man
nenne sie beim richtigen Namen und verweise sie freundlich, aber
bestimmt auf eine ferne Zukunft.

So kam es beispielsweise mit Berta zu einer recht ernsten Auseinandersetzung, in der sie immer wieder behauptete: „Ich gehöre
zu Ihnen, und am liebsten möchte ich Sie heiraten!" Der Heilpädagoge antwortete geduldig und fast scherzhaft immer wieder: „Ich
habe aber eine Frau und auch Kinder, die beinahe so alt sind wie
du. Wenn du durchaus zu uns kommen wolltest, könntest du doch
höchstens eins von unseren Kindern werden." Aber Berta wollte von
einer solchen Wendung nichts wissen; und bald darauf verriet sie,
ohne es zu merken, den geheimen Sinn ihrer scheinbar erotischen
Gefühlseinstellung. Sie sagte schmollend: „Sie sind ein ganz schlechter Mensch; Sie haben mich nicht ein bißchen lieb, sonst würden Sie
alle anderen fortschicken, und ich würde alles für Sie tun, und die
vielen Damen brauchten nie mit Ihnen zu reden." Diese „vielen
Damen" waren die Frau und die Sekretärin des Heilpädagogen.
Gegen sie hatte Berta schon früher eine heftige Abneigung gezeigt.
Nun trat ihre Eifersucht offen zutage. Sie wollte die Einzige und Aus-
erwählte sein; nur so glaubte sie das Vertrauen zum Heilpädagogen

und den Mut zum Leben aufbringen zu können. Und als ihre Forderung auf Widerstand stieß, sagte sie prompt: „Dann werde ich wieder stehlen und lügen, noch viel schlimmer als früher!"

Die Gemeinschaft, die innere Verbundenheit, das „Wir" zwischen dem Kinde und dem Heilpädagogen stand demnach noch auf recht schwachen Füßen. In der Phantasie des Kindes nahm es abenteuerliche Formen an, die zu unmöglichen Forderungen führten und auch unzeitgemäße Empfindungen züchteten. Zärtlichkeit, Erotik, vielleicht auch Sexualität und vor allem eine heftige Eifersucht drohten sich weit über Gebühr zu entwickeln. Insofern war dieses neue „Wir" sehr weit von dem ursprünglichen Wir entfernt, durch dessen frühes Zerbrechen die Neurose des Kindes hervorgerufen war. Andererseits aber handelt es sich offenbar um ein Unterkriechen und Zurücksinken der Dreizehnjährigen in einen frühen seligen und sorglosen Zustand, der wie das verlorene Paradies sehnsuchterregend am Anfang ihrer Entwicklung stand. Die Bilder, in denen sich bei Berta dieses Verlangen kund tat, waren nicht mißzuverstehen. Sie träumte von einer Klucke und beneidete die Kücken, die ihr unter die Flügel krochen. Und nach vielen Widerständen gestand sie einmal, daß sie sich vorgestellt hatte, wie sie dem Heilpädagogen im Wald begegnete, gerade als ein Gewitter anfing, und wie er ihr erlaubt hatte, sich unter seinen Mantel zu stellen.

Man sieht deutlich, wie hier der Rückzug ins Urwir immer wieder ohne klare Grenze übergeht in ein weibliches Anlehnungsbedürfnis. Die Zärtlichkeit ist diesen beiden Wünschen gemeinsam; aber sie nimmt das eine Mal frühkindliche Formen an und führt zu einer Art von Infantilismus; das andere Mal nimmt sie erotische Formen an und führt zu einer Art von sexueller Frühreife. (So wird es verständlich, daß bei manchen Mädchen, besonders des hysterischen Typus, infantile und frühreife Züge dicht nebeneinander hervortreten.)

Die heilpädagogische Aufgabe hieß jetzt nicht etwa: „Kampf gegen die frühreife Erotik", ja sie hieß nicht einmal: „Kampf gegen den Rückzug ins Urwir"; sondern sie hieß durchaus positiv und aufbauend: „Herstellung eines Reifenden Wir, einer angemessenen Gemeinschaft zwischen Kind und Erzieher, wobei jeder soviel Verantwortung, Selbständigkeit und Distanz auf sich zu nehmen hat, wie seinem Alter entspricht".

Die angemessene Form ist in allen solchen Fällen das „Vasallentum". Ganz ähnlich wie das mittelalterliche Lehnswesen eine organische Weiterbildung des völkischen Urwir darstellt, sollte auch in der Erziehung diese Zwischenstufe zwischen völliger Abhängigkeit und völliger Selbständigkeit sorgfältig ausgebaut werden. Versäumt man diese Zwischenstufe, so wird das Ende der Behandlung nur allzu leicht wie ein Verrat wirken, oder es bleibt eine schwärmerische Bindung an den Heilpädagogen bestehen, die später zu recht schlimmen Nachwirkungen führen kann.

Das Wesen des „Vasallenstadiums" ist durch zwei Züge gekennzeichnet, die beide der Erweiterung und der besseren Anpassung des heilpädagogischen Wir dienen sollen. Berta bekam kleine Aufträge. Sie wurde mit Aufgaben „belehnt", die ihr vorher unerfüllbar erschienen wären. Ihre innere Unsicherheit hatte sie bisher gezwungen, jede Herausforderung und jede Kritik sofort mit kämpferischen Maßnahmen zu beantworten. Sie hatte ununterbrochen und zwangsläufig gegen jede kleinste Herabsetzung ihrer eigenen Person Stellung genommen. Nun stellte es sich in den gemeinsamen Überlegungen immer wieder heraus, daß es doch sinnlos ist, in allen zufälligen Äußerungen, die man hört, gleich immer feindliche Angriffe zu vermuten. Man hat es gar nicht nötig, sich sofort zur Wehr zu setzen, auch wenn man wirklich einmal angegriffen wird. Man kann ganz ruhig dastehen und sich eine Kritik oder einen Zweifel gefallen lassen, ohne dadurch gekränkt zu sein.

Der erste wichtige Auftrag lautete demnach, man lasse sich Neckereien und Herausforderungen lachend gefallen; man kämpfe nicht gegen sie an, sondern man versuche, sich mit dem scheinbaren Gegner auf freundlichem Wege zu einigen. Begreiflicherweise gab es zunächst noch recht viele Mißerfolge; aber allmählich kam Berta tatsächlich ein gutes Stück vorwärts. Freilich tat sie auch hier jeden Schritt nur „dem Herrlichsten aller Menschen zuliebe"; ihre Selbständigkeit, ihre „Ich-Findung" war noch keineswegs gelungen; aber die Voraussetzungen für diesen letzten Schritt wurden immer günstiger.

Die zweite Aufgabe bestand darin, daß Berta einige Mitmenschen, die sie bisher nur als Konkurrenten betrachtet hatte, in das gemeinsame Wir mit aufnehmen mußte. Da waren zwei andere Kinder und sogar ein Mädchen von sechzehn Jahren, die sich alle fast in der gleichen Lage befanden. Jeder wollte der Einzige und der Beste sein und den Heilpädagogen völlig für sich selbst beanspruchen. Man hatte schon vorher oft von diesem notwendigen Versuch gesprochen. Die Behandlung mußte einmal zu Ende gehen, schon aus geldlichen Gründen; und es war nicht einzusehen, wie sich eine Verbindung mit dem Heilpädagogen aufrecht erhalten ließ, wenn nicht eine Gruppe von gleichberechtigten Teilhabern zustande kam und gemeinsam eine Zusammenkunft organisierte.

Berta wehrte sich zunächst entschieden gegen diese Zumutung. Sie fand immer neue Auswege; und so sagte sie eines Tages: „Ich werde zeitlebens Ihr Dienstmädchen sein und dafür sorgen, daß Sie Ruhe haben zum Arbeiten." Aber der Heilpädagoge antwortete: „Du möchtest aus mir wieder das machen, was man einen Regiersklaven nennt. Ich soll immer alles bestimmen und entscheiden, damit du keine Verantwortung zu tragen brauchst. Wenn es gut geht, würdest du dich dann nach außen in meiner Arbeit sonnen und nach innen auf meine Dankbarkeit rechnen. Aber wenn es schlecht geht, treffen alle Vorwürfe nur mich, und du selber stehst im Glanze deiner gehorsamen Unverantwortlichkeit da. Ist das nun lauter Liebe oder ist auch ein wenig Drückebergerei dabei?"

Berta antwortete nicht, sondern sagte: „Wenn Sie verlangen, daß ich mir die Kehle durchschneide, werde ich es tun." — „Dann würdest du den Ruhm für deinen Liebestod ernten und ich die Verantwortung für deine Dummheit." — „Aber was soll ich machen?" — „Nichts besonderes, sondern nur was gerade nötig ist und was du für richtig hältst. Wie wäre es, wenn wir am nächsten Sonnabend eine Zusammenkunft mit den anderen verabredeten und uns gemeinsam irgendwelche Geschichten erzählten?"

Sie sah mißmutig vor sich hin, und es war Zeit, ihre Lebensgeister ein wenig anzufachen. Der Heilpädagoge fragte nach ihrem Lieblingsfach, dem deutschen Aufsatz; und es entspann sich rasch ein sachliches und lebhaftes Gespräch über verschiedene Aufsatzthemen. Die Auseinandersetzung mit dem Es, und zwar mit den äußeren Dingen sowohl wie mit den inneren Vorstellungen und Wünschen, war bei Berta niemals erheblich gestört. Jetzt arbeitete sie in der Schule recht selbständig und munter, und besonders an ihren Aufsätzen lernte sie immer deutlicher, daß es nicht darauf ankommt, etwas „für den Lehrer" oder „dem Heilpädagogen zuliebe" oder auch nur „für den eigenen Stolz" möglichst gut zu machen, sondern daß eine sachliche Leistung nur zustande kommt, wenn man an die Leistung selber denkt und nicht an das Lob, das man dafür ernten will.

Am Ende dieses neuerlichen Gesprächs über die sachliche Arbeit schlug der Heilpädagoge noch einmal die Zusammenkunft mit den Konkurrenten vor. Und diesmal ging Berta ohne Widerstand darauf ein. – Der erste gemeinsame Nachmittag verlief noch in allerhand Befangenheiten. Er ließ sich nur dadurch retten, daß der Heilpädagoge ausführlich eine spannende Geschichte erzählte. Aber der nächste, der acht Tage später stattfand, gelang schon viel besser. Das sechzehnjährige Mädchen schlug vor, daß man gemeinsam singen sollte, und nach einigem Zögern bequemten sich sowohl Berta wie auch die beiden kleineren Kinder zum Mitsingen. Von da ab war der Bann gebrochen. Die Einordnung in die Gruppe gelang immer besser; und wenn auch die Neigung, sich hervorzutun und zu führen, bei Berta noch eine Zeitlang anhielt, so ließ sie sich doch immer leichter in die Schranken des gemeinsamen Interesses zurückweisen.

Das Wir, das sich hier bildete, war ein Reifendes Wir. Jeder Einzelne fühlte sich verantwortlich für das Ganze; jeder versuchte im Dienste des Ganzen produktiv zu sein, und jeder lernte allmählich das Zurücktreten und das Verzichten auf die eigenen Vorschläge, wenn es die gemeinsame Leistung verlangte.

Im Rahmen des Reifenden Wir vollzog sich die Ich-Findung ziemlich gleichmäßig bei allen Beteiligten. Die Stufe des Vasallentums kam zum Abschluß; und je mehr die wirhafte Haltung, die selbständige Leistung und die eigene Verantwortung für jeden Einzelnen zur Selbstverständlichkeit wurde, um so ruhiger und geordneter benahm er sich auch draußen in den übrigen Wir-Bildungen und Gruppen, denen er angehörte. Die Ich-Wir-Beziehung nahm nun die Form an, die dem Alter der Kinder entsprach. Die Loslösung vom Heilpädagogen vollzog sich gleichzeitig, ohne daß noch im besonderen davon gesprochen werden mußte. Tiefenpsychologisch gesehen: die Gestalten des schwarzen und des weißen Riesen verloren gleichzeitig ihre Wirksamkeit; die Neigung zum Rückzug ins Urwir verschwand in gleichem Maße wie die

Neigung zum ichhaften Triumph über die Mitmenschen. Berta brauchte nicht mehr um ihre Überlegenheit zu kämpfen, da sie nicht mehr mit der unbedingten Feindschaft aller anderen rechnete. Und da sie sich nicht mehr unterlegen fühlte, brauchte sie auch nicht mehr zu stehlen und zu lügen und zu stören. Die ichhaften Waffen verschwanden, als der wirhafte Friedensschluß endgültig erlebt wurde. – Damit war die heilpädagogische Aufgabe gelöst.

8. Der heilpädagogische Unterricht

Kinder, bei denen die Verstandestätigkeit durch körperliche Fehler, sei es des Nerven- oder des Drüsensystems, herabgesetzt ist, bedürfen einer besonderen Art von Erziehung. Wir fassen diese Zustände unter der Bezeichnung „Schwachsinn" (Oligophrenie) zusammen und möchten ihre Behandlung sowohl ärztlich wie auch pädagogisch in besondere Anstalten verlegt wissen. Von diesen echt schwachsinnigen müssen die körperlich behinderten, aber seelisch zunächst noch gesunden Kinder sorgsam ferngehalten werden. Hier haben Krüppelheime, Blindenheime und ähnliche Anstalten ihren Aufgabenkreis. Eine dritte Art von Kindern, die von den beiden erstgenannten gut zu unterscheiden ist, wird durch die charakterliche Schwererziehbarkeit ohne gleichzeitigen Schwachsinn gekennzeichnet. Hierher gehören einige Gruppen von erblich belasteten Jugendlichen (meist mit Drüsenstörungen geringeren Grades) und sehr viele seelisch Verwahrloste, die nur als Opfer ungünstiger Familienverhältnisse und wirtschaftlicher Nöte zu betrachten sind [1]).

Eine vierte Art von Erziehungsschwierigkeiten endlich entsteht durch die charakterlich bedingte Denkhemmung, die oft äußerlich dem echten Schwachsinn zum Verwechseln ähnlich sieht. Tatsächlich aber liegt hier keine organische Störung vor; weder das Drüsen- noch das Nervensystem ist primär geschädigt, und nur durch Mangel an Übung oder durch „negatives Training" können im

---

[1]) Epileptiker und Drüsengestörte schwereren Grades (die sogenannten „schweren Psychopathen") werden besser bei den Schwachsinnigen als bei den Schwererziehbaren untergebracht, falls nicht besondere Heime für sie vorhanden sind. Die richtige Gruppenbildung ist die Grundlage aller Heilpädagogik.

Laufe der Zeit auch funktionelle Störungen dieser Gebiete noch hinzukommen. Körperliche Behinderungen im Sinne von Organminderwertigkeiten kommen bei dieser Gruppe von Kindern zwar häufig vor, doch stehen sie keineswegs so im Vordergrund, wie es bei blinden, tauben, gelähmten oder verkrüppelten Kindern der Fall ist. Und auch die charakterliche Fehlentwicklung macht sich nur in geringem Maße bemerkbar, wenn sie auch wohl nie ganz fehlen dürfte. Das Zustandsbild dieser vierten Gruppe von Kindern, die wir kurz als die „Denkgehemmten" bezeichnen wollen, wird meist in Ausdrücken geschildert, die von Grund aus falsch sind, aber auch heute noch in Schule und Familie eine entscheidende Rolle spielen. Sie heißen: „Unbegabtheit, Dummheit, Blödheit, Trägheit, Faulheit." Etwas richtiger treffen den Tatbestand schon Bezeichnungen wie: „Mangel an Konzentration, Mangel an Interesse, Mangel an Aufmerksamkeit, Mangel an Produktivität oder Mangel an Fleiß."

Zweifellos sind die Möglichkeiten, mit denen der neugeborene Mensch ausgerüstet ist, durchaus verschieden. Schon die Ausdrücke Extraversion und Introversion kennzeichnen einen grundlegenden Unterschied dieser Art. Die verschiedene Brauchbarkeit und Entwicklungsfähigkeit der einzelnen Sinnesorgane bedingt eine zweite Schicht von verschiedenen Erbanlagen. So kann man bekanntlich von einem Sehtyp, einem Hörtyp oder einem Bewegungstyp sprechen. Auch Jungs Einteilung in Denk-, Fühl-, Empfindungs- und Intuitionstypen muß hier genannt werden. Aber man darf auch nicht übersehen, daß oft gerade ein Mangel im Sinnesorgan zu erhöhter Leistung des zugehörigen Zentralorgans führen kann. Die oft erwähnten Musiker mit Ohrenleiden mögen als Beispiel dienen[1]).

Weit wichtiger aber für unsere heilpädagogische Arbeit ist die Feststellung, daß der menschliche Organismus als Ganzes gröber oder zarter eingerichtet sein kann. Hier handelt es sich meist um zweierlei, nämlich um ursprüngliche Eigentümlichkeiten der Rasse und um die Ergebnisse der kulturellen Züchtung. Am einfachsten läßt sich die in Frage stehende Unterscheidung durch den Hinweis auf die entsprechenden Erscheinungen im Tierreich andeuten.

---

[1]) Man vergleiche Adlers Lehre von der Organminderwertigkeit und ihren Kompensationen (L. 1).

Es gibt Ackergäule und Rennpferde, naturnahe Wolfshunde und hochgezüchtete Windspiele; und so gibt es einerseits bodenständige Bauern mit festen Knochen und derben Fäusten und andererseits geistige Adelsmenschen mit feinen Gliedern und zart schwingenden Nerven. Krankhafte Entartung und Genialität ist bei den einen, stumpfes Verharren im ewig Gestrigen und gesunde Urkraft des Bodens ist bei den anderen kaum voneinander zu trennen. (Hierher gehören jene blassen, stillen, oft schwer entgleisten Kinder, die von Kameraden und Gruppenführern mißhandelt werden, und in denen edelstes Kulturgut unter Qualen zugrunde geht.)

Aber alles, was vererbt wird, das Höchste wie das Einfachste, ist immer nur Mittel und Werkzeug im Dienste irgendwelcher Ziele. Die Zielsetzungen jedoch, die erst den Wert des Menschen entscheiden, ergeben sich nie aus der Vererbung allein; sie sind ganz wesentlich mitbedingt durch unsere pädagogische Leistung oder Fehlleistung.

Die denkgehemmten Kinder, von denen jetzt die Rede sein soll, sind in ihren erblichen Mitteln meist nicht schlechter, aber oft anders ausgestattet, als die Umgebung es haben will. Da wächst etwa ein introvertierter Träumer in der Familie eines tatkräftigen Bauern heran. Der Vater sagt zu seinem Erben wie Friedrich Wilhelm I. zu seinem Kronprinzen: „Der Fritz ist ein Querpfeifer und Poet, er wird mir die ganze Arbeit zunichte machen." Oder ein extravertierter Praktiker ist das Kind eines grüblerischen und tiefsinnigen Theologen. Er erscheint dem Vater notwendigerweise als Materialist und verlorenes Weltkind, auch wenn er seine Maschinen durchaus in den Dienst seines Volkes stellen will.

In anderen Fällen führen besondere Mißlichkeiten, Krankheiten, soziale Nöte, Zwist oder Scheidung der Eltern und vieles Ähnliches zu einer frühen Entmutigung des Kindes. Daß der einzige Junge unter vielen Mädchen und das einzige Mädchen unter vielen Jungen besonders gefährdet ist, hat man oft mit recht hervorgehoben; und daß das einzige Kind wohl ausnahmslos ein schwererziehbares Kind sein wird, versteht sich von selbst. Aber nicht immer führen diese ungünstigen Umstände zur Denkhemmung. Manchmal kommt es auch umgekehrt; das Kind fühlt sich zurückgesetzt, es fürchtet sich vor den Erwachsenen, vor dem Leben, vor dem schwarzen Riesen; und zu den kämpferischen Mitteln, die es nun ausbildet,

gehört auch Geistesgegenwart, gesteigerte Aufmerksamkeit und
rasches Denken. Dann wirkt die Intelligenz als Ausgleich für ein
anderweitiges Minus. Und die Erzieher, die von diesem Zusammenhang nichts ahnen, sprechen von „auffallender Begabung" und von
„großen Hoffnungen für die Zukunft". Daß diese Begabung dann
später ganz plötzlich verschwindet, wissen sie sich nicht zu erklären;
aber daß eine Kompensation zusammenbricht, wenn das Minderwertigkeitsgefühl zu stark wird, dürfte wohl jedermann einleuchten.

In sehr vielen Fällen nimmt nun die allgemeine Unsicherheit
und Mutlosigkeit des Kindes die besondere Form einer nervösen
Denkhemmung an. Man kann sich die Entstehung dieses Übel-
standes stets in folgender Weise veranschaulichen: Das Kind als
lebendes Subjekt (S) setzt sich mit den Dingen der Außenwelt, den
Objekten (O) auseinander. Aber dieses Lernen wird gestört durch
den Erwachsenen (E), der als Erzieher hier fördernd und dort
hemmend, hier lobend und dort tadelnd in die natürliche Entwicklung eingreift. Je unsicherer das Kind wird, um so mehr verliert die Beziehung S-O an Unmittelbarkeit und Unbefangenheit.
Bald baut man nur noch, um der Mutter etwas zeigen zu können;
man zeichnet nur noch, um gelobt zu werden; man malt Buchstaben,
um nicht gescholten zu werden; man strengt sich an aus Angst vor
der Kritik des Erwachsenen[1]). Die wirksame Beziehung heißt jetzt
S-E. Die Beziehung S-O wirkt nur noch als Mittel im Dienste von
S-E. Ob die Buchstaben schön werden oder ob die Rechnung
richtig ist, bleibt dem Kinde im Grunde völlig gleichgültig; es
kommt ihm einzig und allein darauf an, den Unwillen des Erziehers
zu vermeiden oder das Lob des Erziehers zu erringen. Der Erwachsene möchte durch sein Eingreifen die Intelligenz des Kindes
fördern; aber nur in den seltensten Fällen erreicht er sein Ziel.
Weit häufiger ruft er „Dummheit" oder „Unbegabtheit" hervor.
Doch ist sowohl die Klugheit wie die Dummheit nur ein Neben-
produkt; das eigentliche Unglück, das hier geschieht, besteht im
Verlust der unmittelbaren und lebendigen Liebe des Kindes zu den
Dingen der Welt.

Aber das gleiche Unglück kann auch auf anderem Wege zustande
kommen. So fragt etwa ein dreijähriges Kind, wie es denn komme,

---

[1]) Man vergleiche „Einführung" (L. 43, Kap. 5) und „Charakter,
Wachstum und Erziehung" (L. 44, Kap. 15).

daß das elektrische Licht plötzlich leuchtet, wenn man den Schalter an der Wand umdreht. Der Vater ist beglückt über dieses technische Interesse; er erklärt umständlich, wie der Strom durch den Draht läuft und wie er unterbrochen wird, wenn man die Drähte trennt. Er zeichnet die Schaltung auf; aber das Kind fragt schon, ob die Pferde auch Pudding essen. – Der Vater stürzt aus dem Himmel seiner Hoffnungen herab. Das Kind erscheint ihm unkonzentriert. Er ermahnt es zur Aufmerksamkeit; aber vergebens.

Je öfter sich derartige Dinge wiederholen, je ungeduldiger der Vater wird, um so mehr gewöhnt das Kind sich das Fragen ab, um so fester glaubt der Vater an die Interessenlosigkeit oder Unbegabtheit seines Sprößlings, und um so stärker setzt sich in dem Kind die Überzeugung fest, daß es die Dinge dieser Welt niemals verstehen kann. Es glaubt an seine eigene Unbegabtheit und wehrt sich gegen jeden Versuch, sein Interesse noch einmal hervorzurufen.

Es wäre so leicht, mit den richtigen Worten dem Kinde seine Fragen zu beantworten, so daß es zunächst nicht weiterzufragen brauchte. Es würde sich dann ernst und froh mit dem Neubegriffenen erst anfreunden, und später würde es weiterfragen, wenn es dem nächsten Rätsel in der Außenwelt begegnet wäre. Sowohl wenn die Kinder zu viel fragen wie auch wenn sie zu wenig fragen, sind sie schon in Gefahr, ihre helle und ursprüngliche Lebendigkeit zu verlieren. Aus ihrem produktiven Verstand droht schon eine kompensatorisch gezüchtete „Begabung" oder eine als Selbstschutz sinnvoll aufgebaute „Unbegabtheit" zu werden. –

Der heilpädagogische Unterricht muß sich die Aufgabe stellen, die lebendige Beziehung zwischen Kind und Gegenstand (S-O) zu entstören. Der Ausdruck „Entstörung", der durch die Radiotechnik geläufig geworden ist, drückt genau aus, worauf es hier ankommt. Nur darf man nicht vergessen, daß es sich vom Kinde her um eine lebendige, eine subjektale Beziehung handelt und daß darum die Entstörung eine innere Veränderung im Charakter des Kindes voraussetzt.

Solange das Kind im eigentlichen Sinne des Wortes noch spielen kann, bleibt es produktiv. Der Unterschied zwischen Spiel und Ernst besteht dann darin, daß das Spiel die ungestörte Beziehung S-O darstellt, während der Ernst, die Arbeit, meist genauer die Schularbeit, die gestörte Beziehung S-O und d. h. die vordringliche

Beziehung S-E zum Ausdruck bringt. Solch ein Kind gibt keine Antwort, wenn der Lehrer oder der Vater fragt, wieviel ein Drittel von neun ist. Im Spiel aber weiß es ganz genau, wieviel Reiter jeder Junge bekommt, wenn neun Reiter und drei Jungen vorhanden sind. Im Spiel ist man schöpferisch, im Spiel kann man rechnen; in der Schule ist man unbegabt, in der Schule ist das Rechnen unmöglich.

Der Heilpädagoge aber liegt mit den Kindern auf dem Fußboden. Man spielt mit Bleisoldaten, und der kleine Erich muß in der belagerten Festung das Magazin verwalten. Da hat er zwölf Erbsen in einer Schachtel, das sind zwölf Säcke Erbsen, mit denen die Verteidiger solange wie möglich reichen sollen. — Kriegsrat in der Festung; Bericht des Kommandanten über die Stärke der Besatzung: drei Kompanien zu hundert Mann; Bericht des Magazinverwalters: zwölf Säcke Erbsen; Bericht des Küchenmeisters: täglicher Bedarf ein Sack Erbsen für jede Kompanie; wie lange kann die Festung sich halten? Sorgenvoll schauen die Offiziere auf den Magazinverwalter. — Draußen drohen feindliche Geschütze; feindliche Flugzeuge kreisen über den Türmen. — Die verbündete Armee naht zum Entsatz übers Meer. Die Flotte fährt zweihundertfünfzig Seemeilen am Tage; zwölfhundertfünfzig Seemeilen ist sie noch von der Küste entfernt; wann wird sie landen? — Der Admiral rechnet. — Der Magazinverwalter rechnet. — Der Festungskommandant rechnet. — Und der Generalstabschef rechnet auch.

Dann senden die Radiostationen ein falsches Ergebnis in die Welt: „Noch sieben Tage reichen die Vorräte. — Am sechsten Tage wird die Flotte landen." — Aber in der Nacht zwischen dem vierten und dem fünften Tage wird der feindliche Sturmangriff angesetzt. Ein Spion hat sich die Zahlen notiert — und hat richtig gerechnet.

Hier wird nicht das Einmaleins gelernt, sondern hier werden Schlachten geschlagen. Hier geht es nicht darum, ob dreimal vier zwölf ist, sondern hier steht das Schicksal einer Armee auf dem Spiel. Hier lernt man rechnen, wie man kämpfen lernt. Kein Vater, kein Lehrer, kein schwarzer Riese droht mit Tadel und Lob; aber das Schicksal einer Armee steht auf dem Spiel. Hier wirkt die unmittelbare Beziehung zur Wirklichkeit; die Auseinandersetzung S-O ist entstört; die Angst vor den Zahlen verschwindet; der Aberglaube: „Ich kann so schlecht rechnen" wird völlig vergessen. Man kann alles, was verlangt wird, wenn die Armee auf dem Spiele steht.

Das nächste Mal, in ähnlicher Lage, studiert der Admiral schon im Flottenkalender, ob er die Fahrtgeschwindigkeit seiner Schiffe nicht noch erhöhen kann. Der Magazinverwalter forscht nach Nahrungsersatzstoffen. Er rechnet aus, wieviel Nährwert in einem Pfund Zucker enthalten ist. Der Küchenmeister denkt nach, wie weit er reicht, wenn er jede Portion um den vierten Teil verkleinert. Und der Festungskommandant erwägt den Plan, hundertfünfzig Gefangene in Freiheit zu setzen. Er rechnet aus, wieviel Zeit sich dadurch gewinnen ließe. – So werden Bücher, Hefte und Bleistifte zu Hilfe genommen, und plötzlich verwandelt sich der Raum in den Sitzungssaal der Kommandantur. Jetzt wird die eine Möglichkeit durchgerechnet und dann die andere. Ein neuer Vorschlag taucht auf, und es wird wieder gerechnet. Die Übung wächst, und es macht Freude, sich immer bessere Verteilungspläne auszuklügeln. – Ganz nebenbei erwähnt der Magazinverwalter, daß seine letzte Rechenarbeit – zum erstenmal in seinem Leben – mit „Gut" zensiert worden ist. –

Nachhilfeunterricht ist der klägliche Versuch, einen zurückgebliebenen Soldaten mit fremder Hilfe soweit vorwärts zu schleppen, daß er seinen Platz in der Kolonne wieder erreicht. Heilpädagogisch unterrichten heißt, dem zurückgebliebenen Soldaten beibringen, wie man richtig marschiert. Sobald er das Marschieren gelernt hat, braucht er keine fremde Hilfe mehr; er holt durch seine eigenen Leistungen die Marschkolonne wieder ein. Nachhilfeunterricht vermittelt nur Kenntnisse; darum muß er von Zeit zu Zeit wiederholt werden. Im heilpädagogischen Unterricht erwirbt man nicht Kenntnisse, sondern man erwirbt die Kunst, sich Kenntnisse zu erwerben.

9. Die heilpädagogische Gruppe

I. Widerstand und Aktualisierung

Je vielfältiger die Beziehungen sind, die dem Heilungsprozeß dienstbar gemacht werden, um so günstiger ist die Aussicht auf eine baldige und gründliche Umstellung des Patienten. In der eigentlichen Psychotherapie wird die Fülle der Beziehungsmöglichkeiten absichtlich verringert; im klassischen Fall besteht sie nur noch aus der Zweiheit von Arzt und Patient, auf die alles übrige „übertragen"

wird. Das Leben erscheint dann eingeengt auf diese beiden
Subjekte; und die wesentliche Aufgabe aller Psychotherapie, der
Übergang von der Ichhaftigkeit zur Wirhaftigkeit, vollzieht sich
zunächst so, daß ein vorläufiges Wir, ein „therapeutisches Wir",
hergestellt wird, das in gewissem Sinne noch außerhalb der Wirklichkeit steht. Die Auflösung dieses therapeutischen Wir, seine
Erweiterung und seine Einordnung in die vielfältigen Wirformen
des täglichen Lebens bildet dann die zweite und oft die schwerste
Aufgabe der Therapie. — Wenn es dagegen gelingt, von vornherein
eine Gruppe, ein lebendiges Wir als ein Stück der alltäglichen Wirklichkeit mit dem Patienten in Beziehung zu bringen, so tritt der
erste Teil der Therapie weniger selbständig hervor; die „Übertragung" fehlt zwar nicht ganz, aber sie bleibt ungefährlicher; und
der zweite Teil der Therapie, die Einordnung in das natürliche
wirhafte Leben, ergibt sich fast wie eine Selbstverständlichkeit.

Im folgenden soll ein Fall geschildert werden, der die Gruppe
deutlich als den entscheidenden Träger der Heilung erkennen läßt.
Das „therapeutische Wir", das sich unter vier Augen bildet und das
alles Glück und alles Leid der „Übertragungen" wachruft, spielt
freilich auch hier eine wichtige Rolle; doch wirkt sie mehr auf
der ungünstigen Seite. Man kann fast sagen, daß die Heilung
dieses jungen Menschen günstiger verlaufen wäre, wenn weniger
Psychotherapie unter vier Augen und mehr Heilpädagogik im
Rahmen der Gruppe zur Anwendung gekommen wäre. Der Umstand aber, der gerade diesen Fall wichtig erscheinen läßt, liegt
nicht nur in der genauen Kenntnis aller Einzelheiten (die der späteren Durcharbeitung mit dem Heilpädagogen zu verdanken ist),
sondern vor allem in dem lehrreichen Fehler, den der Heilpädagoge
beging, und an dem der Erfolg gescheitert wäre, wenn die Gruppe
nicht helfend eingegriffen hätte.

Es handelt sich um einen verwahrlosten Jugendlichen von fünf-
zehn Jahren. Er heißt Oskar. Seine Mutter hat sich nur in den
ersten Jahren gelegentlich um ihn gekümmert; niemand weiß, was
später aus ihr geworden ist. Der Vater ist unbekannt. Das unehe-
liche Kind wurde zunächst in einer Kinderklinik betreut, dann
kam es in verschiedene Pflegestellen, in denen es körperlich recht
gut versorgt wurde; seelisch aber mußte es, wie der Erfolg nachträglich erkennen ließ, das Wichtigste entbehren, nämlich die Liebe.

Gelegentlich scheint Oskar allerdings auch verwöhnt worden zu sein; aber ein wirkliches Vertrauensverhältnis zwischen ihm und seinen Pflegern kam nirgends zustande.

Schon aus seinem fünften Lebensjahr wird berichtet, daß er eigensinnig, stolz und rechthaberisch war. Etwas später fing er an, kleinere Kinder zu unterdrücken und zu quälen. Auch über Lügenhaftigkeit und Naschhaftigkeit wurde geklagt. Vor allem aber bildete die Verschlossenheit und Unzugänglichkeit seines Charakters den entscheidenden Punkt in allen Berichten.

In der Schule kam Oskar ganz gut vorwärts. Er galt als begabt und zeitweise auch als interessiert. Wenn ihm jedoch ein Fach keine Freude machte, gelang es den Lehrern nicht, ihm auch nur das geringste Wissen darin zu vermitteln. Seine asoziale Haltung fiel auch in der Schule allgemein auf; in den späteren Jahren wurde er mehrfach als Führer von Banden bezeichnet, die auf Abenteuer und Diebstähle ausgingen. So ist es verständlich, daß jedes Heim und jede Schule versuchte, ihn möglichst bald los zu werden.

Aus den Akten geht hervor, daß mehrmals, teils mit Geduld und Freundlichkeit, teils mit Strenge und Gewaltanwendung ganz planmäßige Versuche gemacht worden sind, den Jungen doch noch sozial einzuordnen. Aber alle diese Bemühungen sind gescheitert, so daß er schließlich als „unverbesserlich" bezeichnet werden mußte. Dabei verfügt er über soviel Scharfsinn, Erfindungsgabe, Ausdauer und Mut, daß er im ungünstigen Falle ein ebenso gefährlicher Gegner der Volksgemeinschaft zu werden droht, wie im günstigen Falle ein nützliches Mitglied, wenn nicht gar ein ausgezeichneter Führer in ihm heranwachsen könnte.

Oskar kam schließlich in ein kleines Heim, das ein junger Heilpädagoge mit sehr spärlichen privaten Mitteln begründet hatte. Dort befanden sich etwa acht Jugendliche, die sämtlich im Sinne der asozialen Charakterhaltung „gefährdet" waren. Die meisten befanden sich bei Oskars Eintritt schon etwa ein Jahr in diesem Heim; nur zwei waren erst vor einigen Monaten gekommen.

Dieser Umstand dürfte besonders wichtig sein; denn die Frage, wieviele Außenseiter oder einen wie hochgradigen Außenseiter ein Wir noch zu tragen und in sich aufzunehmen vermag, hängt wesentlich davon ab, wie fest und einheitlich dieses Wir sich vorher schon zusammengeschlossen hat. In unserem Falle sollte die Tragfähigkeit

der Gruppe sich glänzend bewähren. Und es braucht nicht hinzu-
gefügt zu werden, daß sie letzten Endes der Wirhaftigkeit ihres
Führers, nämlich jenes jungen Heilpädagogen, zu verdanken war.

Als Oskar in das Heim kam, vollzog sich in ihm ein Vorgang, der
in solchen Fällen wohl ausnahmslos beobachtet werden kann.
Oskar prüfte, ohne sich darüber klar zu sein, zunächst die Macht-
verhältnisse in seiner Umgebung. Wie mit einer Wasserwaage stellte
er fest, wer stärker und wer schwächer war als er selbst. Des weiteren
suchte er herauszufinden, wie man sich in dieser Umgebung gegen
die Stärkeren einstellen mußte, ob man mehr Unterwürfigkeit
oder mehr Gleichgültigkeit zur Schau zu tragen hatte, vor allem
aber auch, wie weit man in der Unterdrückung der Schwächeren
gehen durfte. Es war die Feststellung der Grenzen, die der Ichhaftigkeit jedes einzelnen gezogen waren, oder anders gesagt, es
war die individualistische Scheinanpassung, die nirgends fehlt,
wo ein Individualist mit anderen Individualisten in Berührung
kommt.

Was die Jungen anging, so war Oskar bald mit sich im klaren. Er
hatte sehr viel Erfahrungen aus den verschiedensten Anstalten und
Heimen, so daß er sehr bald den richtigen Ton wenigstens äußerlich zu finden vermochte. Aber mit dem Heilpädagogen kam er
durchaus nicht zurecht. Dieser junge Mensch, der kaum sechsund-
zwanzig Jahre alt war, verfügte ebenfalls über eine gründliche Erfahrung, und außerdem war er ein echter Jugendführer. Daher
wußte er recht gut, was in Oskar vorging. Und seine pädagogische
Methode bestand zunächst ganz einfach darin, daß er offen aus-
sprach, was er sah und was er wußte. (Dieses Übersetzen der tatsächlichen, aber meist noch unbewußten Vorgänge in eine Sprache,
die das Kind verstehen kann, bezeichnen wir als „Hermeneutik";
es ist der Prozeß der Bewußtmachung, wie er dem Niveau der
Heilpädagogik entspricht[1].)

So sagte der Gruppenführer: „Du fühlst dich sicher noch nicht
wohl bei uns. Es gibt hier vieles, woran man sich nur schwer gewöhnen kann; und wahrscheinlich weißt du vor allen Dingen nicht,
was du von mir selber denken sollst." — Ehrlicherweise hätte Oskar
nichts weiter antworten können als: „Ja, das stimmt." Damit hätte
er sich aber schon zu sehr preisgegeben. Er zog es vor, mit

[1] Vgl. Kap. 5, S. 35.

geschlossenem Visier zu kämpfen und zunächst auf alle Fälle das Gegenteil von dem zu behaupten, was man ihm sagte. Darum erwiderte er achselzuckend und gleichgültig: „Ich wüßte nicht, wieso. Ich fühle mich ganz wohl hier, und ich weiß genau, was gespielt wird." Der Heilpädagoge wußte, daß diese Gleichgültigkeit nur eine Maske war. Hinter ihr verbarg sich ein Affekt, der kurz darauf im Gespräch mit den Kameraden recht deutlich zum Ausdruck kam. Da hieß es ganz offen: „Hier ist alles Blödsinn! Das ganze Heim ist ein Dreck! Und der Alte ist ein Idiot, ein Quadratochse, wie ich ihn selten gefunden habe!" – Das war die Unsicherheit des ichhaften Jungen, der sich an die wirhaftere Haltung seiner neuen Umgebung noch keineswegs anpassen konnte.

Das Leben im Heim verlief in seinen hergebrachten Formen zwischen Unterricht, Sport, Spiel und ländlicher Arbeit. Überall trat nach Möglichkeit die Gruppe als Ganzes hervor, doch so, daß ihre Mitglieder gerade durch ihre persönliche Eigenart den Reichtum und die Vielseitigkeit des Gruppenlebens verbürgten. Der eine war bekannt als Erzähler von Geschichten und Schnurren; der andere wurde gebraucht als Vorsänger; ein dritter galt als Fachmann in technischen Fragen; ein vierter verstand sich auf Gartenbau und Kleintierzucht. So kam jeder zu seinem Recht, und die Einordnung in das Ganze beschränkte ihn nur wenig in seiner Freiheit, während sie seine Fähigkeiten und seine Eigenart förderte. Der Grundgedanke war, daß die Gruppe durch unverbrüchliche Kameradschaft zu einem echten Wir zusammengeschlossen werden sollte, doch so, daß der einzelne nicht als Teil in der Ganzheit unterging, sondern gerade als selbstverantwortliche Persönlichkeit hervortreten konnte.

Es ist zu verstehen, daß Oskar sich mit seinen Lebensregeln, die auf Selbstbewahrung und private Überlegenheit eingestellt waren, in einer solchen Gemeinschaft nicht wohl fühlen konnte. Die Paragraphen seiner inneren Verfassung, seine sogenannten Dressate, hießen etwa:

§ 1. Alle anderen sind meine Feinde.

§ 2. Ich muß mir selber helfen.

§ 3. Die anderen können mir höchstens als Werkzeug dienen.

§ 4. Darum darf ich mich niemandem anvertrauen.

§ 5. Darum darf ich niemals weiche Gefühle haben.

Dem sozialen Typus nach hatte die Ichhaftigkeit bei ihm die Form des Cäsarentums angenommen[1]).

Für den Heilpädagogen war es nicht schwer, diesen Tatbestand aus der Vorgeschichte und aus der gegenwärtigen Haltung des Jungen abzulesen. Er wußte, daß die Gruppe und daß vor allem er selber für Oskar wie ein gefährlicher Feind erscheinen mußte, der sich in die sorgsam verteidigte Festung dieser Menschenseele einschleichen wollte. Je besser dieses Eindringen in die Festung gelang, um so feindseliger mußte Oskar alle Worte und alle Taten seiner neuen Umgebung empfinden. Der Heilpädagoge mußte unvermeidlicherweise als schwarzer Riese erscheinen und zwar um so mehr, je besser er seine Sache verstand. (Soweit gleicht die Kriegslage ziemlich genau derjenigen Bertas in der entsprechenden Phase der Behandlung [Kap. 6]. Die meisten Fälle der Heilpädagogik [mit Ausnahme der Heimchen] müssen diese Phase durchlaufen.)

Darum war von vornherein mit einer wütenden Abwehr von seiten Oskars zu rechnen. Je deutlicher der Abwehrkampf, der sein bisheriges Leben ausgefüllt hatte, in seiner ganzen Sinnlosigkeit offen zu Tage trat, je mehr Oskar sich nicht nur in seinen Machtansprüchen, sondern auch in dem dahinterliegenden Gefühl der Einsamkeit und der Verlassenheit durchschaut sah, um so überflüssiger und verkehrter mußte ihm seine bisherige Lebensform erscheinen. Der Kampf war zwecklos geworden; eine andere Lebensform war jedoch nicht vorhanden und ließ sich auch nicht plötzlich erschaffen. Die bisherigen Werte mußten ihren Wert verlieren, und neue Werte konnte es noch nicht geben, — der Zusammenbruch des bisherigen Ich und der Ausbruch der inneren Krisis war unvermeidlich. Aber vorläufig wehrte sich Oskar noch mit allen erdenklichen Mitteln gegen dieses Schicksal, dem er doch nicht mehr entgehen konnte. Auf diese „Widerstände" hatte der Heilpädagoge zunächst vor allem zu achten. — Eines Abends sagte er zu Oskar, daß die jungen Menschen, die in eine solche Gruppe hineinkämen, immer zuerst versuchten, sich durch Großmäuligkeit oder Frechheit oder Rohheit ein besonderes Ansehen zu verschaffen; und

---

[1]) Über den Begriff der inneren Verfassung siehe „Einführung" (L. 43, Kap. 6); über die sozialen Typen der Ichhaftigkeit „Charakter, Wachstum und Erziehung" (L. 44, Kap. 9 und 10).

wenn ihnen das mißlänge, gerieten sie begreiflicherweise in Wut; dann unternähmen sie noch einen letzten Versuch, durch Zerstörung von Dingen, etwa durch Einschlagen von Fensterscheiben oder gar durch das Anzünden des Hauses, auf ihre Mitmenschen Eindruck zu machen. Er, der Heilpädagoge, würde sich gar nicht wundern, wenn auch Oskar eines Tages auf solche Gedanken käme. Das sei die begreifliche Äußerung einer verkehrten Lebensgewohnheit, die man eben von draußen mitbringe und die man nur langsam durch etwas Besseres ersetzen könne. – Diese Vorhersage, diese „Hermeneutik der Zukunft", ist das beste Mittel, um das Material des Heims vor den ichhaften Zerstörungstendenzen der Kinder zu schützen. Besonders ein Heimleiter, der sehr sparsam sein muß, tut immer gut, schon vorher alle Möglichkeiten des Verzweiflungskampfes zwischen Ich und Wir genau durchzusprechen; denn auf diese Weise werden die einzelnen Schachzüge so entwertet, daß sie im Ernstfalle nicht mehr brauchbar sind. Aber selbstverständlich gelingt die Entgiftung nur, wenn der Heilpädagoge von moralischen Starrheiten und menschlichen Engigkeiten tatsächlich frei ist. Wenn er dagegen den Großzügigen nur spielt, wird er durchschaut, und eine schwere Niederlage ist die gerechte Strafe seiner Überheblichkeit.

Oskar versicherte, daß er gar nicht daran dächte, das Haus anzustecken oder die Fensterscheiben einzuschlagen. Es sei ihm völlig gleichgültig, was im Heim geschehe; und wenn man solche Entgleisungen von ihm erwarte, werde man sich bitter getäuscht sehen. – Die Fensterscheiben waren gerettet.

Indessen zeigte Oskar in den nächsten Tagen immer deutlicher ein äußerst unfreundliches Verhalten. Die Kameraden fingen schon an, ihre groben Scherze über ihn zu machen; sie nannten ihn den „Weltverächter" und den „Ritter, Tod und Teufel". Oskars Laune wurde dadurch nicht gerade besser. Er zog sich zurück, wo er nur konnte, saß unwirsch in einem Winkel und starrte tatenlos vor sich hin. Jetzt bestand die Gefahr, daß er die aktive cäsarische Haltung mit der passiven Mutlosigkeit des Tölpels vertauschte. Der Heilpädagoge mußte daher wiederum eingreifen.

Er sprach mit Oskar eines Morgens davon, daß seine feindselige und herrschsüchtige Haltung doch nur allzu verständlich sei. Aus

der Vorgeschichte, wie sie in den Akten niedergelegt war, ließ sich
eindeutig herauslesen, daß Oskar schon als kleines Kind auf die
ruhige und warme Zuneigung verzichten mußte, die doch jeder
Mensch nötig hat. Statt dessen lernte er nur, daß er den anderen
nicht trauen könne, und daß er ganz allein auf sich selber angewiesen sei. So kam er zu seiner eigentümlichen Art der Menschen-
verachtung und der Menschenausbeutung. Sein Mut war gerade
noch groß genug, um sich die anderen dienstbar zu machen, sie in
Räuberbanden zu organisieren und sich mit ihrer Hilfe zum Herrscher aufzuwerfen. Aber zu einer echten Freundschaft, zu einem
warmen kameradschaftlichen Gefühl und zu einem lebendigen Wir
reichte der Mut nicht mehr aus.

Oskar widersprach in seiner gewohnten Weise, indem er bald die
Achseln zuckte, bald den Kopf schüttelte oder auch verächtlich
lachte. Aber der Heilpädagoge ging nun einen Schritt weiter. Er
übersetzte auch die gegenwärtige Haltung des Jungen in klare
Worte. – Diese „Hermeneutik des Aktuellen", die sogenannte
„Aktualisierung", stellt das gefährlichste und wirksamste Mittel
dar, über das die Heilpädagogik verfügt. Es ist eine Art von seelischer Chirurgie.

Der Heilpädagoge sagte ungefähr folgendes: „Daß du jetzt nein
sagst, ist selbstverständlich; denn je mehr ich mit meiner Vermutung recht habe, um so weniger darfst du dich mit ihr einverstanden erklären. Wenn du nämlich ja sagst, mußt du dein Leben
ändern, und du weißt noch gar nicht, wie du das machen sollst. Du
hast doch bis jetzt nur sehr spärliche Vorstellungen von Kameradschaft und Vertrauen und von alledem, was wir ein Wir nennen.
Darum wird es das beste sein, wenn du dir unser Wir hier im Heim
erst einmal ansiehst und wenn du nur ein wenig alle Tage davon
lernst. Du solltest dir vorstellen, daß du jetzt ein Student der Kameradschaft bist." – Dann sprach er allgemein und ohne Oskar
persönlich anzureden von der Notwendigkeit des wirhaften Zu-
sammenlebens. Er erzählte, daß es keinen einzigen Menschen
geben könne, der sich nicht letzten Endes doch nach Freundschaft
sehne. Wer das nicht zugeben wolle, sagte er, habe nur noch nicht
den Mut zur vollen Ehrlichkeit. – Oskar sah ihn unsicher an,
brummte etwas Ablehnendes vor sich hin und zog sich wieder in
seinen Winkel zurück.

Am Abend beim Gutenachtsagen deutete der Heimleiter noch an, daß Oskar in dieser Nacht vielleicht etwas sehr Unangenehmes träumen werde; aber Oskar wurde grob. „Fällt mir gar nicht ein", sagte er wütend, und dann halblaut: „Ich schlafe ausgezeichnet und träume höchstens von Idioten, die andere Leute erziehen wollen." — Aber der Heilpädagoge hatte richtig gerechnet. Der Traum dieser Nacht brachte den Umschwung.

10. Die heilpädagogische Gruppe

II. Fehler, Krisis und Heilung

Am nächsten Morgen begrüßten sich Oskar und der Heilpäd-agoge auf eine besondere Weise. Der Erzieher wußte, wie es um den Zögling stand; und der Zögling wußte, daß der Erzieher es wußte. Vielleicht fürchtete er wieder die „Hermeneutik", die Über-setzung seines tatsächlichen Zustandes in sprachlichen Ausdruck. Aber zur Heilpädagogik gehört nicht nur die Kunst des Dolmet-schens, sondern noch etwas anderes, das im entscheidenden Augen-blick weit wichtiger ist. Man kann es als innere Keuschheit be-zeichnen. Es ist das Wissen um die Schamhaftigkeit der Seele.

Oskar sah den Erzieher unsicher an. Es war nur allzu deutlich, daß er schlecht geschlafen hatte und daß ihm schlimme Träume gekommen waren. Hätte jetzt der Heilpädagoge seine hermeneu-tische Methode fortgesetzt, so wäre nur nutzlose Qual und neuer-liche Abwehr entstanden. Da er jedoch fühlte, wie es in seinem Schützling aussah, verzichtete er auf jeden weiteren Angriff. Die Festung war erobert; es hatte sich gezeigt, daß Tore und Mauern keinen Schutz mehr boten. Alle Geheimnisse waren zutage gekom-men, sogar das letzte (nämlich die Sehnsucht des grundsätzlich Feindseligen nach einem Freunde); und der Feind, gegen den Oskar sich gewehrt hatte, stand unversehens mitten in der Zitadelle — und dort benahm er sich gar nicht als Feind, sondern als Freund. Wie der Dornenwall um Dornröschens Schloß sich vor der Be-rührung des Liebenden in Rosen verwandelt, so waren hier alle Sicherungen und alle Waffen des vereinsamten Knaben durch-lässig und wirkungslos geworden, als der wissende Freund sich ihm näherte. — Oskar dachte nicht mehr an Kampf und Verteidigung.

Aber eine neue, bessere Haltung hatte er noch immer nicht gefunden. Der Heilpädagoge sah ihm nur einen Augenblick ganz
freundlich und verstehend in die Augen und sagte, daß sie am
Nachmittag zusammen durch den Wald gehen wollten. Dann nahm
der Arbeitstag des Heimes seinen gewohnten Verlauf.

Oskar hatte seine Tore geöffnet. Auf der Festung seines Herzens
flatterte die Fahne seines neuen Freundes. Zum erstenmal seit etwa
zwölf Jahren erlebte dieser Fünfzehnjährige wieder ein Wir. Darum
war es nicht zu verwundern, daß dies Wir noch kindliche und
lebensfremde Formen an sich hatte. Vor allem war es, wie fast stets
in solchen Fällen, an die eifersüchtige Forderung der Ausschließlichkeit gebunden. Dieser Heilpädagoge war der einzige wirkliche
Mensch auf Erden; im Vergleich zu ihm erschienen alle anderen
als Schurken und Schufte. Und nur Oskar begriff angeblich seinen
Wert, wie auch nur er, der Pädagoge, Oskars wahren Wert begreifen
konnte.

Da aber in die Seligkeit dieser großen Begegnung auch alles Verlangen nach Wärme und Zuneigung einmündete, das dem dreijährigen liebesarmen Kinde naturgemäß angehaftet hatte, so glich
die Schwärmerei Oskars, dieses spröden Fünfzehnjährigen, fast
ganz der Zärtlichkeit eines sehr kleinen Knaben. – Wer hier von
Homosexualität sprechen wollte, würde den Tatbestand grundsätzlich mißverstehen. Oskar mußte das Wir dort wieder aufnehmen, wo er es seinerzeit verloren hatte[1]); und die Aufgabe hieß nur:
Überführung dieses weichen, frühkindlichen Wir in das weit
stärkere Wir der jugendlichen Kameradschaft. Es handelte sich
dabei keineswegs um die naturwidrige Wahl eines gleichgeschlechtlichen „Liebesobjektes"; nicht Libidoströme mußten umgeschaltet
werden; sondern das Wir, die Beziehung zwischen Subjekt und
Subjekt, mußte eine reifere Form erhalten. –

Der entscheidende Traum jener Nacht, den Oskar einige Wochen
später berichtet hat, lautete ungefähr folgendermaßen: „Oskar saß
in einem großen, eleganten Auto. Es war ein Rolls-Royce, wie er
ihn in irgendeinem Schaufenster bewundert hatte; und er konnte
plötzlich steuern. Der Wagen gehorchte ihm tadellos, und in einem
Gefühl von äußerster Beglückung fuhr Oskar davon. Bald aber

---

[1]) Die Psychoanalyse spricht hier bekanntlich von „regredieren" und
„agieren".

wurde die Straße abschüssig, der Wagen geriet in rasende Fahrt, die Bremsen versagten, und auch ein Lenken gab es nicht mehr. Die Straße senkte sich immer steiler; die Geschwindigkeit wuchs, und das Entsetzen des Träumers wuchs auch. Vor ihm öffnete sich ein Abgrund, die Straße hörte auf, unten war das Meer, und im Augenblick des Sturzes wachte Oskar atemlos und schweißbedeckt auf." — Die Deutung ist einfach, soweit wir sie hier brauchen: Der sehnlichste Kinderwunsch des Träumers geht in Erfüllung, wider alles Erwarten wird ihm der wundervolle Wagen geschenkt; aber bald zeigt sich, daß dieses Glück sich in ein furchtbares Unglück verwandelt. Ein qualvoller Untergang ist die notwendige Folge dieses Geschenks. Der Wunsch ist wach geworden, und die Erfüllung ist da: seit vielen Jahren hat Oskar nicht mehr gewagt, sich nach einem Freunde zu sehnen; er hat versucht, sich bis zum äußersten zu verhärten; aber das Gespräch mit dem Heimleiter hat doch die alte Weichheit und die alte Sehnsucht wieder erweckt. Und wer die Sehnsucht nach Freundschaft wecken kann, ist selbst schon ein Freund; das Bewußtwerden des Wunsches und seine Erfüllung sind hier ein und dasselbe. Der Freund ist da; der Abwehrkampf und die Verhärtung all dieser Jahre scheint überflüssig gewesen zu sein. Aber da verwandelt sich das Glück in Unglück, die Erfüllung des Wunsches führt in den Tod. Der Freund ist doch kein Freund. Die Wunscherfüllung wird zur furchtbaren Warnung. Der Traum sagt schließlich: „Vertraue dich dem lockenden Glück nicht an, es wird dich vernichten."

Der Heilpädagoge kannte die Einzelheiten des Traumes nicht, aber er wußte seinen Sinn. Wunscherfüllung und Warnung; Verlockung zum Wagnis, Aufruf zur Hingabe, Sehnsucht nach dem Wir; und Warnung vor Verrat, Neigung zur Flucht und Drohung mit schrecklichem Untergang mußten in dieser Nacht aufgetaucht sein. Er betonte darum in seiner Haltung nur noch das Wir, die Freundschaft und das wortlose Sichverstehen. Und gerade durch diese Haltung, durch den Verzicht auf jeden Angriff und auf jede Ausnutzung seiner Überlegenheit besiegelte er das neuentstandene Wir. Oskar fühlte sich jetzt nicht nur durchschaut, sondern auch verstanden. Und auf dem Gang durch den Wald am Nachmittag überwand er die letzten Bedenken, die in der Nacht noch so wirksam als Traum hervorgetreten waren. An diesem Abend gab es

keinen Zweifel mehr. Der entscheidende Paragraph in Oskars
innerer Verfassung hatte sich geändert. Das grundsätzliche Mißtrauen gegen alle Menschen war durchbrochen, und alle Folgerungen und Dressate, die auf dieser Voraussetzung beruhten, mußten
sich nun ebenfalls ändern. Aber die neue Bestimmung seines
Charakters hieß nicht etwa, daß die Menschen seine Freunde seien
oder daß man unter den Menschen beliebig viele Freunde finden
könne, sondern sie hieß nur: ein einziger Mensch ist mein Freund,
alle anderen sind mir gleichgültig. Damit war der Heimleiter aus
der Rolle des schwarzen Riesen in diejenige des weißen Riesen
übergegangen[1]), der zweite Teil der Heilpädagogik, nämlich die
Überführung des exklusiven Wir in ein allgemeines und ständig
wachsendes Wir, mußte beginnen.

Am nächsten Morgen beging der Heilpädagoge den Fehler, um
dessentwillen dieses Beispiel von besonderer Wichtigkeit ist. Der
heilende Einfluß ging dadurch für eine kurze, aber entscheidende
Zeitspanne ganz auf die Gruppe über. Die Quelle solcher Fehler
liegt oft nicht in der pädagogischen Beziehung und darum auch
nicht in der pädagogischen Unzulänglichkeit; sie stammt vielmehr
aus anderen Quellen des menschlichen Lebens und ist deshalb für
den Pädagogen selbst und auch für seine Freunde und Vorgesetzten
nur schwer zu erkennen. So war es auch hier.

Der Heimleiter war verheiratet, und seine junge Frau empfand
(wahrscheinlich mit Recht), daß die Interessen der Ehe gegenüber
den Interessen des Heimes allzu sehr zurückstehen mußten. Sie
gab ihren Unwillen darüber an diesem Morgen deutlich zu erkennen. Sie sagte halb scherzhaft und halb traurig, daß ihr Mann in
Bigamie lebe und daß man oft nicht wisse, ob das Kinderheim oder
ob sie selbst in seinem Herzen den ersten Platz innehätte. Er mußte
sich und ihr eingestehen, daß er der doppelten Aufgabe nicht immer
gerecht wurde; und mit dem Vorsatz, es in Zukunft besser zu
machen, ging er in sein Heim hinüber.

Unterwegs richteten sich seine Gedanken auf die Arbeit des
Tages. Aber wie ihm später erst klar wurde, war seine Stimmung noch
völlig durch die Gewissensbisse beherrscht, die er seiner Frau gegenüber empfand. Darunter litt die pädagogische Feinfühligkeit, die
er an diesem Tage besonders Oskar gegenüber nur allzu nötig hatte.

---

[1]) Man vergleiche den entsprechenden Vorgang im Falle Bertas (Kap. 6).

Als er das Heim betrat, wurde er froh; die Probleme seiner Ehe waren vergessen, und das Bewußtsein seiner erfolgreichen heilpädagogischen Arbeit erfüllte ihn ganz. So ging er scheinbar frisch an die Arbeit; — erst später mußte er feststellen, daß diese Stimmung nicht echt und ursprünglich war, sondern daß sie einer ichhaften Kompensation entsprach. Der Fehler, den er im nächsten Augenblick beging, konnte nur zustande kommen, weil sein augenblickliches Ziel nicht darin bestand, dem Jungen zu helfen, sondern sich selbst als einen hervorragenden Heilpädagogen zu erleben.

Für den Nachmittag war ein Ausgang geplant. Nur zwei Jungen sollten im Heim bleiben und die häuslichen Arbeiten verrichten. Nach der Liste, die in strenger Gerechtigkeit zusammengestellt war, mußte Oskar und ein anderer an diesem Tage zurückbleiben. Oskar aber hoffte, daß zugunsten seiner besonderen Lage eine Abänderung der Liste eintreten werde. Doch wagte er nichts darüber zu sagen; und es schien ihm auch überflüssig zu sein; denn sein neuer großer Freund, dieser wunderbare Menschenkenner, mußte doch wissen, was ihnen beiden jetzt nottat.

Als der Vorgang später charakterologisch durchleuchtet wurde, erschien es dem Heilpädagogen selbstverständlich, daß er mit Oskar hätte sprechen müssen. Ob er wirklich die Ausnahme hätte zugestehen sollen, war ihm zweifelhaft; auf jeden Fall aber mußte bei Oskar eine Erweiterung des zu kindlichen und zu anspruchsvollen Wir-Gefühls angebahnt werden. Entweder hätte man sagen sollen, daß nur dies eine Mal eine Ausnahme möglich sei und daß man Sorge tragen müsse, sie in Zukunft überflüssig zu machen. Oder aber man hätte sofort über die Unmöglichkeit der Ausnahme sprechen und den Jungen in aller Freundlichkeit zu den Erlebnissen des kameradschaftlichen Wir hinüberleiten können. Der Heimleiter aber tat weder das eine noch das andere. Er begrüßte Oskar aufs herzlichste. Die Stimmung im ganzen Heim war froh und beinahe ausgelassen. Die Frage, wer am Nachmittag zu Hause bleiben sollte, wurde gar nicht erwähnt.

So kam der Nachmittag. Die Jungen machten sich zum Abmarsch fertig; Oskar stand erwartungsvoll an der Tür; der Heimleiter sagte ihm fröhlich Lebewohl; und die kleine Gruppe setzte sich in Bewegung. Oskar blieb völlig vernichtet zurück.

Er ist dann durch das Heim gegangen und hat sich sorgfältig umgesehen, noch ohne selbst zu wissen, was er tun würde. Erst die spätere Charakteranalyse hat gezeigt, daß in diesem Augenblick nicht nur das neue Vertrauen und die neue Lebenshoffnung, sondern auch die alten Ziele, Herrschsucht, Ehrgeiz und Grausamkeit ins absolute Nichts hinabgestürzt waren. Er glaubte nichts mehr und wollte nichts mehr; sein einziges Ziel war nur noch die Beendigung seines unerträglichen Zustandes. Nur die völlige Abwendung von allen Objekten und die Beendigung alles Subjektseins blieb noch übrig. Doch seiner robusten Gesundheit dankte es Oskar, daß er jetzt nicht Selbstmord beging. Für kurze Zeit scheint dieser Gedanke (wenn sein späterer Bericht in diesem Punkte glaubwürdig ist) in ihm aufgetaucht zu sein; dann aber meinte er, das sei noch längst nicht genug. Selbstmord war zu wenig. Er dachte auch daran, das Heim in Brand zu stecken; aber dann fiel ihm ein, daß der Heimleiter davon schon gesprochen hatte und daß die Brandstiftung nur wie die Ausführung eines fremden Vorschlags erscheinen würde. Darum war auch das nicht genug.

Da fiel sein Blick auf die Vorhänge, die das einzige waren, was in diesem ärmlichen Heim nach Freundlichkeit und Gemütlichkeit aussah. Die Vorhänge waren Eigentum der Gruppe; die Jungen selber hatten sie mit vieler Mühe und unter großen Entbehrungen angeschafft; sie bildeten etwas wie ein Wahrzeichen der Kameradschaft und der Wirhaftigkeit.

Gegen diese Vorhänge richtete sich plötzlich Oskars Wut. Er riß sie herunter, zerfetzte sie in lauter kleine Stücke und zertrat sie, so gut er konnte, mit seinen Stiefeln. Dann verfiel er in dumpfes Brüten. Er setzte sich in eine Ecke und starrte wie leblos vor sich hin. Sein Kamerad wagte ihn nicht anzusprechen; und als die Gruppe zwei Stunden später nach Hause kam, traf sie ihn noch in der gleichen Haltung.

Das Schicksal wollte es, daß der Heilpädagoge erst fünf Minuten später in seinem Heim eintraf. Da aber war schon alles entschieden. Die Jungen waren hungrig und froh in den Saal gekommen, hatten dort die Zerstörung gesehen, und sofort war es allen klar: „Das hat Oskar getan!" Im nächsten Augenblick standen sie um ihn herum, aber niemand dachte daran, ihn zu schlagen. — Oskar erwartete, von sich auf die anderen schließend, daß sie in bestialischer Wildheit über ihn herfallen würden; und als das Gegenteil davon geschah, geriet er noch einmal in die äußerste Verwirrung. Das Weltbild, mit dem er rechnete, alle Erwartungen, die er hegte, brachen zusammen. Die Menschen waren anders, als er dachte; er hatte sich von Grund aus verrechnet. Entsetzt und hilflos wie ein Kind und schluchzend in einem neu aufdämmernden Verständnis saß er da, während ihn alle ansahen und auf ihn eindrangen. Dann gab einer aus der Schar den allgemeinen Empfindungen Ausdruck: „Mensch, Oskar, du bist vollständig verrückt! Das sind doch deine Vorhänge auch! Hast du denn noch nicht begriffen, daß du zu uns gehörst? — Nun müssen wir sehen, wo wir uns neue Vorhänge klauen!" — „Ja, wir müssen uns neue Vorhänge irgendwo klauen", sagte ein anderer, und es entstand sofort eine Beratung über diesen neuen Plan. Oskar aber saß mit im Rate, gleichberechtigt mit den anderen, ob er wollte oder nicht. Wie er sich auch benehmen mochte, er gehörte als un-verlierbarer Teil in das Wir dieser Jungen hinein. Die Gruppe hielt ihm die Treue. Jeder Fluchtversuch war aussichtslos. Es blieb ihm nur übrig, sich diesem Wir zu ergeben, wie er sich vorher, noch mit Vorbehalt und noch längst nicht frei von ichhaften Ansprüchen, dem Heilpädagogen ergeben hatte.

Als der Heimleiter eintrat, war der entscheidende Schritt in Oskars Heilung schon geschehen. Es blieb ihm nur übrig, nach-träglich festzustellen, wo er selbst versagt hatte, welche Folgen sein Versagen nach sich zog und welche Folgerungen seine Gruppe ihrerseits aus den Folgen seiner Fehler gezogen hatte. Er begriff jetzt tiefer als je, daß die einzig wirksame Kraft, die der Mensch in solchen Fällen einzusetzen hat, die unbedingte Treue ist, und zwar die Treue des Wir zum Du, die Treue der Gruppe zum Ein-zelnen. Nur auf diesem Wege kann die Gruppe gelegentlich gut-machen, was ihr Führer schlecht gemacht hat; und nur so kann sie die Treue, die er ihr zuerst gehalten hat, gerade in den ge-fährlichen Augenblicken seiner menschlichen Schwächen ihm wieder vergelten.

Es gab noch monatelang Schwankungen und Rückfälle; ein lang-sames, geduldiges Sicheinüben, ein sich immer wieder auf die un-gewohnte neue Grundlage der Wirhaftigkeit Einstellen schloß sich für Oskar an dieses entscheidende Erlebnis an. Immer wieder handelte er, dachte er und fühlte er von seinem alten ichhaften

Standpunkt aus; immer wieder ertappte er sich dabei, daß er sich
gegen die Gemeinschaft und gegen das harmlose Mitmachen
sichern wollte, als ob das Mitmachen selbst schon eine Gefahr für
ihn bedeutete; und immer aufs neue mußte er erleben, daß die
Gegnerschaft ein schlechtes Geschäft ist und daß der einzelne
ebenso wie die Gruppe nur gedeihen kann, wo der Einsatz für die
lebendigen Ziele der Gesamtheit an Stelle der ichhaften Selbstverteidigung tritt. Aber von diesem Teile der Heilpädagogik, von dem
sogenannten positiven Training, kann erst später die Rede sein.

Zweiter Teil

Charakterpathologie

11. Der Standpunkt der Charakterpathologie

Das Menschenleben mit seinen Aufgaben und Fortschritten,
seinen Schwierigkeiten und Leiden läßt sich am besten verstehen,
wenn man sowohl die Einzelmenschen wie auch die Menschen-
gruppen gleichzeitig als Subjekte und als Objekte des Lebens betrachtet. Wer sich zwischen zwei Möglichkeiten entscheidet, wer
sich Ziele setzt und Taten tut, ist Subjekt des Lebens. Wer von
seinen Gegnern oder auch von Naturgewalten überwältigt, verletzt
oder gar getötet wird, ist Objekt des Lebens. Aber auch wenn nur
die Sonne ihn bescheint oder der Regen ihn durchnäßt, wenn ein
Freund ihn anruft oder ein Geräusch ihn im Schlafe stört, wird er
von außen her getroffen und beeinflußt als Objekt. In den letztgenannten Fällen erweist er sich jedoch bei genauerem Zusehen
meist nicht nur als Objekt, sondern gleichzeitig auch als passives,
von außen her beanspruchtes und von innen her leidendes Subjekt.
Das reine Objekt-Sein, ohne gleichzeitiges passives Subjekt-Sein,
kommt wohl nur in Zuständen von Bewußtlosigkeit oder im tiefen
Schlafe zustande.

Mensch sein heißt demnach nicht nur Subjekt und Objekt des
Lebens zugleich sein, sondern es heißt auch: bald als aktives und

bald als passives Subjekt im Leben stehen. Die Unentrinnbarkeit dieses Tatbestandes bildet den Ausgangspunkt aller Kulturentwicklung, aller produktiven Leistungen, aber auch aller Charakterpathologie. Das Menschenleben stellt eine endlose Reihe von Versuchen dar, das Leiden (das passive Subjekt-Sein) immer aufs neue durch Taten (durch aktives Subjekt-Sein) in sein Gegenteil zu verwandeln.

Es ist sinnlos, zu fragen, was früher da war und was dem Wesen des Menschen tiefer innewohnt, die aktive Tat oder das passive Leiden. Das eine ist genau so alt und so urmenschlich wie das andere. Zum lebendigen Subjekt-Sein gehört unweigerlich das Tatentun, die Schaffensfreude und der schäumende Überschwang genau so wie das Folgentragen, das Begrenztsein und das Eingespanntsein in die Notwendigkeiten der Naturgesetze: wer nicht ißt, stirbt, und auch wer ißt, lebt nicht ewig.

Subjekt-sein heißt „lebendig sein", aber es heißt nicht immer „bewußt sein". Es gibt zahllose unbewußte Lebensäußerungen, wie die Abwehrbewegung eines Schlafenden, den man wecken will; die Verdauungsarbeit, die man leistet, ohne sie zu verstehen; der sinnvolle Aufbau des wachsenden Körpers; viele Vorgänge bei Zeugung und Geburt; aber auch die unbewußten seelischen Entwicklungen die uns die Tiefenpsychologie und das hypnotische Experiment zugänglich macht; — alles dies und vieles andere beweist zur Genüge, daß der Mensch auch da noch Subjekt sein kann, wo er nichts davon weiß oder versteht. Subjekt-sein ist demnach nicht gleichzusetzen mit bewußt-sein, aber es bedeutet ein sinnvolles, einheitliches Verhalten, wie es uns am deutlichsten in der bewußten Tätigkeit des denkenden Menschen entgegentritt.

Dieser Subjektbegriff entspricht nicht etwa dem bisherigen Begriff des Seelischen, auch dann nicht, wenn man das unbewußt Seelische hinzurechnet. Das Seelische oder gar die Seele soll als etwas Wirkliches, als ein Ding, ja geradezu als eine Substanz den körperlichen Dingen oder Substanzen gegenüberstehen. Die „res cogitans" des Cartesius, das Seelending, hätte dann dieselbe Art und denselben Grad von Wirklichkeit oder Dasein wie die „res extensa", das Körperding oder die Materie. Man könnte dann die Seele genau so gut wie den Körper zum Objekt machen, man könnte sie studieren, beeinflussen und verändern; und man stände vor der unlösbaren Frage, ob Seelisches und Körperliches in kausaler

Abhängigkeit voneinander stehen (Theorie der Wechselwirkung),
oder ob sie parallel und doch unabhängig voneinander verlaufen
(psychophysischer Parallelismus). Die alte Frage des C. G. Carus,
wie sich Trauer und Tränen zueinander verhalten, wäre nicht
zu beantworten[1]).

Man hat sich gewöhnt, das Weinen, wenn es die Folge eines
seelischen Vorganges ist (etwa einer gelesenen Nachricht), als „psychogen" zu bezeichnen; wenn dagegen die Tränenabsonderung als
Folge einer materiellen Einwirkung auftritt, z. B. durch Tränengas,
nennt man sie „somatogen". Wir können die beiden Ausdrücke beibehalten, trotzdem sie ungenau sind; denn weder das Tränengas
noch die gelesene Nachricht darf hier im Sinne der Kausalität als
Ursache bezeichnet werden. In beiden Fällen wird vielmehr der
Mensch in eine bestimmte Lage versetzt, auf die er mit Tränen-
sekretion antwortet. Es handelt sich nicht um Ursache und Wirkung
sondern um einen dialektischen Vorgang nach der Art von Frage
und Antwort. Aber nicht die Seele antwortet auf die Nachricht mit
Trauer und nicht der Körper antwortet auf das Tränengas mit
Drüsentätigkeit, sondern der Antwortende, der Reagierende ist in
beiden Fällen der Mensch, die psychophysische Einheit, die sich
hier durch ihr Antworten als Subjekt erweist.

Das Lebewesen, das antwortet, ist nicht die Seele und auch nicht
das System der seelischen Vorgänge; es ist nicht der Körper und
auch nicht das System der körperlichen Vorgänge; aber es ist auch
nicht die „Wirkenseinheit" (Rehmke) des seelischen und des körperlichen Organismus. Dieses Lebewesen ist einzig und allein der
Mensch selber; und der Mensch antwortet, solange er lebt, auf die
äußeren und inneren Vorgänge, die ihn treffen, bald seelisch und
bald körperlich und bald beides zugleich. Der Begriff Mensch und
auch der Begriff Charakter, der das System, die Gestalt oder Form

---

[1]) Auch S. Freud faßt das Seelische wie ein selbständig Seiendes neben
dem Körperlichen auf, und darum kann auch er den Begriff der „psycho-
genen Körpervorgänge", die sogenannte Konversion, durchaus nicht
erklären. Er nimmt sie als gegebenen Tatbestand hin. (L. 12, Bd. V,
S. 123 f.). In die gleiche Schwierigkeit gerät F. Kraus, der trotz seiner „Ge-
samtbetrachtung" das Seelische doch nur als „Funktion" der körperlichen
Gehirnvorgänge auffaßt. Er kann nicht erklären, wieso ein Tränenaus-
bruch oder gar ein Nervenzusammenbruch als Folge etwa eines gelesenen
Telegramms zustande kommt (L. 24, Bd. I, S. 369 ff.).

aller menschlichen Verhaltungsweisen umfaßt, muß daher jenseits von leiblich und seelisch als Einheit verstanden werden[1]).

Das Subjekt-Sein unterscheidet jedes Lebewesen vom toten Nur-Objekt. Jemanden töten heißt ihn vom Auch-Subjekt-Sein in den Zustand des Nur-Objekt-Seins versetzen. Was den lebendigen Menschen von seinem Leichnam unterscheidet, ist demnach die Subjektität (nicht Subjektivität); genauer gesagt: die Fähigkeit der subjektalen Auseinandersetzung mit der Wirklichkeit. Und diese subjektale Auseinandersetzung unterscheidet sich vom toten oder nur-objekthaften Verhalten des Leichnams durch die sinnvolle produktive Umgestaltung der Welt, sowohl der äußeren durch die schöpferische Tat, wie auch der inneren durch die eigene Reifung.

Diese Auseinandersetzung des Menschen mit der Wirklichkeit beschreiben wir als subjektale oder vitale Dialektik. Sie läßt bei genauerem Zusehen zwei verschiedene Seiten erkennen, die zwar nie ganz getrennt auftreten, aber doch durch wesentliche Unterschiede einander entgegengesetzt sind. Wir bezeichnen sie als innere und als äußere Dialektik.

Jemand friert; er zündet ein Feuer an; es wird ihm zu heiß; er entfernt sich etwas, bis er die Stellung gefunden hat, in der ihm weder zu heiß noch zu kalt ist. — Das ist äußere oder transitive Dialektik. Der Mensch in seiner Ganzheit erscheint als Subjekt, die Außenwelt als Objekt. Die Ziele des Menschen, zu denen auch die Bedürfnisse gehören, bilden die Thesis; ihre Beeinträchtigung von den Objekten her (das passive Subjekt-Sein) bildet die Antithesis; und die Tat (das aktive Subjekt-Sein) führt zur Synthesis. Würde der Mensch auf das Feuer verzichten und sich dem Erfrieren aussetzen, so hätte an Stelle der Synthesis (aktive Überwindung der Antithesis) die Katathesis (passive Verewigung der Antithesis) Platz gegriffen.

---

[1]) Daß das Subjekt etwas ist, was nie zum Objekt gemacht werden kann, hat schon Kant (L. 22, § 46) theoretisch dargelegt. Aber erst jetzt gelingt es, diese Theorie in der Praxis nutzbar zu machen, und zwar gelingt es gleichzeitig von den verschiedensten Seiten her. Man vergleiche die Philosophen Martin Heidegger (L. 14, S. 175 ff.), Müller-Freienfels (L. 30, S. 253 ff.) und Karl Jaspers (L. 17, S. 3 f.) sowie den Theologen Karl Heim (L. 15, S. 133 ff.) und den Mediziner Karl von Bergmann (L. 7, S. 373 f.).

Im Gegensatz zu diesen „transitiven" Vorgängen bezeichnen wir die Auseinandersetzung des Menschen mit seiner eigenen körperlichen und seelischen Innenwelt als innere oder intransitive Dialektik. Jemandem ist heiß; er fängt an zu schwitzen; er bekommt Durst; er beschließt jedoch, nichts zu trinken, weil er sonst noch mehr schwitzen würde; statt dessen verharrt er möglichst bewegungslos, in der Hoffnung, daß der Abend Kühlung bringen werde. — Auch hier bilden die Ziele und Lebensnotwendigkeiten des Menschen die Thesis; ihre Beeinträchtigung durch die Hitze wird zur Antithesis (die transitiv von außen kommen kann als Sonnenglut oder intransitiv von innen etwa im Fieber); die „Antwort" des Menschen kann körperlich sein: das Schwitzen; oder auch seelisch: der Beschluß, sich bis zum Abend möglichst wenig zu bewegen. Ob man das Erlebnis „Durst" für seelisch oder für körperlich halten will, ist vom Standpunkt der vitalen Dialektik aus gleichgültig; gerade bei der Erforschung solcher Bedürfnisse zeigt sich, daß der Standpunkt „jenseits von Leib und Seele" der brauchbarste ist. Das Ergebnis der inneren Dialektik kann ebenfalls eine Synthese oder eine Katathese werden; und oft liegt, wie in unserem Beispiel, die Synthese gerade im Durchhalten des passiven Subjekt-Seins und die Katathese im — unsachlichen und lebenswidrigen — Übergang zur Aktivität[1]).

Daß innere und äußere Dialektik ständig ineinandergreifen, versteht sich von selbst. Aber es gibt zweifellos Menschen, deren angeborene innere Organisation dazu führt, daß mehr die eine oder mehr die andere Seite entfaltet wird und darum auch an Wichtigkeit gewinnt. So entstehen die beiden Typen, die C. G. Jung als Introvertierte und als Extravertierte beschrieben hat. Für die Pathologie dürfte diese Unterscheidung aber erst wichtig werden, wenn eine der beiden Entwicklungsrichtungen durch innere Störungen (im Sinne von Katathesen) verkümmert oder gar unmöglich wird. Davon soll alsbald noch die Rede sein; zunächst sei nur festgestellt, daß ein Charakter um so reicher und lebendiger sein wird, je gleichmäßiger er sich sowohl in der Richtung der inneren wie auch der äußeren Dialektik entwickeln kann.

Nun bleibt noch die Frage übrig, wer im Falle der inneren Dialektik als Subjekt zu bezeichnen ist. Die ausreichende Antwort muß

[1]) Vitale Dialektik (L. 47).

allerdings in der philosophischen Grundlegung der dialektischen Charakterkunde ihren Platz finden[1]). Wir können uns hier damit begnügen, zu sagen: das Leben des Menschen oder auch seine „Lebendigkeit" wirkt als Subjekt. Je größer diese Lebendigkeit ist, um so schwieriger können die Aufgaben (die Antithesen) sein, die noch synthetisch überwunden werden; je geringer die Lebendigkeit ist, um so leichter kommt es zu Katathesen, zum Rückzug vor der Wirklichkeit und damit zu den Zuständen, mit denen sich die Charakterpathologie befaßt.

Die Subjektität des Menschen ist demnach eine Eigenschaft, die ihm zukommt, solange er lebt, und die ihn von allen toten Dingen unterscheidet. Was diese Eigenschaft letzten Endes ist, wissen wir nicht; aber wir kennen ihre Wirkungen. Sie äußert sich im Stellungnehmen, im Entscheiden und vor allem in der Produktivität. Subjektität ist keine Funktion neben den anderen Funktionen des Lebens, wie etwa Stoffwechsel, Wachstum und Fortpflanzung; sie ist vielmehr die Voraussetzung aller derjenigen Funktionen, die das Lebewesen vom toten Gegenstand unterscheiden. Und ferner setzt das Subjektsein immer die Gegenwart von Objekten voraus; Subjekt und Objekt bedingen sich gegenseitig; darum ist Subjektität stets eine Beziehung zu Objekten.

Dieses Subjektsein wird in verschiedenen Graden oder Stufen wirksam. Man kann müde oder frisch sein; man kann seine Lebensaufgaben mutig und stark oder mutlos und schwach in Angriff nehmen. Man kann ängstlich zurückweichen oder entschlossen auf die Gefahr losgehen; man kann dem Gegner ruhig oder aufgeregt, klar oder verwirrt, klug oder dumm, überlegen oder kleinmütig entgegentreten. Man kann vor Schüchternheit wie betäubt dastehen oder vor Entsetzen in Ohnmacht fallen; aber man kann auch wissend und demütig in einer großen Gefahr aufrecht bleiben und in aller Schlichtheit tun, was das Leben verlangt. Alle diese Zustände lassen sich als verschiedene Grade des Mutes, des Vertrauens (sowohl zum Leben, zum eigenen Schicksal wie auch zur Weltordnung) und ebenso als verschiedene Stufen der Produktivität oder der Schaffens-kraft beschreiben. Wir werden sehen, daß sie gleichbedeutend sind mit verschiedenen Graden von Wachheit, Lebendigkeit oder, wie wir deutlicher sagen wollen, von Subjektität. Aber sie sind nicht

---

[1]) Vitale Dialektik (L. 47).

gleichbedeutend mit den Graden der körperlichen Gesundheit. Es kann jemand sehr gesund sein und doch wenig Subjektität besitzen; und es kann jemand körperlich schwer krank sein und sich doch im höchsten Maße als lebendiges Subjekt erweisen.

Die Einschränkung der Subjektität ist Einschränkung des Menschentums, der Wachheit, der Lebendigkeit, der Schaffenskraft oder der Produktivität. Aber solche Minderung kann vorübergehend im Verlaufe einer gesunden und lebendigen Rhythmik zustande kommen, als Ruhebedürfnis, Entspannung, Müdigkeit, Schlaf und schließlich auch als Alter und Tod; oder aber sie kann außerhalb der gesunden Rhythmen auftreten als Verkrampfung oder Erschlaffung, als Starrheit oder Erregung, als Zwangsläufigkeit, Anpassungsunfähigkeit und Unproduktivität. Alle diese Erscheinungen bilden den Gegenstand der Charakterpathologie; sie lassen sich dialektisch immer auf Katathesen zurückführen.

Die Charakterpathologie befaßt sich demnach mit Zuständen, die ihrem Wesen nach in einer Einschränkung der Subjektität bestehen. Darum betreffen alle diese Übelstände, Mißlichkeiten oder Krankheiten den ganzen Menschen in seinem Zentrum und in seiner Totalität; während die Krankheiten der Organe das Subjekt unberührt lassen können (aber nicht unberührt lassen müssen)[1].

Wer sich ein Bein bricht oder wer sich eine Blutvergiftung zuzieht, kann als Subjekt gesund bleiben, und seine Organe (an der Peripherie) werden um so rascher geheilt werden, je besser er als Subjekt (im Zentrum) mit diesem „Unglück" fertig wird. Aber er kann auch, wenn er etwa zum Pessimismus neigt, durch eine solche Belastungsprobe charakterlich aufs schwerste mitgenommen werden. Dann antwortet er innerdialektisch mit einer Katathese; seine Subjektität schränkt sich ein, seine äußere Genesung verzögert sich, und erst auf diesem Umwege wird er zu einem „Fall" für die Charakterpathologie.

Alle Charakterleiden erweisen sich als Schädigungen der subjektalen Zielsetzung, der Entscheidungsfähigkeit, der Schaffenskraft, und darum als zentrale Schädigung des Menschentums. Alle

---

[1] Am eindringlichsten hat ein Nicht-Arzt auf diesen wesentlichen Unterschied zwischen Krankheiten der Organe und Krankheiten des Menschentums hingewiesen, nämlich Hans Blüher, der im letzteren Falle vom „morbus sacer" spricht (L. 9).

Organkrankheiten sind dagegen nur Schädigungen der Mittel, die dem Menschen zur Verfügung stehen. Darum gehört zu den Charakterleiden oder Zielkrankheiten außer den Neurosen und den echten Psychosen auch das Verbrechertum, die Perversion, der Menschenhaß, die Verzweiflung, die Unproduktivität und vor allem die Angst. Aber nicht nur von diesen soll hier die Rede sein, sondern auch von den Mischformen, in denen Zielkrankheiten und Mittelkrankheiten sich gegenseitig steigern, wie die Drüsenstörungen (etwa Basedowsche Krankheit), der Alkoholismus, der Onanismus und die übrigen Süchte. – Man sieht, daß nicht nur Krankheiten, sondern auch Entwicklungskrisen und gelegentliche Hemmungen der Gesunden durchaus hierher gehören.

Doch noch weit über die Erforschung und Behandlung dieser Krankheiten und Übelstände hinaus handelt es sich um die Frage, wieweit man aus dem tieferen Verständnis der Charakterpathologie zu einem neuen Einblick in das Wesen des Menschentums, in die Aufgaben und Möglichkeiten der menschlichen Reifung und schließlich in den Sinn unseres irdischen Daseins gelangen kann. So wird die Charakterpathologie zu einem wesentlichen Teil der Anthropologie; das menschliche Leiden wird zum Schlüssel für die Geheimnisse des Menschentums.

12. Störungen der Subjektität

Subjekt sein heißt ständig neu Stellung nehmen zur Wirklichkeit. Dazu gehört, daß immer mehrere Möglichkeiten der Stellungnahme vorhanden sind, einerlei ob sie als Wahlfreiheit ins Bewußtsein treten oder ob sie unerkannt und unbewußt nur im Tatbestand vorliegen. Subjekt sein heißt immer mehrere Einzelheiten zu einer Einheit zusammenfassen; oder anders ausgedrückt: Subjekt ist nur, wer sich einer stets wechselnden Gesamtsituation gegenübersieht. Wer dagegen für längere Zeit nur einen einzigen Gegenstand sieht oder denkt, der hört auf, im vollen Sinne Subjekt zu sein; seine Lebendigkeit wird eingeschränkt; er ist fasziniert oder hypnotisiert durch dies eine, das nun seine gesamte Welt ausmacht. Als Übung, etwa in der Meditation, kann ein solches Ereignis außerordentlich wertvoll sein; als hypnotisches Experiment kann es im Dienste der Forschung oder der ärztlichen Behandlung nützlich werden; wer ihm aber unfreiwillig zum Opfer fällt, ist charakterlich krank[1]).

Da die subjektale Stellungnahme in jedem Augenblick neu erfolgt, führt auch die ständige Wiederholung des gleichen Vorgangs zu einer Minderung des Subjekt-Seins. Gleichmäßiges Geräusch, wie das Ticken einer Uhr, wird bald nicht mehr gehört. Monotone Rhythmen wirken einschläfernd; und wenn ein Mensch viele Tage lang die gleichen Handgriffe tut, wie mancher Arbeiter in der Fabrik, so führt er sie schließlich automatisch aus; er wird der Maschine gegenüber selbst zur Maschine, und sein Subjektsein betätigt sich anderweitig, in halbbewußten Träumereien, im Tabakkauen oder im Wortwechsel mit den Kameraden. Je mehr Aufmerksamkeit eine solche Arbeit verlangt, um so weniger läßt sie sich automatisieren; aber manchmal werden auch erstaunlich hohe Grade von Aufmerksamkeit mit in den automatischen Verlauf hineingezogen. Man kann sich sehr sorgfältig die Haare kämmen, die Zähne putzen und die Krawatte binden, während man sich mit einem Freund über die Willensfreiheit streitet. Nachher aber weiß man nicht, ob man sich die Zähne geputzt hat, und um über Haare und Schlips orientiert zu sein, muß man erst in den Spiegel schauen[2]). Die größere oder geringere Zuverlässigkeit dieser (gesunden) Automatismen wird in manchen Fällen von Ängstlichkeit und Zweifelsucht sehr wichtig; so etwa bei den Leuten, die fünfmal an die Türklinke fassen, um zu sehen, ob sie abgeschlossen haben, die immer wieder den Gashahn kontrollieren oder ständig fürchten, daß sie ihre Briefe falsch adressiert haben.

Eine Tätigkeit, die wir gut kennen, beansprucht unsere Subjektität weniger als eine neue Aufgabe. Wer sich daher ewig in seinem alt gewohnten Lebenskreise bewegt, wird schläfrig, stumpf und unaufmerksam. Abwechslung, Veränderung des Milieus und der Zwang zu immer neuer Stellungnahme hält den Menschen wach; der

---

[1]) Eine genauere Erörterung über die Hypnose ist an dieser Stelle nicht möglich. Es sei nur formelhaft gesagt, daß sie den Hypnotisierten zum subjektalen Teil des Hypnotiseurs macht. Über den „punktförmigen Reiz" (Pawlow) und seine Beziehung zu Schlaf und Hypnose vergleiche I. H. Schultz (L. 39, S. 8—10).

[2]) Über die große Rolle, die auch im gesunden Leben diesen Automatismen zukommt, vergleiche E. Bleuler, zitiert in E. Kretschmers „Hysterie" (L. 25, S. 48—51).

schon Alternde und Eingerostete kann auf diesem Wege noch einmal frisch und jung werden. Variatio delectat, Objektwechsel stärkt die Subjektität.

Aber das ständige Neu-Stellung-Nehmen bedeutet nicht nur größere Lebendigkeit und Geistesgegenwart, sondern auch Gefahr und Wagnis und Verantwortung. Jede, auch die einfachste Stellungnahme kann falsch sein; und jede zieht Folgen nach sich, die man unweigerlich tragen muß. Es gibt Fälle, in denen eine einzige falsche Entscheidung das ganze Leben vernichtet; eine längere Kette von kleinen Fehlern führt immer zu äußerst mißlichen Rückwirkungen. Und da niemand fehlerlos ist, bedeutet das subjektale Stellungnehmen stets nicht nur eine Förderung, sondern gleichzeitig auch eine Schädigung oder Gefährdung der eigenen Subjektität.

So steht der Mensch unendlich oft vor zwei Möglichkeiten: er kann sich seinen automatischen Abläufen überlassen oder er kann neu Stellung nehmen. Je besser die Automatismen eingespielt sind (je besser er vorgebildet und erzogen ist), um so mehr lohnt es sich, nur Automat zu sein; je mehr neue und überraschende Aufgaben von außen an ihn herantreten, um so mehr ist er gezwungen, sich als Subjekt zu betätigen, und um so gründlicher muß er seine Gewohnheiten und Automatismen immer wieder nachprüfen und verändern. (Aber man darf nicht etwa automatisches Handeln mit unbewußtem Handeln völlig gleichsetzen. Die Beteiligung der unbewußten Vorgänge gerade an den produktivsten Stellungnahmen ist sehr groß; und viele bewußte Handlungen sind automatisch.)

Je gefährlicher die Gesamtlage wird, oder je gefährlicher sie uns erscheint, um so wichtiger wird die grundsätzliche Entscheidung. Wir sehen, daß manch einer durch sein ängstliches Ausharren in seinem einmal erworbenen Rahmen und durch die peinlichste Erfüllung der gelernten Pflichten noch verhältnismäßig gut durchs Leben kommt, während andere, die Neues wagen und das Alte verändern, an den Folgen ihrer Ungeduld zugrunde gehen. Aber auch das Gegenteil läßt sich ebenso häufig beobachten. Indessen liegen beide Fälle, wie sie hier angedeutet wurden, noch im Umkreis des Gesunden. Nur die größere Neigung oder Bereitschaft zum subjektalen Wagnis oder zum subjektalen Rückzug kann zunächst festgestellt werden. Doch ändert sich die Sachlage von Grund aus, sobald die Möglichkeit und die Entscheidung ersetzt wird durch

Zwangsläufigkeit und Nicht-anders-Können. In diesem Augenblick wird die Minderung der Subjektität endgültig und starr. An Stelle der vorübergehenden, mehr oder weniger rhythmischen Dämpfung, die noch ein Ausruhen sein konnte, tritt nun die ständige Einschränkung der freien Subjektität durch feste und genau bestimmbare Grenzen.

In Hinsicht auf Wahrnehmungen und Erkenntnisse wird nun der „Horizont" in charakteristischer Weise eingeengt. Was draußen liegt, kommt nicht mehr in Betracht; es existiert gleichsam nicht mehr, es bleibt von der Gesamtsituation, auf die man reagiert, ausgeschlossen. Für den grundsätzlichen Pessimisten gibt es keine erfreulichen Wahrnehmungen, für den überzeugten Materialisten gibt es nichts, was nicht „Funktion der Materie" wäre; wer an Beziehungswahn leidet, ist überzeugt, daß alles, was gesagt wird, für ihn gesagt werde. Die „tendenziöse Apperzeption" (Alfred Adler), die ichhafte Brille, führt zur „Borniertheit" des Bewußtseins[1]).

Auch was die Psychoanalyse als „Verdrängung" beschreibt, läßt sich — soweit es sich um Tatbestände handelt und nicht um dogmatische Konstruktionen — als eine derartige Horizonterstarrung des Bewußtseins verstehen. Der bekannte Ausspruch von Nietzsche kennzeichnet den Verdrängungsvorgang recht gut: „Das habe ich getan, sagt mein Gedächtnis; das kann ich nicht getan haben, sagt mein Stolz; und schließlich gibt das Gedächtnis nach." Wir müssen nur hinzufügen, daß die so getroffene Entscheidung grundsätzlich starr und vom Subjekt her nicht mehr korrigierbar zu denken ist. Aus dieser Starrheit ergeben sich folgerichtig alle Erscheinungen, die Freud als „Widerstände" gut beschrieben und falsch gedeutet hat[2]).

Eine subjektale Grenze, die im nächsten Augenblick hätte überwunden werden können, ist nun erstarrt und zu einer unüberschreitbaren Schranke geworden. Das Subjekt hat sich gleichsam selbst eine Mauer aufgerichtet, die es nun auch beim besten Willen nicht mehr beseitigen kann. Eine Antithese ist durch die Katathese verewigt worden, anstatt in Form der Synthese überwunden zu werden. Als Beispiel mag das hoffnungslose „Ich kann nicht rechnen" dienen, das so oft im ersten Schuljahr auftritt und das verständnislose Erzieher meist als Mangel an Begabung oder gar als Faulheit mißverstehen. Aber nicht nur der Horizont des Bewußtseins,

---

[1]) Adler L. 3a, S. 33f., 66ff.
[2]) Freud L. 12, Bd. V, S. 304f., 463f.

der Wahrnehmungen und der Gedanken kann in dieser Weise
erstarren, sondern auch die Gefühle, die Zielsetzungen, die Wahl
der Mittel und die Ausführung der Taten geht so aus der gewohnheitsmäßigen Automatisierung in eine starre, mechanische Eingrenzung oder gar in eine völlige Mechanisierung über. Beispiele
für die mechanische Eingrenzung lassen sich am besten im Bereiche
der Angstneurosen beobachten, wo die Grenze etwa heißt, man
müsse stets so handeln, daß man nicht ausgelacht werde, oder man
dürfe den anderen nicht erzürnen, oder man müsse immer den
Eindruck hervorrufen, als ob man kein Sexualleben habe. Beispiele für die völlige Mechanisierung gibt es begreiflicherweise am
häufigsten im Gebiete der Zwangsneurose. Bei manchen Patienten
kann man wenigstens zeitweise die Neigung beobachten, grundsätzlich alles, was sie tun, aus dem Bereich der freien Subjektität
herauszunehmen und in das Bereich der zwangsläufigen Mechanis-
men hinüberzubringen. Je weiter diese Entsubjektivierung gelingt,
um so schwerer wird die Neurose.

Die Gesamtheit dieser Erscheinungen bezeichnen wir als Psychosklerose. Und wir unternehmen im Sinne einer Arbeitshypothese den
Versuch, die ganze Fülle der neurotischen und psychotischen Krank-
heitserscheinungen als besondere Formen dieser Psychosklerose zu
verstehen und auf Grund dieses Verständnisses auch zu beeinflussen.

Wir können die Sklerotisierung am besten als eine Art von innerer Gesetzgebung beschreiben, die mit der Wirksamkeit der
Naturgesetze nahe verwandt, aber nicht gleichbedeutend ist. Ein
Kind erlebt, daß es sich vor dem Hinfallen nur schützen kann,
wenn es seinen Schwerpunkt senkrecht über die Tragfläche der
Füße bringt. Dies Stehenlernen ist kein bewußter Vorgang, aber
es ist doch ein Lernen. Das kindliche Subjekt muß sich immer
wieder mit den Möglichkeiten, den Fehlern und den schon gelernten Fähigkeiten auseinandersetzen, bis das Stehen mühelos
gelingt und automatisiert werden kann. Sobald das Stehen keine
Mühe mehr macht, wird es der Gewohnheit überlassen, und die
subjektale Aufmerksamkeit wendet sich neuen Aufgaben zu. Die
Naturgesetze (hier die Anziehungskraft der Erde und die Gesetze
der Statik) sind dem Kinde nicht bekannt, aber es bildet unbewußte
Regeln für sein Verhalten aus, die diesen Gesetzen aufs genaueste
entsprechen. Die Regeln beziehen sich auf Körperhaltung,

Muskelspannung, Ausgleichsbewegungen und ähnliches mehr. So
weiß das Kind, ohne die Worte zu wissen, daß es sich nicht zu weit
vornüber neigen darf, da es sonst hinfällt. Aber diese Regel bleibt
meistens nicht eine einfache Gewohnheit, die bei Gelegenheit auch
wieder rückgängig gemacht werden kann, sondern sie wird zum
starren Gesetz erhoben; und je starrer sie wird, um so gleichgültiger
wird ihre Begründung. Schließlich heißt es nicht mehr: „Neige
dich nicht zu weit vornüber, sonst wirst du fallen", sondern es
heißt: „Neige dich nicht zu weit vornüber!!!" Was hier sprachlich im
Ton oder schriftlich in den Ausrufungszeichen zum Ausdruck kommt,
ist psychologisch eine allgemeine und radikale Warnung, etwa auch
ausdrückbar durch den Satz: „..., sonst geht die Welt unter!"

Wie sehr wir alle dieser Strafandrohung unterworfen sind, merkt
jeder, der einmal versucht, ein solches inneres Gesetz zu über-
schreiten. Man neige sich soweit vornüber, daß man tatsächlich
hinfällt; und man sorge dafür, daß kein Unglück geschehen kann,
etwa im Heu oder auf weichen Matratzen. Man wird erleben, daß
man sich entweder gar nicht oder nur sehr ungeschickt und töricht
hinfallen lassen kann. Das alte Gesetz aus dem zweiten Lebensjahr
und die Weltuntergangsschranke beherrscht uns ohne unser Wissen
und gegen unser Wollen von Grund aus.

Wir bezeichnen diese starre Grenze wegen ihrer zwingenden
Drohung als „Untergangsschranke", ohne Rücksicht darauf, ob
sie einer objektiven Gefahr oder nur einer subjektiven Befürchtung
entspricht. Und wir fragen nun, wie denn eine innere Regel oder
eine Gewohnheit derartig starr und zwangsläufig werden kann, daß
man die Übertretung des Gesetzes scheut wie den Weltuntergang,
oder noch krasser gesagt, daß man die Überschreitung der Regel
für ebenso unmöglich hält wie die Überschreitung eines Naturgesetzes. Das gebrannte Kind scheut Feuer. Die Berührung des
glühenden Ofens ist ihm genau so unmöglich wie das Gehen auf
dem Wasser oder das Schweben in der freien Luft. — Was liegt
dieser Erstarrung des Lebens, dieser Einschränkung der subjektalen Möglichkeit zugrunde?

Die Auseinandersetzung des Subjekts mit der Wirklichkeit führt zu
„Erfahrungen", sofern sich nur die bisherigen Fähigkeiten verändern
oder erweitern, ohne daß das Subjekt selbst in Frage gestellt wird.
„Erlebnisse" dagegen entstehen, wenn die Auseinandersetzung

zwischen dem Lebewesen und seiner Umwelt zu einer Erschütterung oder einer Gefährdung des Subjektes selber führt. Wer eine neue Menschenrasse kennenlernt, erweitert seine anthropologische Erfahrung; wer von einem Menschenfresser überfallen wird, hat ein Erlebnis. Wenn ein Erwachsener sich mit seinem älteren Bruder zankt, macht er Erfahrungen und vielleicht nicht einmal neue; wenn aber ein kleines Kind mit seinem älteren Bruder in Streit gerät, kann ein erschütterndes Erlebnis zustande kommen. In den Erlebnissen entscheidet sich Sein oder Nicht-Sein des Subjekts; hier steht immer das Ganze auf dem Spiel. Das Subjekt muß sich entscheiden, aber gleichzeitig wird vom Schicksal her auch über das Subjekt entschieden. Darum sind Erlebnisse das Element, in dem die Subjekte ihre Existenz haben. Entscheidung, Wagnis und Gefahr sind für die Subjekte, was der Raum für die Körper ist, nämlich der Grund ihrer Möglichkeit. Darum drängt sich der Mensch zur Gefahr und sehnt sich nach ihr, wo sie ihm fehlt. Aber nicht nur die Möglichkeit des Daseins und der Entfaltung, sondern auch die Möglichkeit des Untergangs ist dem Subjekt hier gegeben. Darum fürchtet man die Gefahr und die Entscheidung ebenso sehr, wie man sie sucht[1]).

Eine weise Erziehung wird dem Kind die schweren Erlebnisse durchaus nicht ersparen, aber doch so sparsam zumessen, daß das Drohende und Gefährliche hinter der Beglückung des Wachsens und des Reifens zurücktritt. So erzieht man mutige Menschen. Wo aber die Erziehung mißlingt, wo unglückliche Erlebnisse im Vordergrund stehen, da flüchtet sich das Kind aus den Gefahren und den Entscheidungen in die „Nur-Erfahrung", die das Subjekt als solches nicht mehr in Frage stellt. Das Subjekt selbst verzichtet auf

---

[1]) Der erstarrte, sklerotisierte Mensch, der durch seine bewußten und unbewußten Dressate gegen alles Neue, alle Erschütterungen und alle Erlebnisse geschützt ist, entspricht dem Typus des Apollinischen bei Nietzsche (L. 31, Bd. I. S. 19). Der dionysische Typus ist jedoch nicht etwa der mutige, sondern der in den Rausch fliehende, der zwar mehr Lebendigkeit besitzt als der apollinische, aber doch nicht genug, um wissend und besonnen die Wagnisse des Lebens zu bejahen. Nur der tragische Mensch, die höchste Form des Dionysischen, erscheint als der wirklich mutige. — Und das Entsprechende gilt von den apollinischen Dienern des Geistes und den dionysischen Dienern des Lebens bei Klages (L. 23). Nur der gleichzeitig Geistige und Lebendige würde hier der Mutige sein.

sein Lebenselement, weil es erlebt hat, daß diese Art des gesteigerten Lebens gleichbedeutend ist mit furchtbar drohendem Untergang. Die dialektische Auseinandersetzung mit der Wirklichkeit wird
hier in ihrem ersten entscheidenden Aufbau durch eine Katathese
gehemmt. Das Subjekt antwortet vor der drohenden Gefahr nicht
mit einem „Trotzdem", sondern mit einem „Nein, niemals[1])".
Der Rückzug wird zunächst zur Lebensrettung; aber die Entscheidung, die das Subjekt vollzieht, drückt sich aus als Angst. Die
Angst ist das radikale Nein, mit dem das Subjekt auf die Belastungsprobe der Außenwelt antwortet. Sie läßt sich verstehen als die Zu-
stimmung des Subjekts zur Antithese. Die These hieß: „Ja, ich bin
da und ich setze mich durch!" Die Antithese hieß, von außen
kommend, aber innerlich erlebt: „Nein, du setzt dich nicht durch,
du bist nicht vorhanden!" Die Synthese würde heißen: „Trotz
allem und nun erst recht bleibe ich lebendiges Subjekt!" Aber die
Katathese heißt: „Nein, es ist wahr, ich bin nicht mehr vorhanden,
ich höre auf, Subjekt zu sein!" Diese katathetische Selbstverneinung
des Subjekts, die subjektale Agonie, wird erlebt als Todesangst
oder, was dasselbe ist, als Lebensangst. Und diese Angst ist es, die
drohend hinter allen starren inneren Gesetzen steht. Sie macht erst
die gewohnheitsmäßigen Grenzen zu Untergangsschranken; sie
läßt den Aufbau der Taten und Gefühle mechanisch erstarren; sie
borniert den Horizont des Bewußtseins und verwandelt so die
lebendige Dialektik in Psychosklerose[2]).

---

[1]) Ist die Not noch zu ertragen, so wirkt sie als unentbehrlicher Ansporn
der Produktivität. Wird sie zu groß, so verringert sie die Tragfähigkeit des
Subjekts, den „Spannungsbogen", anstatt ihn zu vergrößern. Das Kräfte-
verhältnis entscheidet, nicht energetisch, sondern vital genommen.

[2]) Daß die Angst sich gleichzeitig seelisch und körperlich äußert, ist oft
beschrieben worden. So spricht man von einem „Schrecksyndrom"
(Kretschmer, L. 25, S. 21). Der Zusammenhang zwischen Angst, Schreck
und Nebennierensekretion (Adrenalinwirkung in Zittern, Blässe, Pupillen-
erweiterung usw.) ist allgemein bekannt (v. Bergmann, L. 7, S. 371; und
Heyer, L. 16, S. 34—38). Daß die Angst jenseits von Leib und Seele, also im
Subjekt selbst zu Hause ist, betont vor allem Heidegger (L. 14, S. 276 ff.) über
ihn hinausgehend, Heim (L. 15, bes. Kap. 21). Haeberlin nennt die Angst
„das Gefühl des (partiellen) Nichtseins" (L. 13, Bd. II, S. 117). Weit oberflächlicher ist der energetische Angstbegriff bei Freud (L. 12, Bd. V, S. 474
u. Bd. XI, S. 21 ff.). Unserem Standpunkt sehr nahe steht Kronfeld (L. 27,
S. 53 f.).

Das Subjekt verzichtet unter dem Druck der frühen schweren Erlebnisse auf einen Teil seiner Freiheit, seiner Produktivität und seiner Lebendigkeit, um überhaupt noch als Subjekt vorhanden zu bleiben. Wie ein König nach verlorenem Krieg die Hälfte seines Landes preisgibt, um den Rest für seine Krone zu retten, so werden hier die subjektalen und produktiven Vorgänge mehr oder weniger gründlich in objektale und mechanische Abläufe verwandelt, damit an anderer Stelle noch ein kleiner Rest von Subjektität gerettet werden kann. An Stelle der lebendigen Dialektik tritt (stellenweise) der tote Ablauf von Ursache und Wirkung. Aber die Gesetze, nach denen diese Kausalität im Bereiche des Nur-Scheintoten verläuft, sind nicht die ewigen Naturgesetze, sondern es sind neue, halb willkürlich, halb zufällig entstandene Regeln, die nicht nach ihrem Inhalt, sondern nur nach ihrer Starrheit den Naturgesetzen ähnlich sind. Wir nennen sie „Dressate", weil sie wie das Ergebnis einer Dressur die Handlungsweise des Menschen bestimmen, unbewußt, zwangsläufig und der willentlichen Änderung entzogen. Hinter ihnen aber steht als drohende Sanktion die Angst; und wenn die Angst verschwände, würden auch die Dressate ihre Macht verlieren; — der Alkoholiker würde nicht mehr trinken müssen, der Ehrgeizige würde eine Niederlage leicht ertragen, der Zwangsneurotiker würde keinen Zwang mehr spüren, und die Psychosklerose würde dem Leben das Feld räumen, sobald die Todesangst oder Lebensangst sich in Vertrauen oder Mut verwandeln ließe.

13. Störungen der Wir-Beziehung

Die charakterlichen Eigentümlichkeiten, Entgleisungen, Schwierigkeiten und Leiden einzelner Menschen können nicht verstanden werden, wenn nicht die psychosklerotischen Veränderungen ihrer Umgebung, der Familien, Arbeitsgruppen, Berufe, Stände und Völker, in gleicher Weise erforscht und verstanden worden sind. Das Kind wehrt sich gegen seine Umgebung um so heftiger, je verkehrter es von ihr behandelt wird; je trotziger es sich in dieser Selbstverteidigung benimmt, um so härter bestraft es der Erzieher; und je härter es bestraft wird, um so trotziger benimmt es sich. Der Circulus vitiosus psychopathiae, der Teufelskreis, dreht sich nicht nur im Einzelmenschen und nicht nur in seinem Gegenüber, sondern er dreht sich auch zwischen ihnen beiden[1]). Seine Wirkungen sind es, die aus negativen Erfahrungen zu negativen Erlebnissen hinüberleiten, die Urangst des Menschen hervorrufen und zur Vermeidung dieser Angst die Einschränkung des Subjekt-Seins und somit die Psychosklerose herbeiführen. Die Charakterpathologie des einzelnen wird dadurch zu einem Teil der Pathologie des Gruppencharakters (wenn auch die Besonderheiten des Einzelschicksals jedem Falle sein individuelles Gepräge geben). Auch auf soziologischer Seite, genau wie auf biologischer und psychologischer, bildet das Gegensatzpaar „starr und lebendig" die Grundlage unserer Charakterforschung. Und die Soziologie wird in diesem Sinne zu einer Hilfswissenschaft unserer Arbeit.

Wir wissen jetzt, daß jedes Menschenleben in einer fast vollkommenen gruppenhaften Verbundenheit beginnt. Das Kind ist körperlich und seelisch durchaus auf die Funktionsgemeinschaft mit den Erwachsenen und vor allem mit der Mutter angewiesen. Subjekt ist zunächst nicht der Säugling, sondern die Gesamtheit von Mutter und Kind, wenn nicht gar die ganze Familie. Zum mindesten für die vorgeburtliche Entwicklung wird man zugeben, daß es sich um innerdialektische Vorgänge handelt, deren Subjekt nicht durch die Mutter als einzelne Privatperson und auch nicht durch den Embryo, sondern eben durch die Einheit von Mutter und Kind dargestellt wird. Wir haben hier den Fall eines „mehrköpfigen" Subjektes, der unseren individualistischen Denkgewohnheiten zunächst als Unmöglichkeit erscheint. Aber wir können weder Kinderpsychologie noch Massenpsychologie treiben, wir können weder die heutigen primitiven Völker noch die Kultur unserer ältesten Vorfahren verstehen, wenn wir uns nicht an die Tatsache gewöhnen, daß es vielköpfige Subjekte gibt.

Die Auseinandersetzung, die sich nun zwischen dem „großen" Subjekt der Gruppe und dem „kleinen" Subjekt des einzelnen entwickelt, kann lebendig verlaufen (dann gehört sie der Erziehungskunde und der Gruppenkunde an), oder sie kann zu Hemmungen und Starrheiten führen, und dann gehört sie in das Gebiet der Charakterpathologie. Die Beziehung des Neugeborenen zu seiner Umwelt enthält jedoch auf alle Fälle den Keim einer tragischen Entzweiung in sich. Denn die Erwachsenen müssen anders leben als das

[1]) Vgl. die „Einführung in die Charakterkunde" (L. 43, Kap. 21).

Kind; und so gut sich die Bedürfnisse und die Funktionen des Säuglings und der Mutter gegenseitig ergänzen, so unvermeidlich ist doch auch die Beanspruchung der Mutter durch andere Lebensmächte. Sie gehört nicht ausschließlich dem Säugling, wenigstens nicht auf die Dauer; sie darf nicht aufgehen in dem Urwir, das sie hier für kurze Zeit glückhaft erlebt. Das Kind aber kann und will nicht verzichten; seine Lebensordnung stimmt mit der Lebensordnung der Erwachsenen nicht überein.

Opfert sich die Mutter dem Kinde, erhält sie das Urwir aufrecht, solange es geht, so entsteht eine lebenswidrige Schein-Gemeinschaft, in der das Kind weder Reifung noch Abhärtung noch Selbständigkeit erlangen kann. Geht die Mutter dagegen ihren sonstigen Beschäftigungen nach, sorgt sie für den Haushalt, für den Mann und für die übrigen Kinder, so muß das Kind frühzeitig lernen, sich zu bescheiden, die Mutter zu entbehren und auf eigene Faust die Auseinandersetzung mit der Welt in Angriff zu nehmen. Tritt diese Belastungsprobe — wie es wohl ausnahmslos geschieht — zu früh oder zu kraß an das Kind heran, so entsteht ein lebenswidriger Bruch in den naturhaften Beziehungen, die wir als „Urwir" beschrieben haben. Dieser Wirbruch führt mit Notwendigkeit zur Angst und zur Psychosklerose[1]).

Man glaube aber nicht, daß ein einmaliges Ereignis, ein „Trauma", den Wirbruch verursache. Einzelne Fehler oder unglückliche Zufälle, wie sie in der frühkindlichen Erziehung unvermeidlich sind, wirken sich meist nur als Vorstufen oder auch als Teile des Wirbruchs aus; und in günstigen Fällen werden sie spurlos überwunden. Nur ganz selten scheint ein besonders schweres Trauma den Wirbruch tatsächlich herbeizuführen (weil es das Maß vollmacht), so etwa eine Mandeloperation, bei der die Mutter sich töricht benahm, eine Brandkatastrophe, die die Eltern aus der Fassung brachte, oder etwas Ähnliches.

Nicht das einmalige ungünstige Ereignis, sondern die lange dauernde ungünstige Situation zwingt das Kind zum inneren Verzicht auf die wirhafte Gemeinsamkeit. Besonders gefährlich scheint hier die ungleichmäßige und rasch wechselnde Stimmung des

---

[1]) Näheres siehe in „Charakter, Wachstum und Erziehung" (L. 44, Kap. 2—10) sowie in „Charakter, Einzelmensch und Gruppe" (L. 46, Kap. 2).

Erziehers zu wirken. Eine zu harte Erziehung belastet das Kind weniger als eine zu veränderliche. Das Kind befindet sich dann in einer ähnlichen Lage wie manche Naturvölker: die Umwelt erscheint eine Zeitlang heiter und gnädig, die Sonne scheint, und es gibt Kokosnüsse in Fülle. Aber plötzlich schlägt das Wetter um, Vulkane speien, und das Meer verschlingt die Insel. Alles geht unter in Elend und Not, ohne daß man verstehen konnte, warum und wie und wann die Katastrophe sich zusammenballte. Solche Menschen kommen ausnahmslos auf abergläubische Versuche, dieser schrecklichen Außenwelt doch noch Herr zu werden; sie ersetzen die scheinbar fehlenden Naturgesetze durch innere Gesetze, die eine neue Art von Sicherheit darstellen sollen: sowohl die Völker der Südsee wie die individuellen Zöglinge unserer nervösen Großstädte sind von einer furchtbaren psychosklerotischen Erkrankung bedroht, nämlich von der Zwangsneurose.

Nicht das einmalige Unglück, sondern eine lange Kette von zusammengehörigen Unzuträglichkeiten, Enttäuschungen oder Beängstigungen führt schließlich zur sklerotischen Erstarrung. Trotzdem bleibt im Gedächtnis des Kindes (und zwar meist im unbewußten) nicht die ganze Fülle der Ereignisse aufbewahrt, sondern in ein oder zwei besonders krassen und meist auch übertriebenen Erinnerungen zieht sich Sinn und Inhalt dieser ganzen Leidenszeit dramatisch zusammen. So erinnert sich jemand etwa daran, daß er einmal in eine dunkle Kammer eingesperrt wurde. Er weiß noch den Tatbestand, aber er weiß nicht, daß sein Mangel an Vertrauen, sein Mangel an Mut und sein Mangel an Produktivität mit diesem Tatbestand zusammenhängt. Und seine Psychosklerose ist auch nicht eine Folge dieser einen Katastrophe, sondern vielmehr das Ergebnis einer jahrelangen falschen Erziehung, die nur in dieser einen „traumatischen" Erinnerung ihren besonders krassen Ausdruck findet. Ein anderer erinnert sich gar nicht mehr an derartige Dinge, aber er lebt und handelt immer so, als ob er niemandem trauen könnte; und erst die psychologische Arbeit bringt eine „Ur-Szene" zu Tage, die sein Verhalten scheinbar erklärt: Man hatte ihm eine kleine Ziege zum Geburtstag geschenkt, die er aber schon am gleichen Tage wieder hergeben mußte. So ist es kein Wunder, daß er nicht mehr wagt, sich über irgendeine Freundlichkeit zu freuen. Sein inneres Gesetz heißt: „Je mehr man mir gibt, um so mehr nimmt man mir auch wieder fort; darum wäre es besser, man gäbe mir nichts." Aber auch hier bedeutet die Ur-Szene nur den symbolischen Ausdruck für die Gesamtheit der frühkindlichen Erlebnisse. Das innere Gesetz, das „Dressat", hat sich nicht in logischen Begriffen festgesetzt, sondern es ist gleichsam zu einem dramatischen Bilde geronnen. Und auch dieses Bild bleibt sehr oft unbewußt, aber gerade darum um so wirksamer.

Wer die menschliche Urangst zu früh und zu kraß erlebt hat, muß von nun ab starr und einseitig danach streben, die Wiederholung eines solchen Angsterlebnisses aufs allersorgfältigste zu vermeiden. Sein wichtigstes Interesse wird also künftig ein negatives sein. Sein Ziel heißt: „Vermeidung dieses einen großen Unglücks, dessen Wiederholung man nicht überleben könnte." Der Weltuntergang, die Hinrichtung, der völlige Verlust der Subjektität hat hier eine bestimmte individuelle Form angenommen, durch die dieser menschliche Charakter nun ein für allemal gekennzeichnet ist. Alle weitere Lebensentfaltung bleibt an die negative Grundbedingung geknüpft: „. . ., aber was du auch tust, du mußt die Untergangsschranke vermeiden!" Das ist das ceterum censeo des psychosklerotisch gewordenen Menschen.

Es gibt zwar noch mancherlei Dinge, die man tun oder lassen kann, ohne daß die Untergangsschranke berührt wird; so etwa die Auseinandersetzung mit der Technik oder das einsame Lesen von Büchern, falls die Untergangsschranke heißt: „Ich darf mich keinem Erwachsenen anvertrauen." Aber es besteht doch ständig die Gefahr, daß das Sicherungsbedürfnis von der Untergangsschranke her ausstrahlt und auf die bisher freigelassenen Gebiete übergreift. Dann kann das harmlose Lesen schließlich auch gefährlich werden; und die innere Verfassung erhält einen Zusatzparagraphen, der besagt, daß auch das Lesen unmöglich sei, da die Erwachsenen sonst erfahren, womit man sich innerlich befaßt[1]).

Noch wichtiger ist aber die scheinbar positive Interessenrichtung, die sich im Grunde doch als negativ, nämlich als eine Sicherung gegen die Untergangsschranke erweist. In der Literatur sind diese Vorgänge als Kompensationen mehrfach und gründlich beschrieben worden. Wenn die Untergangsschranke heißt: „Ich darf nichts

---

[1]) Alfred Adler beschreibt diese Erscheinungen als „vorgeschobene Sicherungen" (L. 2, S. 97 ff.).

fühlen!" so könnte die Kompensation etwa heißen: „Ich muß Mathematik treiben, denn Mathematik ist gefühllos." Wenn ein Kind auf der geistigen Seite die Konkurrenz mit den Geschwistern vermeiden muß, pflegt die Kompensation auf körperlichem Gebiete zu liegen. Man wird ein Raufbold, weil man Angst hat, sich als geistiger Mensch zu sehr zu blamieren[1]).

In allen diesen Fällen liegt kein ursprüngliches und lebendiges Streben vor, sondern nur ein indirektes oder uneigentliches Interesse, nämlich ein Verlangen nach Sicherung gegen die Angst, die von einer ganz anderen Seite her droht. Alle diese kompensatorischen Interessen und Zielsetzungen sind durch etwas Krampfhaftes, Übersteigertes und Unproduktives gekennzeichnet; die Psychosklerose macht sich bemerkbar. Da sie aber oft alle Tätigkeiten des Menschen und besonders auch seine Berufswahl entscheidend beeinflußt, kann die ganze Charakterentwicklung und ein sehr langes Leben auf diese Weise in falsche Bahnen und unechte Formen hineingepreßt werden.

Franz Schauer ist diesen Zusammenhängen mit besonderer Sorgfalt nachgegangen. Er definiert die Psychosklerose als die grundsätzliche Einstellung „gegen das Negative", während die Gesundheit durch die Einstellung „für das Positive" gekennzeichnet ist. Wer neurotischen Kompensationen nachjagt, ist im Grunde auch nicht für etwas Positives, sondern stets nur gegen etwas Negatives interessiert. Der Mangel an Produktivität und auch der häufige Mangel an Erfolg wird auf diese Weise verständlich[2]).

Das Leben duldet auf die Dauer keinerlei Starrheit. Alle Vermeidungen, alle negativen Ziele und auch die Kompensationen, die nur scheinbar positiven Inhalt haben, in Wirklichkeit aber doch nur der Vermeidung des Negativen dienen, sind ihrer Natur nach grundsätzlich starr. Das Leben dagegen bringt die immer neue, nie endende und stets sich ändernde Verbindung der Subjekte und Objekte mit sich. Es verlangt von allen Lebewesen ständig neue Zielsetzungen und auch die Anwendung stets neuer Mittel. Das Aufstellen der bewußten Ziele und das Verfolgen unbewußter Zwecke sowie das sinnvolle Zusammenspiel der Ziele und Zwecke

---

[1]) Vgl. A. Adler (L. 2, S. 24).

[2]) Adler sagt, der Nervöse wolle der erste sein; Schauer sagt, der Nervöse fürchte stets, der letzte zu werden (L. 36).

mit den vorhandenen oder mit den noch zu schaffenden Mitteln bezeichnen wir als Finalität. Und wir sehen in dieser Zielstrebigkeit wiederum einen wesentlichen Unterschied zwischen der toten Materie, die nur kausal durch Ursache und Wirkung bestimmt ist, und den Lebewesen, die final eingestellt sind.

Wäre aber das Finale, der herrschende Endzweck, der das Verhalten eines Lebewesens bestimmt, als starrer, festliegender Punkt innerhalb der konkreten Wirklichkeit zu denken (etwa die Erreichung einer bestimmten Körperform oder eines Lebensalters, die Ausführung einer bestimmten Tat oder das Erlangen eines Reifegrades), so würde dieses Endziel nichts anderes bedeuten als eine in die Zukunft verlegte Ursache. Wir befänden uns dann noch immer im Bereiche der kausalen Verknüpfung von Ursache und Wirkung; wir hätten nur außer den Ursachen, die gleichsam von rückwärts stoßen, auch noch Ursachen, die gleichsam von vorher ziehen. Die letzteren könnten causae finales heißen oder auch Motive, Entelechien oder platonische Ideen. Die Welt wäre noch immer determiniert, starr, mechanisch und in sich geschlossen. Es gäbe keine Unendlichkeit und auch keine Zeitlosigkeit, keine Ewigkeit. — Dies starre Weltbild entsteht immer und überall da, wo ein starrer Mensch die Wirklichkeit im Rahmen seiner tendenziösen Apperzeption zu verstehen sucht; es ist die philosophische Äußerung der Psychosklerose.

Ein Mensch dagegen, dessen Leben sich nicht erschöpft im Kampfe gegen das Negative, wird bereit sein, sich für das Positive einzusetzen über alle Grenzen und Ziele hinaus. Für ihn ist jeder Zweck nur ein Mittel im Dienste eines nächst höheren Zweckes. Die Finalität ist ihm nicht durch einen Endzweck abgeschlossen und versperrt, sondern sie reicht weiter bis ins Unendliche. Der Sinn dieser Finalität ist das Infinale; der Endzweck ist unendlich, und alles Streben in Vergangenheit, Gegenwart und Zukunft wird zum Ausdruck der ewig gegenwärtigen Sinnhaftigkeit alles Lebendigen.

Das Infinale ist nicht etwa gleichzusetzen mit dem „blinden Willen", wie ihn Schopenhauer versteht[1]. Es bedeutet die finale Seite der Subjektität schlechthin. Infinal eingestellt sein und Subjekt sein ist dasselbe. Wer in seiner Subjektität eingeschränkt ist, ist auch nicht mehr infinal, sondern nur noch final eingestellt; er ist nicht

---

[1] L. 43, Kap. 27.

zielstrebig schlechthin, sondern er strebt nach einem bestimmten
Endziel; und wenn dieses Endziel auch noch so positiv erscheinen
mag (etwa ein sorgenloses Leben für alle seine Kinder), so erweist
es sich doch schließlich immer nur als die Sicherung gegen etwas
Negatives (die Kinder sollen nicht verhungern). Und deshalb trägt
ein derartiges Streben stets die Zeichen der Starrheit, der Gespannt-
heit, der Abwehr und der Unproduktivität an sich; es handelt sich
nicht um rücksichtslosen, starken Dienst am Leben und nicht um
mutigen Einsatz von Gut und Blut; sondern es handelt sich um die
Angst vor dem Unglück. Auch hier ist die Psychosklerose der Ausdruck einer Entmutigung.

Aber nicht nur die angestrebten Ziele, die Werte, erstarren, sondern auch die Wertträger, denen die Ziele zugute kommen sollen.
Der ursprüngliche Mut setzt das ursprüngliche Wir voraus; und
innerhalb dieses Wir können die Personen wechseln. Wenn primi-
tive Menschen einen Grenzwall bauen unter Einsatz ihres eigenen
Lebens, so muß der Träger dieses Wertes ein Wir sein, etwa die
Markgenossenschaft, die bis in ferne Zeiten als bestehend gedacht
wird ohne Rücksicht auf die kommenden und gehenden Genera-
tionen. Erst die Einschränkung der Subjektität bringt alle Zielsetzungen zur Erstarrung, und darum wird auch der Träger des
noch angestrebten Wertes (oder richtiger von nun ab des zu ver-
meidenden Unwertes) als starr empfunden. Im Bereiche des individualistischen Kulturkreises heißt dieser starre Wertträger fast
ausnahmslos „Ich"; er kann aber unter gewissen Bedingungen auch
„Wir" heißen, nur ist er dann nicht weniger starr. So mag ein
Mensch für seine Kinder oder ein Ehegatte für den anderen mit
sorgen; er kommt dadurch über die lebenswidrige egozentrische
Einstellung noch nicht hinaus; sein Ego besteht nur aus mehreren
Köpfen – falls nicht das Glück seiner Nächsten überhaupt nur dazu
dienen soll, sein eigenstes, privates Glück zu erhöhen[1]).

---

[1]) Die subjektale Erstarrung, die Psychosklerose, als Grundbegriff der
Charakterpathologie geht um einen wichtigen Schritt hinaus über die
Grundbegriffe der Adlerschen Individualpsychologie, die sich unter den
Bezeichnungen „Gemeinschaftsgefühl" und „Persönlichkeitsgefühl" in
der weit oberflächlicheren Schicht des Psychologisch-Soziologischen bewegen (L. 3, S. III). Auch die Grundbegriffe der dialektischen Charakterkunde „Ichhaftigkeit" und „Wirhaftigkeit" (L. 43, Kap. 5) werden hier
scheinbar durch das Hinabgehen in eine tiefere Schicht untergraben. Doch

In diesem Sinne ist Psychosklerose praktisch für unseren Kulturkreis nahezu gleichbedeutend mit Ichhaftigkeit oder Egozentrizität. Der starre Wertträger heißt schließlich doch Ich; die Urangst gilt dem Erlöschen dieses Ich, und die angestrebten Sicherungen dienen der Ich-Bewahrung.

Dies Ich aber, wie es in der Psychosklerose erscheint, kann in Wahrheit gar nicht vorhanden sein. An Stelle des lebendigen Subjekts, das gewissermaßen den Mittelpunkt der menschlichen Person darstellt, tritt nun ein konstruierter Ich-Punkt, dem von vornherein ganz irrige Gefahren, Ansprüche und Notwendigkeiten angedichtet werden. So heißt es etwa: „Ich kann nicht in ein dunkles Zimmer gehen; ich muß vor dem Einschlafen ein Stück Schokolade haben; ich muß dieses und jenes, ich kann nicht dieses und jenes." Das Subjekt ist gebunden an seelische und körperliche Bedürfnisse, Notwendigkeiten und Grenzen. Aber es kann sich mit diesen Dingen produktiv auseinandersetzen; der lebendige Mensch kann hungern und frieren, kann geschlechtlich enthaltsam leben und kann das Gegenteil tun. Das starre Ich dagegen muß angeblich enthaltsam leben, oder es muß geschlechtlich befriedigt werden; es braucht Wärme oder es braucht Kälte; und wenn es nicht hat, was es braucht — dann geht die Welt unter.

Dieses psychosklerotische Ich wird zu einem Fetisch, der an Stelle des lebendigen Subjekts den Kampf mit dem Dasein aufnehmen soll. Es lebt aber nicht selbst, sondern bewegt sich wie eine

---

ist der Sachverhalt anders. Alles Leben bewegt sich in Polaritäten, die an sich gleichberechtigt und „jenseits von Gut und Böse" einander gegenüberstehen. Auch Einzelmensch und Gemeinschaft sind an sich gleichberechtigte Pole; nur durch geschichtlich-soziale Bedingungen werden sie „gut" oder „böse", richtiger gesagt, „zeitgemäß" oder „unzeitgemäß". Um 1500 war der lebendige neue Individualismus zeitgemäß, und der alte starre Kollektivismus war lebenswidrig. Heute ist eine neue Wirhaftigkeit zeitgemäß und die starre Ichhaftigkeit lebenswidrig. Die Inhalte des jeweils Guten können wechseln, aber seine Form ist immer die Lebendigkeit. Die Form des Lebenswidrigen ist immer die Starrheit, die auch den zeitgemäßesten Inhalt verdirbt. — Sklerose steht darum nicht mehr mit Lebendigkeit in einem polaren Spannungsverhältnis, sondern in einem unvereinbaren Gegensatz. Hier hört die Polarität als Grundform alles Lebendigen auf, denn hier beginnt der Tod. Es gibt keine Zeiten und keine Umstände, unter denen das Starre und Tote als lebensgemäß erscheinen könnte.

Marionette, gegängelt und gezogen von dem eingeschränkten und getarnten Subjekt, das sich hinter dem Fetisch verbirgt[1]). — So führt der Wirbruch nicht etwa ohne weiteres zur Entstehung des Einzelsubjekts und somit zur gesunden Ich-Findung, sondern er führt zunächst zu einer Verwundung, Minderung und Tarnung des zu früh geborenen Einzelsubjekts und gleichzeitig zur künstlichen Ich-Konstruktion und zur Entstehung dieser Charaktermaske, dieses Wechselbalges, den wir als Ich in uns erleben und den wir ständig mit uns selbst, nämlich mit unserer Subjektität, verwechseln.

Die Ansprüche, Bedürfnisse, Grenzen und Gefahren dieses Ich sind im System der Dressate starr und mechanisch festgelegt. Sie erscheinen nach außen als „Charakterzüge" und nach innen als die selbstverständlichen Bedingungen der eigenen Existenz; aber sie sind in Wahrheit weder das eine noch das andere; sie sind die Iris-Blenden, mit denen wir unser Leben angstvoll einengen und verkleinern, um es nicht in Wagnis und Schaffensfreude hell aufbrennen und im Leiden und Lernen sich ändern und reifen zu lassen. Um nicht aktives und passives Subjekt zugleich sein zu müssen, werden wir zum starren, unlebendigen Ich.

Je mehr die Psychosklerose um sich greift, um so mehr wird das lebendige Subjekt durch das mechanisch wirkende Ich ersetzt. Das

---

[1]) Karl Heim führt die Verdinglichung des Subjektbegriffs im Ich, die er als „Ich-Mythus" bezeichnet, auf die falsche Denkform des Individualismus zurück. (L. 15, S. 109 ff). Er sieht den Grund des Irrtums in einer allgemeinen Kultur-Krankheit; wir sprechen hier von der Entmutigung zahlloser Einzelmenschen; doch schließen sich diese beiden Erklärungen nicht aus; sie ergänzen sich vielmehr und bedingen sich wechselseitig. Vgl. auch Heims Feuerbach-Zitat (L. 15, S. 225). C. G. Jung kennt die Ersetzung des Subjektes durch den Ich-Fetisch ebenfalls. Er beschreibt sie als die Entstehung der „Persona" (L. 21a), betont aber als ihren Grund ausschließlich die ichhafte Rücksicht auf die sozialen Verhältnisse. Wir meinen, daß auch eine innere Angst, ganz abgesehen von sozialen Beziehungen, die Bildung der Ich-Maske und die Entstellung der Wirklichkeit (des Weltbildes) durch die dazugehörigen „tendenziösen Ichkonstruktionen" veranlassen kann. Das eigentliche Subjekt heißt bei Jung das Selbst und wird dort, wie uns scheint, theoretisch zu wenig betont. Freuds Unterscheidung von Ich, Über-Ich und Es ist anderer Art; sie zeigt keinerlei Parallele zu unserer Trennung von Subjekt und Ich-Maske (L. 12, Bd. VI, S. 355).

Subjekt ist kein Ding, sondern eine eigenartige Fähigkeit, Beziehungen zu haben, nämlich dem Objekt gegenüberzustehen. Das Ich dagegen ist ein Ding, oder richtiger, ein Schein-Ding, aber es erhebt den Anspruch, ein Ding zu sein. Es läßt sich zum Gegenstand machen, es läßt sich betrachten, beeinflussen und verändern; es steht nicht den Objekten als etwas grundsätzlich anderes gegenüber, sondern es möchte Objekt spielen, es tritt ein in die Welt der vorhandenen Dinge und wird fast ein Gegenstand wie die anderen auch.

Sobald jemand sagt: „Ich sehe mich", macht er sich selbst zum Objekt; und wenn das grammatische Subjekt dieses Satzes „ich" auch noch das charakterologische Subjekt ist, von dem wir hier reden, so bedeutet doch das grammatische Objekt „mich" ganz sicher schon das charakterologische Objekt, das wir als erstarrtes „Ich" beschrieben haben. Man sollte also die Kunst lernen, bei der Selbstbeurteilung immer zu wissen, daß der Beurteilende schon wieder ein anderer ist als der Beurteilte. Das lebendige Subjekt ist immer Gegenwart; die Vergangenheit ist immer Objekt; ein Subjekt in der Vergangenheit ist schon ein Widerspruch in sich [1]). Darum verfällt man bei der Betrachtung vergangener Taten so leicht in den Fehler, die Subjekte in „Ich-Dinge" umzudeuten. Nur der echte Dichter und vielleicht auch der Historiker ganz großen Stils entgeht dieser Gefahr. Shakespeares Hamlet ist unsterblich wie Shakespeare selber. Er wird uns als Subjekt geradezu aufgezwungen, und darum wirkt er als ewige Gegenwart und nicht als Vergangenheit.

So wird nicht nur das eigene Ich in Gegenwart und Vergangenheit, sondern auch das Ich des anderen verdinglicht, zum Objekt gemacht und an Stelle des lebendigen, aber unfaßbaren Subjekts in die Rechnung der Wirklichkeit eingestellt. Je krasser der Wirbruch erfolgt ist, um so mehr verlieren beide Teile des Wir gleichmäßig ihren Subjektcharakter. Das Wir zerfällt in Ich und Ihr. Das Ich verhält sich in hohem Maße wie ein Automat und wird dementsprechend als Ding aufgefaßt; das „Ihr" (die Gruppe der anderen) verhält sich meist auch in hohem Maße automatisch, aber sie wird ohne Rücksicht auf ihr tatsächliches Verhalten vom Ich aus völlig dinghaft angesehen. „Ihr" bezeichnet dann stets eine

[1]) Vgl. Karl Heim (L. 15, S. 109).

Reihe von Nur-Objekten. Jeder psychosklerotische Mensch rechnet damit, daß die anderen Menschen feste, in sich abgeschlossene Größen sind. Sie können sich zwar ändern, aber nur wie tote Dinge oder Puppen sich ändern; an eine Reifung oder eine innere Entwicklung glaubt man weder bei den anderen noch bei sich selbst.

Die Beziehung zwischen Ich und Ihr, die nun noch übrigbleibt, entspricht der starren Finalität, die das Ich beherrscht. Es ist die eindeutige Beziehung von Mittel und Zweck, wobei der Endzweck stets negativ ist und auf Ichbewahrung hinausläuft. Das Ich benutzt die anderen im Dienste seiner Absichten oder Bedürfnisse, um nicht seinerseits von den anderen in der gleichen Weise mißbraucht zu werden. Je starrer die Psychosklerose ist, um so ausschließlicher herrscht zwischen den betreffenden Menschen dieses Verfahren der Ausbeutung; je größere Reste von lebendiger Subjektität noch vorhanden sind, um so mehr Wirhaftigkeit, Sachlichkeit, Mitmenschlichkeit, Gemeinsamkeit und Liebe bleibt noch erhalten.

Ob das Ich die anderen ausnutzt, oder ob die anderen das Ich unterwerfen, hängt von den Größenverhältnissen ab. Macht das entmutigte Kind die Erfahrung, daß es seinen Willen trotz allem noch durchsetzen kann, so entsteht ein aktiver Typus von Ichhaftigkeit. Macht es dagegen die Erfahrung, daß es nur weiterleben kann, wenn es sich fügt, so entsteht ein passiver Typus. Aber auch im letzteren Falle hat das Ich nicht etwa auf seine Interessen verzichtet, es sucht sie auf Umwegen durch unbewußte List und Verführung doch noch durchzusetzen. Schmeichelei und Wehleidigkeit, aber auch Resignation und dumpfer Trotz kommen auf diese Weise zustande. Die Mittel jedoch, mit denen das Ich um seine Sicherung kämpfen lernt, sind verschieden je nach den Angriffsflächen, die die Umgebung ihm bietet. Darum läßt sich ein verweichlichter und ein verhärteter Typus von Ichhaftigkeit unterscheiden, so daß vier Möglichkeiten für die starre Beziehung zwischen Ich und Wir gegeben sind. Alle charakterlichen Schwierigkeiten, die auf dem Gebiete der sozialen Einordnung hervortreten, lassen sich als Sonderfälle oder Mischungen dieser vier Typen verstehen[1]).

---

[1]) Genauere Beschreibungen der vier Typen finden sich in der „Einführung in die Charakterkunde" (L. 43, Kap. 8) sowie in „Charakter, Wachstum und Erziehung" (L. 44, Kap. 9 u. 10).

Schema der psychosklerotischen Störungen in der Ich-Wir-Beziehung.

	Verweichlicht	Verhärtet
Aktiv	Star: Anspruchsvoll, will bewundert werden. Dressate: 1. Mein Wille muß geschehen. — 2. Die anderen müssen mich bedienen, denn ich bin so vornehm.	Cäsar: Herrisch, will gefürchtet werden. Dressate: 1. Ich muß mir selber helfen. — 2. Die anderen sind meine Werkzeuge; ich bediene mich ihrer.
Passiv	Heimchen: Wehleidig, will beschützt werden. Dressate: 1. Mein Wille muß geschehen. — 2. Die anderen müssen mich beschützen, denn ich bin so schwach.	Tölpel: Stumpf, will in Ruhe gelassen werden. Dressate: 1. Ich muß mir selber helfen. — 2. Ich kann nichts erreichen, und die anderen helfen mir nicht.

Zusammenfassend läßt sich sagen:

Im Wirbruch zerreißt das bisherige große Wir-Subjekt in zwei Bestandteile, in das Ihr, das nun wie ein Ding, ein Objekt oder ein Es behandelt wird, und in das kleine individuelle Subjekt des alleingelassenen Menschen, das zunächst namenlos bleibt. Aber noch ehe es einen Namen erhält, oder richtiger, damit es einen Namen erhalten könne, teilt es sich wiederum einerseits in ein Schein-Subjekt, das nun Ich heißt und das die Beziehungen des wirklichen Subjekts mit Außenwelt und Innenwelt auffängt und verfälscht, und andererseits in das eigentliche und lebendige kleine Subjekt dieses vereinsamten und verirrten Menschen, das noch immer nicht mit Namen genannt werden kann und das trotzdem der Träger des Schicksals wird; — denn das wirkliche Subjekt ist unnennbar und unbegreifbar (darin ähnelt es Gott, von dem es sonst so verschieden ist wie das Geschöpf von seinem Schöpfer).

14. Störungen der Es-Beziehung

Die bisher besprochenen Störungen entstehen innerhalb des ursprünglichen Subjektes, das wir als Urwir bezeichnet haben. Sie können sich zu Sozialneurosen entwickeln. Wo sie ausbleiben oder nur einen sehr geringen Grad zeigen — also im sogenannten „normalen" Fall, der aber äußerst selten ist — kommt die Wir-Beziehung dem Kinde gar nicht zum Bewußtsein. Daß die Mutter da ist und daß sie hilft, wo es nötig wird, versteht sich von selbst. Auch der Vater und die Geschwister werden als Bestandteile des Wir hingenommen, und es erwächst noch keinerlei Problem daraus, daß sie gleichzeitig auch Dinge der Außenwelt sind wie Hund una Baum und Tisch und Stuhl. Auch die eigenen Hände und Füße kann das Kind gelegentlich wie fremde Dinge ansehen, um doch im nächsten Augenblick zu erfahren, daß diese Dinge dem Subjekt ganz anders zur Verfügung stehen als das Spielzeug, das man mit ihnen berührt. Ob Vater, Bruder, Hund und Katze mehr den Dingen ähneln, die man als Werkzeug benutzt, oder mehr den Gliedern des Wir-Subjektes, zu denen die Hände und Füße gehören, das macht dem Kinde noch kein Kopfzerbrechen. Seine Sorgen sind anderer Art.

Jedes Subjekt muß die Welt erobern. Das Kind ist lebendiger Teil im Wir-Subjekt und übernimmt vom ersten Tage an seinen Anteil an der gemeinsamen Aufgabe: Es beginnt die Welt zu erobern. Die Beziehung, um die es sich hier handelt, heißt: ,,Wir — — Es". Subjekt ist das Urwir, Objekt ist die Gesamtheit der greifbaren und sichtbaren Welt. So steht das vierzehn Monate alte Kind am Bücherregal und zieht mit großem Eifer ein Buch nach dem anderen heraus. Das ist ganz in der Ordnung; es setzt sich tapfer mit den schweren Objekten auseinander; und es ahnt nicht, daß die Ordnung der Erwachsenen ein solches Heldentum verbietet. Ein Buch fällt dem Kind auf die Füße. Es möchte schreien, schaut sich hilfesuchend nach der Mutter um, aber wenn in deren Gesicht und Haltung Ruhe, Mut und sachliche Arbeit zu lesen steht, fühlt das Kind, daß das Wir-Subjekt nicht gefährdet ist; es vergißt den Schmerz und setzt mit neuer Freude seine Arbeit fort. Wenn ein sehr schweres Buch dem Kinde auf den Kopf zu fallen drohte, würde die Mutter sofort eingreifen. Auch das fühlt das Kind. Die Treue im Wir, die Einheitlichkeit des großen Subjektes ist noch nicht in Frage gestellt.

Würde die Mutter auf ungeschickte Weise das Kind verhindern, sich mit den Büchern auseinanderzusetzen, so könnte es zum Wirbruch kommen; und die charakterliche Lage wäre von Grund aus verändert. Solange aber das Urwir besteht, ist die Auseinandersetzung mit dem Es, mit der Welt der Objekte, verhältnismäßig leicht und sinnvoll und für das Kind in höchstem Maße erfreulich.

Es wächst und gedeiht zusehends, es wird nicht nur geschickter, sondern auch klüger; die äußere Dialektik regt die innere an; und bald entspringen aus der inneren in vorgreifenden Wünschen neue Aufgaben und Ziele für die äußere. — Das wäre die gesunde Entwicklung; und sie brauchte nicht gestört zu werden; nur sollte man versuchen, die Bücher durch Bauklötze zu ersetzen. Man liefere dem Kinde eine Welt; ob sie aus Eisen, Papier oder Holz besteht, ist gleichgültig, nur eine kindgemäße Welt muß es sein.

Je besser die Entwicklung innerhalb des Urwir gelingt, um so tragfähiger wird das mehrköpfige Subjekt. Man kann bei Krankheiten und Operationen erleben, daß kleine Kinder außerordentlich „gute Nerven" haben, wenn nur die Mutter „gute Nerven" hat, aber daß sie sofort versagen, wenn die Mutter versagt.

Je krasser das Urwir zerbricht, um so gründlicher wird das Kind von den lebendigen Quellen des großen Subjekts abgeschnürt. Vorher glich es einem vorgeschobenen Heeresteil, der in breiter Verbindung mit der Hauptarmee kämpft; nun gleicht es einer Expedition, die kaum noch Fühlung mit der Heimat hat. Allein, auf die eigenen schwachen Kräfte angewiesen, steht es der unbekannten Wirklichkeit gegenüber. Jetzt handelt es sich vielleicht wieder um ein vierzehn Monate altes Kind, das die Bücher aus dem Regal zu ziehen sucht. Aber es weiß schon, daß die Mutter von dieser Arbeit nichts wissen darf; es muß heimlich und auf eigene Faust das schwere Wagnis unternehmen. Wenn die Mutter etwas merkt, gibt es Schelte und vielleicht gar einen Schlag auf die Finger; aber es hilft nichts, die Welt steht da und muß erobert werden. Man ist zwar schon teilweise abgeschnürt vom ursprünglichen Wir, aber das große Subjekt wirkt noch immer so stark, daß man kein Objekt sehen kann, ohne sich ihm als Subjekt gegenüberzustellen.

Wenn jetzt ein Buch herausfällt und dem Kinde wehtut, ist ein furchtbares Unglück geschehen. Die Mutter wird nicht helfen, sondern strafen; man selber kann sich nicht helfen; man leidet Schmerz, man ist passives Subjekt; die Außenwelt ist ein Feind, der sich nicht mehr bewältigen läßt. — Da kommt die Mutter und sagt, wie zu erwarten war: „Siehst du, wie es dir geht, wenn du verbotene Dinge anfaßt? Nun wirst du lernen, deiner Mutter zu gehorchen!" Das Buch und die Mutter, die Dinge und die Erwachsenen, sie alle stehen dem kindlichen Subjekt gegenüber wie unbezwingliche und unverständliche

Gegner. Man ist noch immer Subjekt, man will und muß und wird die Objekte bezwingen (das ist die These). Aber die Objekte sagen: „Nein, du sollst das nicht tun, wir vernichten dich, du darfst nicht Subjekt bleiben" (das ist die Antithese). – Was wird das Kind tun? Wie wird es Stellung nehmen? Kann es Subjekt bleiben und eine synthetische Antwort finden? Oder muß es seine Subjektität einschränken, indem es katathetisch zurückweicht? – Je größere Reste vom Urwir noch übrig sind, um so günstiger wird der Verlauf. Je mehr Wohlwollen und Ermunterung in der Stimme oder in den Augen der Mutter zu finden ist, um so weniger tragisch wird das Kind die Sache nehmen. Je gründlicher aber die Mutter „verstimmt" ist, je schriller die Dissonanz das Wir zerreißt, um so stärker wird das Kind zurückgeworfen und um so starrer wird die Katathese ausfallen.

Aber jetzt handelt es sich nicht mehr um den Bruch im Subjekt; jetzt ist die Beziehung zu den Objekten in Gefahr. Wenn ein Dressat entstehen würde, das etwa hieße: „Ich fasse keine Bücher mehr an!", so wäre es noch nicht das schlimmste (obgleich auf solche Weise schlimme Interesselosigkeit oder gar angebliche Unbegabtheit zustande kommen kann). Wenn aber das Dressat heißt: „Ich fasse überhaupt nichts mehr an!" oder auch nur: „Ich gehe nie mehr ohne besondere Erlaubnis über meinen bisherigen Erfahrungskreis hinaus!", so wäre damit der Mut des Kindes gebrochen und sein Schicksal besiegelt. Der Rückzug aus der Welt der Gegenstände hätte grundsätzlich begonnen. Und wenn die Haltung der Mutter noch einige Monate oder gar Jahre in der gleichen Richtung auf den kindlichen Charakter einwirkt, so muß unweigerlich eine schwere Störung der Ich-Es-Beziehung daraus hervorgehen[1]).

Es gibt Fälle, in denen nur die Wir-Beziehung gestört ist, während die Beziehung zu den Objekten gesund bleibt. Dann wird die letztere meist als Kompensation benutzt; sie wird besonders reich und sorgfältig entfaltet und als Sicherung gegen die vom Wir her drohende Einschränkung der Subjektität ausgenutzt. Man kann dann geradezu von einer „Flucht ins Es" sprechen, die immer eine

---

[1]) Das Wesen dieser Störung entspricht ziemlich genau den Tabu-Erlebnissen der primitiven Völker, nur heißt das betroffene Subjekt dort „Wir" und bei uns „Ich". Vgl. Levy-Brühl (L. 28, S. 242) und S. Freud (L. 12, Bd. X, S. 26 ff.).

„Flucht vor dem Wir" bedeutet. So mag etwa ein Techniker, ein Gelehrter oder ein Geschäftsmann seine unpersönliche Arbeit lieben und erfolgreich ausbauen, während er mit Angehörigen, Freunden und Berufsgenossen durchaus nicht zurechtkommt. – In anderen Fällen führt die Störung der Wir-Beziehung auch eine Störung der Es-Beziehung herbei (wie es soeben beschrieben worden ist). Dann mißlingt die Kompensation schon in ihren Anfängen; das Kind zieht sich nicht nur von den Menschen, sondern auch von den Dingen zurück, und die Psychosklerose nimmt einen weit höheren Grad an. – In einer dritten, aber kleineren Gruppe von Fällen läßt sich eine Störung der Es-Beziehung beobachten, ohne daß gleichzeitig oder vorher ein Wirbruch erfolgt. Dann handelt es sich jedoch immer um Funktionsstörungen im Sinne einer angeborenen oder erworbenen Krankheit. Organminderwertigkeiten aller Art, Drüsenstörungen, erbliche Nervenleiden, Epilepsie, epileptoide oder thyreotische Konstitutionen und auch echter Schwachsinn gehören hierher, aber auch die Folgen der Hirngrippe, der Kinderlähmung und manche fast unsichtbare Nachwirkungen von Scharlach und Diphtherie. Indessen erstarrt der Rückzug vor den Objekten bei solchen Kindern meist nicht völlig zu echten Dressaten, falls nicht doch noch ein Wirbruch eintritt (was freilich praktisch oft nicht zu vermeiden ist). So entsteht in einem Falle von leichtem Schwachsinn zunächst keine Psychosklerose, wenn die Erziehung vernünftig geleitet wird. Der Horizont des Kindes bleibt zwar sehr eng, aber nicht starr; das Kind ist noch „unneurotisch". Sobald jedoch im Zusammenleben mit gesunden Kindern ein starkes Minderwertigkeitsgefühl einsetzt, wird der Wirbruch unvermeidlich. Der Horizont erstarrt und engt sich womöglich noch ein; und nun erst schießen die Sicherungen des bedrohten Ich ins Kraut; nun erst entwickelt sich die Neigung zum Stören und zum Zerstören, zum Beißen, zum Schreien und zum Schlagen.

Wir haben hier zunächst mit der mittleren der drei genannten Gruppen zu tun: mit der Es-Störung, die sich als Folge an den Wirbruch anschließt. Und wir müssen fragen, wie die charakterliche Struktur dieses praktisch durchaus begreiflichen Vorgangs theoretisch zu verstehen ist. Wir kehren darum noch einmal zu dem Kinde zurück, das die Bücher aus dem Regal zieht. Der Wirbruch ist, wie wir annehmen wollen, schon vorher erfolgt. Das Kind steht schon unter der Herrschaft des Dressates: „Ich darf nichts tun, was die Mutter erzürnt, sonst . . ." Die Sanktion, die sich hier in dem „Sonst" ausdrückt, bedeutet eigentlich den offenen Konflikt zwischen Mutter und Kind. Sie hat aber für das Kind schon formelhaft etwa den Gefühlswert erhalten: „Sonst geht die Welt unter", oder: „Sonst ist alles aus." Diesem Dressat entgegen wirkt die lebendige Subjektität, die das Kind veranlaßt, sich mit allen Objekten auseinanderzusetzen, deren es habhaft werden kann. Zunächst folgt das Kind diesem lebendigen Imperativ, es benimmt sich als menschliches Wesen. Von der Mutter aus gesehen heißt das freilich schon: „Das Kind ist ungezogen"; aber ein Fernstehender sieht leicht die synthetische Lösung des Konfliktes: „Das ist ein echtes Kind, das seine Kräfte anwenden muß. Man gebe ihm etwas zu tun, man schaffe ihm geeignete Objekte, und alles wird in Ordnung sein — falls nicht schon der ichhafte Kampf zwischen Mutter und Kind wichtiger geworden ist als die sachliche Liebe zu den Dingen."

Aber dieser pädagogische Ausweg bleibt zunächst verschlossen. Es geschieht ein Unglück; das Buch fällt dem Kinde auf die Füße, und die Gefahr zwischen Ich und Es wächst gleichzeitig ins Riesenhafte durch die Gefahr, welche dem Ich vom Wir her, nämlich von der Mutter her, droht. Die Untergangsschranke ist überschritten; aus der negativen Erfahrung wird ein negatives Erlebnis; die Urangst steigt, und zur Sicherung des gefährdeten Ich wird die Errichtung neuer starrer Schranken nötig. Das System der Dressate muß sich durch einen Zusatz erweitern. Das neue Dressat kann heißen: „Ich darf nie Bücher aus dem Regal ziehen, sonst . . .", oder krasser: „Ich darf nie andere Dinge anfassen außer meinem Spielzeug, sonst . . .", oder gar: „Ich muß bei allem und jedem meine Mutter um Erlaubnis fragen, sonst . . ."

In allen diesen Fällen hat das Kind, wie man sagt, „einen Denkzettel erhalten". Der Erziehungsakt ist scheinbar gelungen, das Kind ist artiger geworden; aber in Wirklichkeit handelt es sich um einen traurigen Mißerfolg. Die Lebendigkeit, die Produktivität, der Mut und die Verantwortungsfreude des Kindes sind wieder um ein wichtiges Stück geringer geworden; ein Stück lebendigen Menschentums hat sich in Angst und Kadavergehorsam verwandelt. Die ichhafte Blindheit der Erzieher bringt es mit sich, daß dieses Unglück zunächst als Erfolg empfunden wird. Ist das Unglück aber etwas kleiner, so ist auch der scheinbare Erfolg geringer, und dann erkennt der Erzieher, daß er im Grunde eine Niederlage erlebt hat. Dann heißt das neue Dressat etwas anders, nämlich etwa: „Verbotenes darf ich nur tun, wenn die Mutter es nicht entdeckt, sonst . . .", oder: „Sobald die Mutter weg ist, muß ich das Verbotene tun, sonst . . .", oder gar: „Ich muß nun immer so handeln, daß die Mutter sich über mich ärgert, ich muß immer das Gegenteil von dem tun, was sie mir befiehlt, sonst . . .". Und die Drohung heißt auch hier: „Sonst ist es aus mit meinem Menschentum."

In beiden Fällen handelt es sich um eine Einschränkung der Subjektität und um das Platzgreifen von zwangsläufigen, automatischen Charakterzügen. Das gefügige Kind ist noch entmutigter, es besitzt noch weniger lebendige Subjektität als das trotzige Kind. Darum ist vielen Erziehern mit Recht der „wilde Junge" weit lieber als der „Musterschüler". Aber beide sind psychosklerotisch erstarrt; bei beiden hat die Störung der Wir-Beziehung auch störend auf die Es-Beziehung hinübergegriffen. Der eine beschäftigt sich mit den Dingen nur noch, soweit es die Erwachsenen erlauben und damit die Erwachsenen sich freuen; der andere beschäftigt sich mit ihnen gerade umgekehrt, besonders dann, wenn die Erwachsenen es nicht haben wollen, und damit sie sich ärgern. Keiner von ihnen aber liebt die Dinge um der Dinge selber willen. Die Auseinandersetzung mit Natur und Welt ist verbogen und vergiftet; sie hat etwas Indirektes und Unechtes bekommen; die Lebendigkeit und Ursprünglichkeit ist durch unbewußte, aber zwangsläufige Diplomatie ersetzt worden, und von echter Schaffenskraft kann keine Rede mehr sein.

In Hinsicht auf die möglichen Objekte kann die Es-Störung sehr verschiedene Formen annehmen. Das eine Mal sind die technischen Dinge tabu geworden, das andere Mal sind gerade sie unberührt geblieben, und die geistigen Objekte, die Schulfächer oder die Märchenbücher, fallen unter das Verbot. Der eine wird durch sein Dressat im Sport behindert und der andere im Phantasiespiel. Daß auch hier die lebendig gebliebenen Teile zur Kompensation für die entstandenen Lücken ausgenutzt werden, versteht sich von selbst; und es ist auch erklärlich, daß ein Mißerfolg auf dem kompensatorisch überbetonten Gebiet das innere Gleichgewicht des Menschen weit stärker gefährdet als ein Mißerfolg auf Gebieten, die ihm ohnehin nicht mehr wichtig sind. Wer etwa nur noch das Singen als Entfaltungsmöglichkeit übrigbehält, muß hier über seine Erfolge eifersüchtig wachen, während ihm auf allen anderen Gebieten die Niederlagen geradezu Spaß machen. Wenn er aber seine Stimme verlöre, würde er zusammenbrechen.

In Hinsicht auf das Subjekt lassen sich drei Grade der Es-Störung unterscheiden. Bleibt die Störung gering, so finden wir stets ein heftiges Sichanklammern, gleichsam als ob die gefährdete Beziehung zu diesem besonderen Objekt unter allen Umständen aufrechterhalten werden sollte. In dieser Lage versteift sich der Mensch eigensinnig und fast blind darauf, diese eine Sache um jeden Preis doch noch in Ordnung zu bringen. Alle übrigen Objekte verlieren an Wichtigkeit; und dies eine, das hartnäckig festgehalten wird, nimmt an Bedeutung ständig zu. Damit aber wächst auch die Abhängigkeit des Menschen vom günstigen oder ungünstigen Verlauf seines Unternehmens. Er büßt selber seine Subjektität ein in demselben Maße, wie er die Objekte verliert; und er verbeißt sich in das ihm noch bleibende Objekt um so krampfhafter, je mehr ihm die anderen entschwinden. Wir sprechen in solchen Fällen von Fanatismus, Faszination, Suggestion und schließlich im äußersten Falle von Hypnose.

Die Einengung des Gesichtskreises und des Aktionsradius entspricht dem gleichzeitigen Verlust der Objekte und der Subjektität. Subjekt sein bedeutet Stellung nehmen und deshalb auch Gegenübertreten; aber von einem Gegenüberstehen kann nur die Rede sein, wenn mehrere Objekte da sind, zwischen denen das Subjekt gleichsam hin und her gehen kann. Diese Möglichkeit des Abstandes verschwindet jedoch immer mehr, wenn ein einziges Gegenüber den ganzen Gesichtskreis erfüllt. Die Verringerung des subjektalen Abstandes führt dann bald zu einem eindeutigen Verhaftetsein, zu einer gelenklosen, unfreien Verbundenheit zwischen Subjekt und Objekt. Der Mensch klebt schließlich fest an seinem einzigen noch bleibenden Gegenstand und ist auf Gedeih und Verderb von dessen Bewegungen abhängig. Man kann nun sagen: „Die Sache nimmt den Menschen mit", und zwar im eigentlichen Sinne des Wortes. „Der schwarze Tag an der Börse hat den Bankier arg mitgenommen" bedeutet, daß dieser Bankier keine anderen Objekte hatte, daß er keiner anderen Welt gegenüberstand als nur seinen Aktien; und daraus folgte, daß er ihnen schon nicht mehr gegenüberstand, sondern mit ihnen verwachsen war oder an ihnen klebte. Alle Schwankungen der Aktien draußen auf dem Markt waren auch Schwankungen zwischen Gefahr und Sicherheit, zwischen Verzweiflung und Triumph drinnen im Subjekt des Bankiers. Es ist kein Wunder, daß er nachher „mitgenommen" aussieht.

Wird das Unglück größer, so tritt an Stelle der Verwachsung das Herumirren. Der Bankier verzichtet innerlich auf seine Aktien; auf die übrigen Objekte hat er schon viele Jahre vorher verzichtet; er steht mit keinem Teil der Welt mehr in besonderer Beziehung; und so irrt er ziellos, aufgeregt oder müde herum. Er betrachtet Schaufenster, liest Inserate, besieht die Tiere im Zoo und spricht interesselos mit seinen Freunden oder auch mit Prostituierten. Es ist ihm alles einerlei. Die Objekte haben ihren Wert verloren, und darum ist auch seine Subjektität fast bis zur Unwirklichkeit verblaßt[1]). Er sieht die Menschen und die Dinge nur noch wie durch einen Schleier; er wundert sich über seine Gleichgültigkeit; er kann sogar lachen über irgendwelche Witze oder über sein eigenes Benehmen.

Ein solcher Zustand tritt um so leichter ein, je gründlicher und früher die Ich-Es-Beziehung schon in der Kindheit gestört worden ist. Der eben beschriebene Bankier hatte wie der vorher erwähnte Sänger nur eine einzige Es-Beziehung übrigbehalten und kompensatorisch ausgebaut. Aber es gibt auch Menschen, die gleichmäßig nach allen Seiten hin der Welt interesselos gegenüberstehen. Sie unternehmen nichts aus eigenem Antrieb, bedauern nichts und wünschen nichts; in ihren Wir-Beziehungen sind sie meist Tölpel. Je älter und konsequenter diese Distanz zum Objekt und die dazugehörige Mattigkeit und Einschränkung der Subjektität durchgeführt wird, um so starrer pflegen die dazugehörigen Dressate zu sein. Sie heißen etwa: „Laß dich auf nichts ein, die Welt geht dich nichts an; wünsche nichts, dann schlägt dir nichts fehl."

Wenn aber die gleiche lebenswidrige Distanz zwischen Subjekt und Objekt durch eine plötzliche übergroße Gefahr entsteht, tritt nur bei bestimmten Menschen, nämlich bei den anlagemäßig Introvertierten, dieser stille und unheimliche Rückzug ein. Bei den

---

[1]) Man vergleiche Kretschmers vorbildliche Schilderung der „Schreckpsychose" und die dort angeführten Zitate (L. 25, S. 6 ff.).

anlagemäßig Extravertierten dagegen kommt es zu einem hastigen Hin- und Herlaufen, zu einem wilden und verzweifelten Jagen von einem Objekt zum anderen. Ein solcher Mensch fragt einen Freund: „Um Gottes willen, was soll ich tun?!" Aber noch ehe der Freund antworten kann, läuft er schon zum nächsten, von da zum Fenster und dann zur Tür, dann ans Telefon und dann auf die Straße. Hierher gehört auch das törichte Verhalten mancher Menschen in einer Feuersbrunst, das Retten wertloser Gegenstände und das zwecklose Schreien.

Beide Arten des allgemeinen Objektverlustes ließen sich im Kriege genau beobachten und unterscheiden. Der Introvertierte sah das Schlachtfeld schließlich nur noch „wie von weitem", oder „wie auf einer Ansichtspostkarte". Ihm war alles „wie verschleiert, oder wie in einem Traum"; er hatte sich in seine Innenwelt zurückgezogen. (Auch der bräunliche Schimmer, in den nach Goethes Beobachtung auf dem Schlachtfeld von Valmy alles getaucht war, gehört wahrscheinlich hierher.) Der Extravertierte aber, dem der Rückzug in sein Inneres mehr oder weniger versperrt ist, gerät in das hastige und sinnlose Springen von einem Gegenstand zum anderen. Er irrt schließlich wie im Schlaf durch die zerschossenen Gräben oder schreit, zehn Meter vom Feind entfernt, und betet laut und wirr oder ruft nach seinen Eltern.

Wird das Unglück noch größer, so zieht sich das Subjekt von den Objekten vollständig zurück. Damit aber hört es gleichzeitig auch auf, Subjekt zu sein. Die Ohnmacht, der Schlaf und manche Formen von Bewußtlosigkeit können als Beispiel dienen; aber auch Dämmerzustände, wie sie in der Hysterie vorkommen, das Gansersche Syndrom, der Verzicht auf die Wirklichkeit in der schweren Melancholie und manche Zustände bei Schizophrenen gehören hierher. Doch davon soll später die Rede sein.

Hier zeigt sich deutlich, daß die dialektische Charakterpathologie nicht nur die Krankheiten des Seelenlebens, sondern auch die gelegentlichen Schwankungen und Schwierigkeiten im Seelenleben der sogenannten Gesunden umfaßt. Jeder Mensch ist mehr oder weniger psychosklerotisch; und auch wo Introversion und Extraversion in günstiger Mischung auftreten, kann trotzdem die subjektale Lebendigkeit durch allerlei Dressate stark herabgesetzt sein. Wenn ein solcher Mensch von äußeren oder inneren Belastungsproben betroffen wird, wie Reifezeit, Examina, Liebesunglück, Berufswechsel, Krankheit oder Todesgefahr, so hindert ihn die Psychosklerose an der produktiven Überwindung und Verarbeitung der Schwierigkeiten. Es tritt das ein, was wir einen „Nervenzusammenbruch" nennen mit Schlaflosigkeit, Depressionen, Weinkrämpfen, Angstzuständen und all den pathologischen Erscheinungen, von denen im folgenden die Rede sein soll. – Die „Heilung" vollzieht sich dann freilich recht oft, ohne daß ein eigentlicher Reifungsprozeß zustande gekommen wäre. Aber gerade hier ist es Sache der Charaktertherapie, dafür zu sorgen, daß solche Krisen nicht zu einer Verschlechterung, sondern zu einer Verbesserung des charakterlichen Zustandes führen. Sie sollen Entwicklungskrisen sein, anstatt zu Stufen fortschreitender Erstarrung zu werden. –

Erwähnt sei nur noch, daß die Objekte, von denen zunächst die Rede war, immer der äußeren Welt angehörten; und zwar waren Menschen und Dinge gleichmäßig gemeint, denn die Es-Störung trat ja erst nach der Wir-Störung ein, und durch die letztere waren die Menschen schon vorher gleichsam in Dinge verwandelt. Aber es gibt auch eine innere Welt, der sich der Mensch als Subjekt gegenüberstellen muß, und zwar eine doppelte, nämlich die Welt der körperlichen Vorgänge, wie sie in der Gymnastik (aber nicht im Turnen) und auch im „autogenen Training" erlebt wird[1]); und die Welt der seelischen Vorstellungen, wie sie in der inneren Schau, in der Meditation und in der tiefenpsychologischen Arbeit zutage tritt. Auch hier handelt es sich um eine Es-Beziehung, und auch diese kann gestört sein[2]). Hier gibt es ebenfalls ein Kleben oder

---

[1]) Vgl. J. H. Schultz, „Autogenes Training" (L. 39).

[2]) In der Philosophie bedeutet die Gegenüberstellung Ich-Es stets die Beziehung des Menschen zur Außenwelt; so etwa bei Karl Heim (L. 15, S. 199), der hierin Martin Buber folgt (L. 10, S. 9). In der Psychotherapie kennzeichnet sie dagegen (seit Groddecks „Buch vom Es") die Beziehung der bewußten Persönlichkeit zu den Tiefen ihres eigenen Unbewußten, so bei Freud (L. 12, Bd. VI, S. 362), bei Jung (L. 18, S. 107) und bei Heyer (L. 16, S. 79). Wir müssen uns daran gewöhnen, in beiden Fällen die Gegenüberstellung eines Subjekts und eines Objekts ins Auge zu fassen. Allerdings geraten wir dadurch in einen Gegensatz zur Jungschen Schule, weil dort manchmal dem Es, welches das kollektive Unbewußte bedeutet, selber die Subjektität zugesprochen wird (L. 21, S. 49). Wir halten dieses unbewußte Material für ein System von Objekten, das erst vom Subjekt her belebt wird. Daß unser Subjektbegriff trotzdem nicht gleichbedeutend

Verwachsensein und ein Mitgenommenwerden des verminderten
Subjekts; und ebenso gibt es ein allgemeines Loslassen und Sich-
distanzieren in stiller und in erregter Form, und ein gleichzeitiges
Verblassen der subjektalen Wachheit. Und schließlich gibt es auch
in der inneren Es-Beziehung ein völliges Sichabwenden, das zu
psychologischen Formen des subjektalen Erlöschens führt. Aber
auch diese Vorgänge wirken sich verschieden aus, je nachdem ob
ein ursprünglich mehr extravertierter oder mehr introvertierter
Mensch in sie hineingerät. – Die zahllosen Formen, in denen die
hier aufgezählten Möglichkeiten sich konkret gestalten können,
erfüllen das weite Gebiet der charakterpathologischen Forschung.

15. Angstneurosen

Die Psychosklerose ist der unbewußte, aber planmäßige Versuch
des Menschen, sich der gleichzeitigen Aktivität und Passivität des
Subjektseins zu entziehen. Die Ursachen sind Angsterlebnisse, die
längst vergessen wurden, aber noch immer wirken wie eine Drohung
oder eine Gefahr. Die Mittel sind automatisch arbeitende Regeln
oder Gesetze, Dressate, die meist starre Verbote und Charaktergrenzen bilden, gelegentlich aber auch das Streben nach scheinbar
positiven Zielen im Sinne von unentbehrlichen Sicherungen vorschreiben. Das Ergebnis ist eine Charaktermaske mit feststehenden,
scheinbar unveränderlichen Zügen. Der letzte Sinn jedoch bleibt
immer die Vermeidung des subjektalen Wagnisses, des Einsatzes
und der Gefahr, ohne die doch kein Leben, keine Reifung und keine
Entfaltung möglich ist.

Die Formen der Psychosklerose sind sehr verschieden. Das eine
Mal wird die Beziehung zu den äußeren Objekten gelockert und
teilweise verboten; dann ergibt sich eine starre Introversion mit
äußerer Ungeschicklichkeit oder Sorglosigkeit. Die Beziehung zu
den inneren Objekten kann dabei fast (aber nicht völlig) gesund

---

ist mit dem „Ich", wurde schon gesagt. Auch das Ich kann als „Ich-Konstruktion" oder „Charakter-Maske" dem wirklichen Subjekt, das unfaß-
bar bleibt, gegenüberstehen. An anderen Stellen spricht freilich auch Jung
die Würde der eigentlichen Subjektität nur dem „Selbst" zu, das dem
kollektiven Unbewußten als etwas völlig anderes gegenübersteht (L. 21,
S. 30f.).

bleiben und noch zur Produktivität führen; oder sie kann durch weitere Entmutigung in Verwachsungen übergehen oder ebenfalls mit einer Distanzierung enden. In den beiden letzteren Fällen geht die einfache Psychosklerose schon in echte Neurosen über. Aber auch der umgekehrte Weg findet sich ebenso häufig. Dann wird zuerst die Beziehung zu den inneren Objekten abgeschwächt; die Phantasie, die innere Schau und manchmal auch das Denken oder gar das Verstehen wird unmöglich; die innere Dialektik verarmt; aber auch die Auseinandersetzung mit der Außenwelt kann nun nicht mehr gelingen. Sie wird ebenfalls beeinträchtigt und geht in hysterische Abhängigkeit oder melancholischen Verzicht über. Auch hier darf man nur die ersten mildesten Stufen der Entwicklung noch der allgemeinen menschlichen Psychosklerose zurechnen; die stärkeren Grade gehören schon in das Gebiet der Neurosen.

Die Grenze zwischen der allgemeinen Psychosklerose und den besonderen Leidenszuständen, die wir als Neurose bezeichnen, läßt sich nirgends scharf ziehen. Die subjektive Meinung des Patienten ist kein zuverlässiger Maßstab, wenigstens nicht auf der negativen Seite. Vielleicht kann man jeden für einen Neurotiker halten, der selber meint, daß in seinem Innern, in seinem Seelenleben oder in seinem Charakter etwas erkrankt sei; aber man darf nicht umgekehrt jedem anderen, der sich für gesund erklärt, die Neurose absprechen. Objektiv kann die Grenze nicht nach der sozialen Leistungsfähigkeit bestimmt werden; denn manch einer, der nur die übliche Psychosklerose hat, erweist sich als arbeitsunfähig, während ein anderer, der an krassen neurotischen Symptomen leidet, doch noch seinen Platz im Leben ausfüllt und vielleicht sogar besonders wertvolle Arbeiten liefert. Am besten wird man den Beginn der Neurose dort ansetzen, wo das Auftreten von nervösen Symptomen gleichsam wie ein Alarmsignal die ernstliche Charaktererkrankung anzeigt. Aber freilich müssen wir dann genau zu bestimmen versuchen, was ein nervöses Symptom ist. Und wir wenden uns dieser Aufgabe zu, indem wir diejenige besondere Neurose, die vom Standpunkt der dialektischen Charakterkunde aus als die früheste oder ursprünglichste bezeichnet werden muß, nämlich die Angstneurose, in ihrer Entstehung schrittweise verfolgen.

Jeder Mensch kann unter bestimmten Bedingungen Angst erleben. Dann muß aber die Gesamtlage, auf die der Mensch mit

Angst antwortet, einen zureichenden „Grund" für diese Reaktion enthalten. Wenn einem Naturwissenschaftler plötzlich jemand begegnete, der vor langer Zeit gestorben ist, so wäre eine Angstreaktion verständlich und gesund. Die Naturgesetze, die alle Wirklichkeit beherrschen, wären außer Kraft gesetzt; ein Chaos drohte hereinzubrechen; die Subjekt-Objekt-Beziehung ließe sich nicht mehr aufrechterhalten, das Subjektsein würde eine Minderung erfahren, aber gleichzeitig durch gesteigerte Wachheit und Intensität noch einen Ausgleich versuchen, und doch nur um so entsetzlicher seinen eigenen Untergang fühlen.

So gibt es für jeden Menschen eine gesunde „Angst-Grenze", bei deren Überschreitung normalerweise die Angstreaktion auftritt. Je größer der Mut und je stärker die Subjektität entwickelt ist, um so weiter wird die Angstgrenze hinausgeschoben. Und es gehört zu den Lieblingsgedanken der Sage und der Dichtung, sich diese Grenze möglichst entfernt oder gar als fehlend vorzustellen. Darum geht der Knabe im Märchen darauf aus, das Gruseln zu lernen, und „Graf Richard von der Normandie erschrak in seinem Leben nie" — auch nicht bei der Begegnung mit einem Toten.

·Die Psychosklerose bedeutet einen Schutzwall gegen die Angst; doch nicht so, daß die Grenze weiter hinausgeschoben wäre, sondern so, daß die Annäherung an die Grenze vorsorglich verboten wird. Wer unter dem Dressat steht, daß er nicht auf Türme steigen kann, weil er schwindlig wird, ist dadurch gegen die Angst eines Absturzes gesichert. Das Schwindelgefühl steht wie ein vorgeschobener Posten auf Wache, damit man sich der eigentlichen Gefahrzone gar nicht erst nähert. So steht bei einer gefährlichen Kurve nicht erst an der Kurve selbst die Warnungstafel, sondern schon dreihundert Meter vorher. Darum kann man sagen, daß ein Mensch gleichzeitig um so stärker von der Angst bedroht wird, ihr aber auch um so sorgfältiger aus dem Wege geht, je krasser seine Psychosklerose sich entwickelt hat.

Wenn dagegen jemand auf irgendein kleines Ereignis regelmäßig mit einem Angstanfall antwortet — beispielsweise auf den Anblick einer Maus, auf das Herumfliegen einer Motte oder auf ein Knistern in der Wand —, so haben wir es nicht mehr mit der üblichen Psychosklerose zu tun, die einmal ausnahmsweise durch „normale" Angst unterbrochen wird, sondern mit einem anderen Zustand, der nahezu die entgegengesetzte Charakterstruktur zur Voraussetzung hat. Die Dressate der Psychosklerose sollen die Subjektminderung und darum auch die Angst vermeiden; die Dressate aber, die hier wirksam sind, scheinen geradezu die Angst hervorzurufen (sie lauten etwa: „Wenn die Maus kommt, ängstige ich mich, denn sonst . . .“). Sollten diese Dressate vielleicht eine Minderung des Subjektseins beabsichtigen?

Das Letztere ist nicht möglich. Auch ein Dressat, das befiehlt, auf Maus, Motte, Geräusch und ähnliches mit Angst zu antworten, muß immer noch dem Schutze der Subjektität dienen. Die Angst, die hier erlebt wird, kann also nicht wie die vorhin erwähnte normale Angst gleichbedeutend sein mit unmittelbar erlebter Minderung der Subjektität. Und so ist es tatsächlich. Wir wissen aus vielen exakten Analysen, daß diese Angst, die wir im Gegensatz zur „normalen“ nun als die „neurotische“ bezeichnen wollen, nicht einfach den Ausdruck einer tatsächlich erlebten Minderung des Subjektseins darstellt, sondern daß sie einer Vorwegnahme, einer warnenden Androhung dieses Vorgangs entspricht. Ganz ähnlich wie das Schwindelgefühl die Gefahr vorwegnimmt und die Annäherung an den gefährlichen Abgrund schon einige Meter vorher verhindert oder wie die Todesfurcht schon beim zufälligen Anblick eines Sarges oder eines Totenkopfes drohend anklingt, so wird hier ein Angstanfall produziert, wenn noch nicht das Unglück selbst, sondern wenn nur erst eine entfernte Andeutung von ihm, gewissermaßen der Schatten der Idee einer Möglichkeit von Minderung des Subjekts in Erscheinung tritt. Wir haben es auch hier mit einer „vorgeschobenen Sicherung“ zu tun, die den gleichen Zweck hat wie das psychosklerotische Verbot (nämlich den Schutz der gefährdeten Subjektität), während die Technik die entgegengesetzte ist (die Tür wird nicht verschlossen, sondern die Gefahr, die hinter der Tür droht, wird schon im Vorzimmer drastisch und immer aufs neue an die Wand gemalt). Die Psychosklerose führt durch ein scheinbares Obensein der Ichmaske (+ 100), die Angstneurose führt durch ihr scheinbares Untensein (− 100), aber beide dienen der Rettung des Subjekts, das sich zu diesem Zwecke weiterhin einschränkt.

Analysiert man die Angstanfälle eines Kindes, so läßt sich der Zusammenhang meist deutlich feststellen. Der Wirbruch ist schon

erfolgt, wurde aber sowohl vom Erwachsenen wie auch vom Kinde
her nachträglich wieder verwischt. Die Urangst ist schon einmal
oder mehrmals unmittelbar zum Bewußtsein gekommen, und zwar
in ihrer eigentlichen Bedeutung: sie war der Ausdruck für die in
steigender Wachheit erlebte Minderung der Subjektität. Je mehr
das Kind sich gegen die Gefahr und die Minderung seiner urwirhaften Lebendigkeit wehrte, je wacher und erregter es wurde, um so
mehr zerbrach das große Wir-Subjekt — denn der Erwachsene
nannte diesen subjektalen Notschrei einfach Ungezogenheit. Danach aber wurde der Frieden von neuem geschlossen, und zwar,
wie der Erwachsene annahm, auf der alten Grundlage des Wir,
tatsächlich jedoch auf einer neuen Grundlage, die kein volles Wir
mehr gelten ließ. Von Ich zu Ich wird nun freundliche und oft auch
zärtliche Politik getrieben; unbewußt und zwangsläufig sucht das
Kind den Erwachsenen in seinen Dienst zu stellen; sein Haupt-
interesse richtet sich eindeutig gegen die Wiederholung des Wirbruchs.

Abends, wenn man allein im Bett liegt und einschlafen soll, ist es
am gefährlichsten. Der freiwillige und gleichmäßige Verzicht auf
das Subjektsein, nämlich eben das Einschlafen, erinnert zu sehr
an jenen teilweisen und unfreiwilligen Verzicht, bei dem man immer wacher wurde und doch das ursprüngliche große Subjektsein
verlor. Darum ist es für das neue kleine Subjekt so schwer, im
Dunkeln allein zu bleiben und freiwillig einzuschlafen. „Es ist ja
wie damals!" Die alte Formel (die im Anfang der Neurosenlehre
eine wichtige Rolle gespielt hat), erweist sich hier tatsächlich als
wirksam. Das Kind ruft ängstlich nach der Mutter und gerät in
übermäßige Erregung, wenn die Mutter nicht kommt. Dabei ist die
Stärke des Affekts weit größer, als man nach Lage der Dinge erwarten sollte; und wenn das Kind sagt: „Ich fürchte mich vor dem
Löwen, der im Kleiderschrank sitzt", so ist das nur ein schwacher
Versuch, den wahren Tatbestand zum Ausdruck zu bringen.

Es handelt sich, wenn man es so nennen will, um einen „verscho-
benen Affekt". Das Kind fürchtet sich nicht vor dem Löwen, es
fürchtet sich auch nicht vor der Wiederholung der Urszene, sondern
es hat Angst wie damals in der Urszene selbst. Der Löwe mit dem
aufgesperrten Rachen ist ein Symbol, das nicht etwa die logische
Begründung des Affektes angeben soll, sondern das ihm zum

Ausdruck verhilft. Es handelt sich nicht um eine „Rationalisierung", sondern um ein Bekenntnis: „Ich erlebe den inneren Löwen." Daß das Tier im Kleiderschrank sitzt, ist ein kindlicher Notbehelf; der Erwachsene würde in diesem Augenblick wohl sagen: „Ein Dämon ängstigt mich, aber er ist nirgends, oder er ist in mir selber."

Zweifellos hat C. G. Jung recht, wenn er in diesen Angstgestalten wie in vielen anderen Ausgeburten des Unbewußten nicht nur wieder aufgestiegene Erinnerungen aus Märchen oder Bilderbüchern sieht, sondern Abkömmlinge tieferer Schichten, die jeder von uns erbmäßig in sich trägt. Das läßt sich zwar im Einzelfalle, wie bei dem hier geschilderten Kinde, nicht immer nachweisen, aber durch die gründliche Analyse vieler Träume und Phantasien, Zeichnungen und Tänze sowohl Gesunder wie auch Kranker kann sich jeder Forscher den Beweis für diese Tatsache holen.

Freilich wird der „Löwe", der das Kind ängstigt, durch irgendwelche äußeren Erfahrungen mitbedingt sein; aber die ungeheure Wirkung, die er ausübt, stammt aus der Tiefe bisher völlig unbewußter Schichten. Das Subjekt hat den Wirbruch erlebt, die Angst war da; aber es gab keine Gegenstände, keine Bilder und Vorstellungen, die diesem furchtbaren Ereignis entsprachen. Der Mensch ist jedoch ein Wesen, das sich ausdrücken muß; und der Wirbruch, der den äußersten Rand der möglichen Welt bedeutet, findet seinen Ausdruck schließlich in einem Bilde, das am Rande der inneren Welt von außen hereinschaut, das also gleichsam außerweltlichen Ursprungs ist. Darum ist es für den vierjährigen Jungen ein Löwe; für den vierzigjährigen Mann wird es ein Dämon sein mit vielen Gesichtern oder auch der Flügeldrache des heiligen Georg. In beiden Fällen erscheint dies Fabelwesen unwirklich für die alltägliche „naturwissenschaftliche" Welt; aber um so wirklicher und wirksamer für die innere Welt, in der es auftritt. Der Löwe wird zum Symbol des Wirbruchs, und wird genau so real wie dieser. (Darum kann man den Ängstlichen nur selten und nur für kurze Zeit beruhigen, indem man ihm beweist, daß seine Angstgestalten „tatsächlich gar nicht da sind".)

Man darf aber nicht meinen, daß der Löwe oder irgendein ähnliches Gebilde aus dem kollektiven Unbewußten auf Grund seiner eigenen Lebendigkeit zum Vorschein käme. C. G. Jung spricht von relativ selbständigen „seelischen Komplexen", die er geradezu als

„Teilpersönlichkeiten" bezeichnet[1]). Diese Archetypen verfügen jedoch nicht über wirkliches Eigenleben; sie liegen nur bereit wie leere Kleider oder Masken. Es gibt nur ein einziges Subjekt, das ist der Mensch selbst. Und nur wenn dieses eine Subjekt sich aus Not oder Willkür einer solchen Maske bedient, erwacht der Löwe oder der Dämon noch einmal zur Wirksamkeit. Aber freilich kann dann das Subjekt an dieser Maske hängen bleiben, auch gegen seinen Willen; es erlebt sein eigenes Geschöpf als etwas Fremdes, Feindliches und hält darum die Angstgestalt für ein selbständiges Wesen. Die Angst wächst; das Gespenst wird scheinbar stärker; aber es bezieht seine Kraft ausschließlich aus dem menschlichen Subjekt, dem es als Ausdrucksmöglichkeit angehört und das es gleichzeitig ängstigt.

Das Kind hat zunächst Angst, weil die Wiederholung der Urszene, nämlich der Wirbruch, noch einmal droht. Dieser Tatbestand kann jedoch dem Kinde nur in archaischer Form zum Bewußtsein kommen: es schreit schließlich nur noch, „weil der Löwe im Kleiderschrank sitzt". Der Erwachsene kommt und tröstet das Kind; das Urwir ist angeblich wieder hergestellt; aber nur angeblich. Wäre es echt, so würde das Kind sich in seinem Wir gut aufgehoben fühlen, auch wenn es allein bliebe; nun aber schreit es von neuem, sobald die Mutter es verläßt. So ergibt sich ein neues Dressat: Die Angst kommt, wenn das Kind allein bleibt, und sie verschwindet, solange die Mutter dasitzt. Die Angst wird zum Mittel, um die Mutter an das Kind zu fesseln; und was zunächst ein Mittel war gegen die Angst, nämlich die Anwesenheit der Mutter, gerinnt nun scheinbar zu einem selbständigen Zweck. Das Kind verfolgt nur noch das eine Ziel: Die Mutter soll da sein.

Wir finden hier die beiden Formeln, die für die Struktur der neurotischen Symptome kennzeichnend sind. Was zunächst nur Ausdruck war, wird als Mittel mißbraucht; und was zunächst nur Mittel war, wird (wenigstens scheinbar) zum selbständigen Zweck. Wir bezeichnen die Gesamtheit dieser Vorgänge als Umfinalisierung. — Ein Kind weint zunächst, weil es Schmerzen hat — Ausdruck —; bald aber weint es, um getröstet zu werden — Mittel —. (Adler bezeichnet die gewaltige finale Macht der Tränen sehr schön als „Wasserkraft".) Und das gleiche gilt für das Essen und für das

---

[1]) L. 21, S. 49 f.

Nichtessen, ja für alle Tätigkeiten und für alle Ablehnungen derselben. Jede Bedürfnisbefriedigung kann aus einem Ausdruck des Bedürfnisses übergehen in ein Mittel zur Erreichung anderer Ziele. Und diese Erscheinung läßt sich besonders klar feststellen, wo die Ziele, die ursprünglich doch nur Mittel im Dienste des Infinalen darstellten, durch die ichhafte Abschnürung der Zielpyramide zur Würde eines Selbstzweckes gelangt sind. Indessen läßt sich bei genauer Analyse auch das System der scheinbaren Selbstzwecke wieder auf den einen negativen Endzweck zurückführen, den wir als Ich-Bewahrung bezeichnet haben.

Im Falle der Angst sprechen wir nun von „adressierter Angst". Je mehr der einzelne Anfall zu einem Mittel wird im Kampfe um die Mutter, um so deutlicher merkt man, daß die Angst ausschließlich an die Adresse dieser Mutter gerichtet ist. Darum verschwindet sie manchmal (aber nicht immer) durch den einfachen Wechsel der äußeren Umgebung.

Je weiter sich die Angst als Mittel von dem Ausdruckscharakter der einfachen Urangst entfernt, um so mehr verliert sie den massiven Charakter einer Minderung des Lebens bei steigender Wachheit. Das Zusammenspiel von seelischen und körperlichen Vorgängen lockert sich auf; und je nach der finalen Brauchbarkeit in der betreffenden Lage treten mehr die körperlichen Erscheinungen, wie Herzklopfen, Zittern, Pupillenweite und Schweißausbruch, in den Vordergrund; oder aber die seelischen Bestandteile, wie Unrast, Bangigkeit, Verzweiflung oder Entsetzen[1]). Die hormonalen und neuralen Bestandteile dieses Vorgangs können schließlich auch vereinzelt und wie

---

[1]) Zweifellos gibt es Veränderungen der Stimmung, die auf dem Wege über körperliche Einwirkungen, und zwar besonders durch Gifte, zustande kommen (Lachgas, Alkohol, Kohlenoxyd). Aber es fragt sich immer, ob hier direkt das Seelische vom Körperlichen her beeinflußt wird oder ob die Stimmung nur als seelischer Ausdruck für eine neue Stellungnahme des Subjektes selbst verstanden werden muß. Dieses Problem betrifft auch die Angst, besonders in manchen Fällen von Arteriosklerose, Parkinsonscher Krankheit und klimakterischer Melancholie. Wahrscheinlich antwortet auch hier das Subjekt erst auf die Herabsetzung seiner Mittel mit einem erzwungenen Rückzug oder Verzicht, den es gleichzeitig als Angst erlebt. Doch läßt sich nicht mit voller Sicherheit beweisen, daß es nicht gelegentlich auch eine „rein chemische" Angst gäbe, die dann ohne Stellungnahme des Subjektes unmittelbar aus einer Giftwirkung entstehen müßte.

im Experiment isoliert auftreten; und sie können in dieser Form zu typischen Abläufen erstarren. Auch die körperliche Eignung, durch Konstitution und Training bedingt, spielt dabei eine Rolle; ausschlaggebend bleibt jedoch die Bereitschaft zur Symptombildung, die weder den körperlichen noch den seelischen Funktionen zugeschrieben werden darf, sòndern die jenseits von beiden in der Minderung des Subjektseins gesucht werden muß.

Die echte oder „gesunde" Urangst bildet den unmittelbaren Ausdruck der gleichzeitigen Minderung und Steigerung des Subjektseins. Das einzelne Angstsymptom, wie es im Beginn fast aller Neurosen und Psychosen gelegentlich auftritt, bedeutet eine Verschiebung der Angst aus dem Höhepunkt der Gefahr bis an den vordersten Rand der Gefahrzone. Darum ist im Angstsymptom der Affekt größer, als es die „Ursache" verlangt; und diese Ursache, das sogenannte Angstobjekt, erweist sich nur als Andeutung oder bestenfalls als Symbol der eigentlichen Gefahrenquelle. Es kann aber als scheinbar logische Begründung, als „Rationalisierung" der Angst mißbraucht werden, auch wenn es archaische Form hat und als Abkömmling des kollektiven Unbewußten deutlich erkennbar ist. Der Sinn des Symptoms ist und bleibt letzten Endes die Sicherung des Subjekts gegen den Untergang.

Aber auch diese „Gegnerschaft" wird verschoben. Das Symptom dient bald nicht mehr dem Schutze des Subjekts schlechthin, sondern dem Schutze der Ich-Maske, und es erhält je nach Lage der Dinge sehr besondere Ziele, wie Fesselung der Mutter, Erregung von Mitleid, Gewinnung von Macht; und auch diese Sonderzwecke können zu Endzwecken erstarren. Der Patient kämpft nun nicht mehr gegen die Minderung seines Subjektseins, sondern gegen die Minderung seiner ichhaften Ansprüche, gegen das Alleingelassenwerden oder gegen eine Herabsetzung seiner familiären Wichtigkeit. Je mehr diese vorgeschobene Gegnerschaft erstarrt und je mehr hinter ihr die ursprüngliche Gegeneinstellung verschwindet, um so mehr Symptome bilden sich und um so deutlicher geht die Psychosklerose in die echte Neurose über.

Die Gegnerschaft richtet sich nun gegen die Gefährdung des Ich; — aber dieses Ich wird um so mehr gefährdet, je mehr es zu einem Fetisch erstarrt. Und es erstarrt um so mehr, wird um so mehr angegriffen und ist um so schwerer zu verteidigen, je ängstlicher seine Herrschaft oder seine Überlegenheit gewahrt werden muß. So lebt ein Star oder ein Cäsar zunächst nur psychosklerotisch. Allmählich aber bringt ihn seine Prestige-Politik selbst in Gefahr; er fängt an, lächerlich zu werden. Von da ab kämpft er verzweifelt gegen die Lächerlichkeit, die er durch sein psychosklerotisches Verhalten doch erst hervorgerufen hat. Er wehrt sich gegen die äußeren Wirkungen seiner Symptome und schließlich auch gegen seine Symptome selbst. – Dies ist der Punkt, wo die Psychosklerose endgültig in die Neurose umschlägt.

Der Unterschied zwischen Psychosklerose und Neurose läßt sich nun in Hinsicht auf die Charakterstruktur so ausdrücken, daß in der Psychosklerose alles darauf hinausläuft, die unmittelbare Minderung des Subjektseins zu vermeiden, während es in der Neurose außerdem noch darauf ankommt, die Mißlichkeiten und Beeinträchtigungen zu bekämpfen, die erst durch die Psychosklerose und später durch die Neurose selbst hervorgerufen worden sind[1]). Der Teufelskreis hat sich gewissermaßen um volle 360 Grad herumgedreht; das Innenleben ist um eine ganze Stufe komplizierter geworden; das Subjekt kämpft jetzt nicht mehr nur gegen die Leiden, die ihm von außen zugefügt werden, sondern außerdem auch noch gegen die Leiden, die es sich selber zufügt. Dieser Kampf aber bringt wieder neue Leiden mit sich, die wiederum bekämpft werden müssen.

So verschiebt sich die Urangst zum gelegentlichen Angstsymptom; aus dem Kampf um das eigene Subjektsein wird der Kampf um die Geltung des Ich; und aus diesem Kampf gegen den Machtverlust wird schließlich der Kampf gegen die Mittel, mit denen man bisher gekämpft hat, nämlich der Kampf gegen die Angst. So entsteht die „Angst vor der Angst". Aber der Kampf gegen die Neurose leistet genau dasselbe wie die Neurose selbst; er bringt als Nebengewinn das ein, was die Psychosklerose als Hauptziel anstrebte, nämlich die Sicherung der getarnten, eingeschränkten und immer mehr gefährdeten Subjektität.

Von hier aus ist nur noch ein Schritt bis zur Entwicklung der besonderen und engumgrenzten Ängste, die man als Phobien

---

[1]) Psychoanalytisch gesehen entspricht die Psychosklerose der gelungenen Verdrängung, während die Neurose durch die „Rückkehr des Verdrängten" gekennzeichnet ist (L. 12, Bd. V, S. 463).

bezeichnet. In der eigentlichen Angstneurose kann bei irgendeiner Gelegenheit jede beliebige „Ursache" die Angst auslösen. In der Phobie sind es bestimmte Objekte, ein Pferd, ein Hund, ein fliegendes Federchen oder auch Geräusche, wie das Sausen des Windes, die den Anfall hervorrufen. Aber das betreffende Ding wirkt nun automatisch, ohne Rücksicht auf die Gesamtsituation; es kann nicht wahrgenommen werden, ohne daß der Angstanfall käme. So fest jedoch die Verbindung zwischen Angst und Objekt auch geworden sein mag, sie bleibt trotzdem oberflächlich und uneigentlich. Im Grunde gehört die Angst an einen anderen Platz, nämlich dorthin, wo alle Angst entspringt: in das Erlebnis der menschlichen Hilflosigkeit und Verlorenheit.

Das Angstobjekt dient auch hier nur als „Memento" (Alfred Adler). Es erinnert von ferne an die ungeheure Not, die hinter den eisernen Vorhängen der Psychosklerose verborgen liegt. So mahnt das Pferd den kleinen Hans in Freuds bekannter „Phobie eines fünfjährigen Knaben" nicht etwa, wie Freud meint, an einen sexuellen Vorgang, sondern an den Wirbruch, nämlich an den Verrat durch den Vater. Das Kind darf an diesen Zusammenhang freilich nicht denken, da der Wirbruch ja nicht verwirklicht werden soll; aber es muß sich von Zeit zu Zeit damit beunruhigen, um nicht in die alte Haltung des ursprünglichen Vertrauens zurückzufallen. Das eine Dressat verlangt ewige Vorsicht; das andere verlangt harmlose Freundlichkeit; und erst in einem dritten findet sich die Vereinigung dieser Widersprüche: Man kann überall harmlos sein bis auf wenige ganz bestimmte Ausnahmen. Dort aber bricht dann die Angst mit aller Schärfe hervor.

Alle Phobien sind doppelt finalisiert. Sie enthalten erstens – genau wie die Angstträume – eine allgemeine Warnung vor der bösen Welt; sie sind ein Ausdruck des Pessimismus und gleichzeitig ein Mittel zu seiner Verewigung. Aber sie dienen außerdem noch einer besonderen Finalität, die der jeweiligen Stellung des Patienten in seiner Umwelt entspricht. Der eine macht sich durch diese Symptome zum Mittelpunkt seiner Familie, der andere ersetzt durch sie die hohe Leistung, zu der er sich sonst verpflichtet fühlen würde („wie weit würde ich es bringen, wenn ich nicht krank wäre!"), und der dritte rächt sich so an seinen Feinden, oder was dasselbe ist, an seinen Verwandten. – Aber man kann nie durch die Aufdeckung und Entkräftung nur der einen Finalität des Symptoms Herr werden; man muß stets die verschiedenen Aufgaben gleichzeitig ins Auge fassen, nämlich erstens die Auseinandersetzung mit der gegenwärtigen Lage (mit dem Es und dem Wir) und zweitens die Auseinandersetzung mit dem Menschsein schlechthin, mit dem Aktiv-und-passiv-zugleich-Sein, mit dem Verfallen-Sein an den Tod und mit dem „Geworfen-Sein" in die Wirklichkeit. In jeder Angst ist ein Funken der Urangst enthalten, und man kann ihn nicht zum Erlöschen bringen ohne ein Sichhingeben an den Sinn alles Lebens, nämlich ohne die Wendung zur Religion.

Die Phobie steht schon auf der Grenze zwischen Angstneurose und Zwangsneurose, und das gleiche läßt sich von der Platzangst sagen. Die Errötungsangst dagegen, die Erythrophobie, steht auf der Grenze zwischen Angstneurose und Organneurose. Und von dieser soll zunächst die Rede sein.

16. Symptombildung und Funktionsneurose

Voraussetzung für das Zustandekommen jeder Neurose ist das vorherige Bestehen einer Psychosklerose, also der Rückzug des Subjekts und der Ersatz der lebendigen Subjektität durch eine starr gewordene Ich-Maske. Der Übergang von der Übung und der Gewöhnung zum zwangsläufigen Automatismus ist schon im Bereiche der Psychosklerose zu finden; und von hier ist es nur noch ein Schritt bis zur echten neurotischen Symptombildung. In der Psychosklerose bekennt sich der Mensch noch zu seiner Eigenschaft als zu einem Wesenszuge seines Charakters (objektiv gesehen: seiner Ich-Maske). So sagt er: „Ich kann nicht einschlafen, wenn es im Zimmer nicht völlig dunkel ist. So bin ich nun einmal." Das neurotische Symptom dagegen erscheint ihm wie eine fremde Macht, der er ausgeliefert ist und gegen die er sich vergeblich zur Wehr setzt. In diesem Sinne sagt er etwa: „Ich kann nie vor zwei Uhr morgens einschlafen, trotzdem ich schon seit Jahren alle möglichen Methoden angewandt habe, um diesen schrecklichen Zustand zu bekämpfen." – Die Vorverlegung der Gegnerschaft bildet daher, wie schon gesagt wurde, die objektive Grenze zwischen Psychosklerose und Neurose. Wer unmittelbar mit Hilfe einer tendenziösen und systematischen Einschränkung seiner Subjektität gegen die

völlige Vernichtung dieser Subjektität ankämpft, ist ein Psychosklerotiker, wie wir alle es sind. Wer dagegen den systematischen
Rückzug seiner Subjektität mit Mitteln betreibt, die ihn nachträglich ebenso schädigen, wie sie ihm zu Anfang nützlich waren, der
gerät in Gefahr, den Rest seiner subjektalen Freiheit, den er sich
doch gerade durch den Rückzug noch sichern wollte, schließlich
erst recht zu verlieren. Der Panzer, der ihn schützen sollte, erstickt
ihn zuletzt; das Subjekt geht an seinen eigenen Sicherungen zugrunde; die Lebendigkeit erstarrt so weit, daß schließlich fast nur
noch Maske da ist und kaum ein lebendiger Kern dahinter, den
zu maskieren es sich lohnen würde. Der Mensch ist zum Neurotiker geworden.

Der äußere Ausdruck der Neurose ist die Symptombildung. Das
Symptom läßt sich beschreiben als eine völlig erstarrte Funktionsform (sei es auf körperlichem oder sei es auf seelischem Gebiet) die
ursprünglich dem System der Psychosklerose sinnvoll angepaßt
war, die sich aber später als schädlich erwies und darum bekämpft
werden mußte. Eine Lockerung und Umformung solcher Symptome
kommt bekanntlich häufig vor, doch entspringt sie nur selten einem
Wiederlebendigwerden der starr gewordenen Ich-Maske (denn das
wäre die Heilung). Die Symptome werden bekämpft, verändert und
weiterentwickelt; aber ihre Starrheit und Lebenswidrigkeit, ihr
maskenhaftes und objekthaftes Wesen bleibt immer das gleiche. Und
darum führen sie je länger je mehr zum Gegenteil des Erfolges, den
sie ursprünglich herbeiführen sollten. Sie sollten Sicherungen sein,
und sie werden zu Gefahren.

Darum können einzelne neurotische Symptome schon entstehen,
wenn der Charakter im ganzen noch die Struktur der üblichen
Psychosklerose zeigt. Andererseits kommt es auch vor, daß ein
Charakter schon durch und durch neurotisch ist und daß doch nur
wenige und schwache Symptome in Erscheinung treten. Aber ganz
ohne Symptombildung, nur als Charakterform schlechthin, dürfte
eine echte Neurose nicht vorstellbar sein. Im äußersten Falle müßte
man jede einzelne Äußerung eines solchen Menschen noch als
Symptom zu verstehen suchen. Ein in hohem Maße „hysterischer
Charakter" mag als Beispiel für diesen seltenen Fall dienen; bei ihm
gibt es kaum einen Lebensvorgang, der nicht durch den hysterischen
Grundzug seines Wesens bedingt und geformt ist.

Als Symptom bezeichnen wir jedoch nicht die einzelne Äußerung, den einzelnen Angstanfall oder das einzelne Versagen im Rechnen. Das könnten auch „normale" Vorgänge sein, die dem Charakter eines gesunden Menschen angehören. Erst wenn sich zeigt, daß wiederholte Angstanfälle aus einer gemeinsamen Wurzel hervorgehen, die man vielleicht als „Angstbereitschaft" beschreiben kann, oder wenn das Versagen im Rechnen sich regelmäßig wiederholt, so daß sich als Grundlage eine „Rechenhemmung" feststellen läßt, werden wir im eigentlichen Sinne von neurotischen Symptomen zu sprechen haben. Und die weitere Aufgabe der Charakteranalyse wird dann darin bestehen, die verschiedenen Symptome, wie hier die Angstbereitschaft und die Rechenhemmung, wiederum auf eine gemeinsame Ursache zurückzuführen, die sich — nach unserer Arbeitshypothese — schließlich einmal als echte Neurose entlarven läßt, oder anders gesagt, als eine Psychosklerose, die durch ihre Übersteigerung mit sich selbst in Widerspruch geraten ist.

Vorhin wurde die Angstneurose geschildert, in der die Angst vor der Angst als erstes echtes Symptom auftrat. Jetzt handelt es sich um mannigfache Funktionsstörungen, die sämtlich auf der gleichen Komplikationsstufe stehen wie diese Angst vor der Angst. Aber die innere Struktur und die Einordnung dieser Symptome in den Gesamtzusammenhang des neurotischen Lebens verändert sich im Laufe der Zeit. Die einfachste Formel, die diesen Tatbestand ausdrückt, lautet: Die subjektale Gefahr der Kindheit ist von außen bedingt (durch zu harte oder zu weiche Erziehung); sie sollte durch die Symptombildung ausgeglichen werden (etwa durch Angstanfälle). Die subjektale Gefahr der späteren Jahre wird von innen her, nämlich durch die Symptome selbst, hervorgerufen und festgehalten (wer an Angstanfällen leidet, ist in Gefahr, am Leben vorbeizuleben). Und diese innere Gefahr zwingt wiederum zur Steigerung der Abwehr (die das Symptom selbst ist).

Jetzt soll zunächst an einer Neurose, bei der ein einziges Symptom im Vordergrund steht, nämlich an einer Errötungsangst, Erythrophobie, das Wesen und das Schicksal einer solchen Funktionsstörung genauer dargestellt werden. Wir sprechen in einem solchen Falle (nicht ganz korrekt) von einer monosymptomatischen Neurose; besser wäre vielleicht die Bezeichnung

„Funktionsneurose" oder auch „Teilneurose" (im Gegensatz zur „Vollneurose", die später beschrieben wird).

Der Patient ist Kaufmann, Handelsreisender, neunundzwanzig Jahre alt und in seinem Berufe aufs schwerste beeinträchtigt durch eine Errötungsangst, die ihm den Besuch seiner Kunden fast unmöglich macht[1]).

Er erinnert sich, daß er als fünfjähriger Junge mit seinen Eltern aus Süd- nach Norddeutschland zog und daß man ihn in der neuen Heimat wegen seines Dialektes sehr häufig ausgelacht hat. Auch die Mutter fühlte sich durch den Umzug entwurzelt. Sie schloß sich allzusehr an ihr einziges Kind an. Ein deutlich erkennbarer Mangel an Mut, wahrscheinlich auch eine besonders sensible Konstitution, einige Anzeichen vasomotorischer Labilität, ein starkes Sicherungsbedürfnis und darum die Neigung zu psychosklerotischer Erstarrung sind bei Mutter und Sohn in gleicher Weise vorhanden.

Noch vor dem Beginn der Schulzeit wurde der Junge regelmäßig zum Bäcker geschickt, um Brot einzukaufen. Dieser Gang war für ihn stets eine Tortur. Er erlebte im Bäckerladen jene Minderung der Subjektität bei steigender Wachheit, die wir als gleichbedeutend mit einem Angstzustand geschildert haben. So war es kein Wunder, daß er diese Angst vorwegnehmend sich schon zu ängstigen begann, wenn die Mutter auch nur Miene machte, ihn zum Einholen auf die Straße zu schicken. Er wurde dann unruhig, bekam einen roten Kopf, die Hände wurden feucht, und manchmal fing er sogar an zu zittern. Das Ziel seiner finalen Grundeinstellung hieß jetzt: Ich muß mich sichern vor diesem Ausgelachtwerden im Bäckerladen; und auf dieser Grundlage wurde selbstverständlich jeder Versuch der Mutter, ihn doch dorthin zu schicken, zur Ursache für einen heftigen Abwehrkampf. Das Ineinandergreifen kausaler und finaler Zusammenhänge ist hier aufs deutlichste zu erkennen. Der Junge hätte auch sagen können und hat vielleicht auch gelegentlich gesagt: „Ach, bitte, schicke mich doch nicht dorthin, ich kann es nicht aushalten, wenn die Bäckersfrau über mich lacht!" Aber diese Bitte hatte vermutlich keinen Erfolg; sie wurde jedenfalls nicht oft wiederholt, weil sich die Gefahr auf diese Weise nicht vermeiden ließ. Die unwillkürlichen Äußerungen der vorweggenommenen

---

[1]) Vgl. „Fall B" im „Handbuch der Individualpsychologie" (L. 41, S. 472—79).

Angst führten dagegen alsbald zu dem gewünschten Ziel. Die Mutter kam zu der Überzeugung, daß ihr Junge zu „nervös" sei, als daß man ihn schon in diesem Alter zum Einholen schicken könne. Der Vater, der Arzt und später auch der Lehrer wurde mit zu Rate gezogen, und alle waren sich einig darin, daß dieser Junge einer besonderen Schonung bedürfe. So wurde der Ausdruck der vorweggenommenen Angst (zunächst ohne Absicht) zu einem Mittel, daß die wirkliche Angst vermeiden half.

Aber wenn die vorweggenommene Angst mit ihren weithin sichtbaren körperlichen Zeichen sich zu verlieren drohte, tauchte sofort die Gefahr wieder auf, daß man nun doch zum Bäcker geschickt und dort ausgelacht wurde. Darum trat der Angstanfall in der Küche bei der Mutter immer wieder auf, bis sich der Tatbestand endgültig im Bewußtsein des Kindes und der Erwachsenen festgesetzt hatte. Als der Schulbesuch anfing, war es allgemein bekannt, daß dieser Junge rot und verlegen wurde, wenn man ihn öffentlich ansprach. Er bekam jetzt keine vollständigen Angstanfälle mehr, wenn er irgendwohin geschickt wurde, sondern nur noch das überaus peinliche Gefühl, daß er wieder rot werden würde und daß er dieses hilflose Dastehen vor dem Fremden durchaus nicht ertragen könne. Die Sicherung vor dem Betreten der Gefahrzone hatte nun eine Form angenommen, die der damaligen Gesamtlage des Kindes aufs beste angepaßt war. Damit diese Sicherung jedoch ihren Zweck erreichte, mußte sie so starr und zwangsläufig arbeiten, daß sie wie ein selbständiges Wesen fremd und drohend dem Kinde gleichsam von außen gegenübertrat. Die Errötungsangst war nun ein ‚Es", das man hatte, gegen das man kämpfte und für das man kein swegs verantwortlich war.

Sobald jedoch das Symptom diesen Grad von Selbständigkeit und Eigengesetzlichkeit erhalten hatte, ließen sich auch schon Gelegenheiten beobachten, bei denen sich seine Wirkung ins Gegenteil verkehrte. Der Besuch bei fremden Leuten galt noch immer als Gefahrzone, und die Errötungsangst wirkte als sinnvolle Sicherung gegen diese Gefahr; aber schon gab es einzelne Familien, die der kleine Patient gern besucht hätte; sie befanden sich von seinem jetzigen Standpunkt aus schon außerhalb der Gefahrzone. Aber die starre Errötungsangst hinderte ihn auch hier, weil damals, als das Symptom entstand, auch ein solcher Besuch noch als gefährlich galt.

Die Bedingungen, nach denen das Symptom wirkte, machten die Entwicklung und die Reifung des Patienten nicht mit; es war ein Zustand, als ob in einem Staate ein Gesetz noch befolgt werden müßte, das vor dreihundert Jahren unter ganz anderen Umständen einmal in Kraft getreten ist.

Die Psychoanalyse legt bekanntlich auf diese Nachwirkung der ursprünglichen „traumatischen" Situation den größten Wert. Ihre Erklärung des Krankheitsbildes ist dementsprechend trotz mancher finaler Beimischungen grundsätzlich eine kausale. Ihre Frage heißt: Woher stammt das Symptom? Was bedeutet es ursprünglich? Aus welcher kindlichen Lage heraus ist es verstehbar? Nach der Lehre von C. G. Jung kommt dagegen der gegenwärtigen Lage des Patienten die Hauptbedeutung zu. Er fragt: Warum besteht das Symptom noch jetzt? Vor welchen Schwierigkeiten und Aufgaben, die die Gegenwart an den Patienten heranbringt, soll das Symptom als Sicherung dienen? In seiner Fragestellung überwiegt der finale Gesichtspunkt, trotzdem er für die kausalen Zusammenhänge durchaus nicht blind ist. In Alfred Adlers Individualpsychologie herrscht fast ausschließlich die finale Betrachtungsweise, was zu großen Entdeckungen, aber auch zu großen Einseitigkeiten geführt hat.

Die dialektische Charakterkunde glaubt beiden Standpunkten dadurch gerecht zu werden, daß sie sowohl die Form wie auch den Inhalt des Symptoms kausal auf die Situation der Kindheit zurückführt, in der freilich dann die finale Grundeinstellung des schon entmutigten Kindes und seine negative Zielsetzung (Kampf gegen die Gefahr) als letzte Grundlage der Symptombildung zu betrachten ist. Die Frage jedoch, warum das Symptom in seiner alten Starrheit (trotz einiger ruckweiser Veränderungen) zur Zeit der Behandlung noch fortbesteht, warum also dieser neunundzwanzigjährige Kaufmann noch immer die Errötungsangst mit sich herumschleppt, trotzdem sie schon längst aus einer nützlichen Sicherung zu einer schrecklichen Gefahr geworden ist, diese Frage darf nicht in Hinsicht auf das einzelne Symptom gestellt werden, sondern sie muß sich auf die Neurose überhaupt erweitern. Sie heißt nun: Wozu hat dieser Mensch noch immer seine neurotische Starrheit nötig? Genauer: Warum bleibt er starr, trotzdem so viele Äußerungen seiner Starrheit, nämlich die einzelnen Symptome, ihn so schwer schädigen? Und die Antwort ergibt sich von selbst: Er kann die Symptome nicht loswerden, wenn nicht die Starrheit im ganzen verschwindet. Damit aber ist gesagt, daß nur eine innere Revolution ihm helfen kann, nämlich der grundsätzliche Zusammenbruch seiner Ich-Maske, die Einschmelzung aller starren Charakterzüge und der Übergang vom „Gegen" zum „Für", von der Sicherung zum Wagnis, vom Mißtrauen zum Mut, und von der Unlebendigkeit zur schöpferischen Entfaltung. Die Abwehr gegen diese innere Erneuerung und die Angst vor dem Unbekannten, das schon ruft und droht, und das man sich doch gar nicht vorstellen kann, bedingt die Widerstände gegen die Heilung, von denen noch ausführlich die Rede sein muß; und sie erklärt auch das unbewußte, zwangsläufige und doch sinnhafte Festhalten der Symptome, auch wenn der Preis für diese schädlich gewordenen Rettungsmittel noch so hoch ist. So bezahlt ein schwacher Imperator noch immer seine Prätorianer, trotzdem sie ihn zu ermorden drohen; nur weil er sich nicht vorstellen kann, daß ein Leben ohne solche Leibwache überhaupt möglich sein könnte

Die gestörte Funktion ist genau so eine Lebensäußerung des Subjekts wie die gesunde Funktion; und auch die Störung selber, nämlich die Starrheit der ungünstig gewordenen Funktionsform wird vom Subjekt selbst aufrechterhalten. (Im Augenblick, da das Subjekt „losläßt" und sich sein eigenes Subjektsein wieder gestattet, verschwindet auch die Starrheit der Symptome, und die Funktionen passen sich allmählich den Bedingungen der Gegenwart an.) Trotzdem also die Symptombildung letzten Endes vom Subjekt ausgeht, geht doch von dem gleichen Subjekt später auch die Bekämpfung des Symptoms aus. Aber dieser „Wunsch nach Heilung" steht völlig im Dienste der Ich-Maske. Er lautet eigentlich: „Ich möchte das Symptom loswerden, ich möchte den versteckten Rest meiner Subjektität vor der Wirksamkeit der Teufelskreise bewahren, – aber ich möchte zu diesem Zweck auch die Ich-Maske beibehalten, und ich möchte keinesfalls das volle Wagnis des Lebens auf mich nehmen. Die Einschränkungen meiner Subjektität sollen bestehen bleiben, soweit sie der Sicherung dienen. Aber die Unkosten für diese Sicherung, nämlich eben die Symptome, möchte ich vermeiden. Ich möchte leben, ohne die Last des Lebens zu tragen; ich möchte ausweichen, ohne die Folgen meiner Flucht auf mich zu nehmen." So ist der Kampf gegen die Krankheit nicht in Wirklichkeit

ein Streben nach Gesundheit und nach Vervollständigung der
Subjektität, sondern nur ein neues Mittel, um die alte Flucht vor
dem Leben fortzusetzen. Die Aufrechterhaltung des Symptoms und
der Kampf gegen das Symptom stehen nicht im Widerspruch zueinander, sondern sie bedingen sich gegenseitig; sie gehören zusammen wie die beiden Hälften eines raffinierten, aber völlig unbewußten einheitlichen Planes.

So erhält sich eine Funktionsstörung, wie hier auf der körperlichen Seite das Erröten und auf der seelischen Seite die Errötungsangst, scheinbar als selbständige Macht, als Staat im Staate, auch
dann noch, wenn nicht nur das Subjekt selbst, sondern auch die
Ich-Maske durch dieses Symptom aufs schwerste beeinträchtigt
wird. Der Kampf gegen das Symptom wird nun zum Hauptberuf
des Patienten; und auch auf diese Weise entgeht er noch immer
dem Ineinandergreifen von Handeln und Leiden, von aktiver und
passiver Subjektität; er bleibt also auch jetzt noch der Flucht-
tendenz treu, die seinerzeit den Anfang der Psychosklerose gebildet
hat. Und erst, wenn er erlebt, daß er gerade durch diese Flucht
mitten in sein Schicksal hineingeraten ist, daß er leidet, ohne sich
wehren zu können, und daß er sich entscheidet, ohne es zu wissen,
daß er also genau so sehr Mensch ist wie jeder andere, nur ohne
es sich selber einzugestehen, dann erst kann der Weg der Heilung
beginnen. —

Was hier für die Errötungsangst beschrieben wurde, gilt in ganz
ähnlicher Weise auch für andere Symptome, so etwa für das nervöse
Erbrechen, das nervöse Asthma und den nervösen Hustenreiz. Auch
die Schlafstörungen, die Vergeßlichkeit, die Rechenhemmung, das
Stottern, der Schreibkrampf, die Herzneurose, die Neuralgie und
die nervösen Störungen der Darmfunktion sind hier zu nennen; ja
zum Teil gehören auch Impotenz und Frigidität in diesen Zusammenhang. —

Bei jeder neurotischen Symptombildung lassen sich die folgenden
Einzelheiten feststellen:

1. Es muß schon vorher eine Psychosklerose bestanden haben, die
   die volle Begegnung des Menschen mit der Wirklichkeit, nämlich
   sein gleichzeitiges aktives und passives Subjektsein, verhinderte.
2. Es muß im Bereich der körperlichen oder seelischen Funktionen eine Möglichkeit bestanden haben, die betreffende

Funktionsstörung in Gang zu setzen. So setzt die Erythrophobie eine gewisse Labilität des vasomotorischen Systems voraus; die Denkhemmung kann nur bei geistig beweglichen und somit intelligenten Menschen eintreten; das Stottern kommt nur zustande, wo die Sprachfunktion von vornherein zart und sensibel angelegt ist.

3. In der Umgebung des Neurotikers muß sich die Symptombildung als wirksam erweisen. Wenn die Errötungsangst jenes Knaben auf seine Mutter keinen Eindruck gemacht hätte, wäre sie nie zu einem Dauersymptom erstarrt. Der Patient hätte sich dann gegen das Ausgelachtwerden auf andere Weise gesichert; die Neurose hätte eine andere Form angenommen, aber sie hätte den gleichen Grad der Entmutigung in sich enthalten.

4. Hinter dem System der Symptome und der Symptömchen läßt sich stets als einheitliche Quelle und als Beziehungspunkt des Ganzen ein Zurückweichen vor der vollen Subjektität nachweisen. Jede Neurose ist ein Abwehrkampf gegen das gleichzeitige Aktiv- und Passivsein des menschlichen Subjekts. Alle Symptome sind Mittel; die Sicherung vor dem Wagnis des Lebens ist ihr einziger Zweck.

5. Im Laufe der Zeit gewinnen die einzelnen Funktionsstörungen soviel Selbständigkeit, daß scheinbar eine selbständige Teilpersönlichkeit (die Angst, die Feigheit, die Neurose, oder wie man sie nennen will) dem gesundgebliebenen Rest des Menschen gegenübertritt. Für die Feststellung des Tatbestandes kann eine solche Beschreibung gute Dienste leisten; für die Heilung ist es jedoch nötig, daß die Einheitlichkeit der Person unmittelbar erlebt wird. Sowohl die Neurose selbst wie auch der Kampf gegen die Neurose muß als Flucht vor dem Leben entlarvt werden.

6. Der Kampf gegen die Symptome muß ersetzt werden durch die vorsichtig beginnende und zweckmäßig abgestufte Auseinandersetzung mit der Wirklichkeit. Die Heilung besteht nicht in der Beseitigung der einzelnen Funktionsstörungen, sondern im Erwachen einer stärkeren Subjektität, einer größeren Bereitschaft zum gleichzeitig aktiven und passiven Subjektsein und zur lebendigen Auseinandersetzung mit der Wirklichkeit, auch wenn die Symptome zunächst noch eine Zeitlang fortbestehen.

17. Phobien und Süchte

Wir sahen, daß die Urangst und die Flucht des Menschen vor dem gleichzeitig verantwortlichen und leidenden Subjektsein die Grundlage aller Charakterentgleisungen bildet. Wir sahen ferner, daß jedes neurotische Symptom als ursprünglich sinnvolle, dann aber erstarrte und schädlich gewordene Sicherung gegen die Gefahren des Lebens verstanden werden kann. Wenn die Urangst selbst zu einzelnen Angstanfällen erstarrt, sprechen wir von einer Angstneurose. Wenn die Angstanfälle sich nicht mehr an jeden beliebigen Gegenstand hängen, sondern wenn sie ohne Rücksicht auf die Gesamtlage an bestimmte Gegenstände gebunden sind, geht die Angstneurose in eine Phobie über.

Eine solche Phobie läßt weit deutlicher als die noch unbestimmte Angstneurose alle Merkmale der neurotischen Symptombildung erkennen. Wir können sie jetzt beschreiben als die eingeschränkte und monosymptomatisch gewordene, an ein einzelnes Symbol geknüpfte Urangst des Menschen. Es ist, als ob an dieser einen Stelle noch eine Verbindung wie ein Rohr von der Oberfläche des Alltags hinabreiche bis in das Zentrum des Menschentums. Denn letzten Endes ist es das Subjekt selber, dessen Wesen sich auch hier in den Symptomen äußert. Interessant ist dabei die Stellungnahme des bewußten Ich: Der Patient bekennt sich einerseits noch zu seiner Phobie; er sagt, er fürchte sich wirklich vor den Hunden oder den Katzen; andererseits aber empfindet er diese Erlebnisse schon als widersinnig und krankhaft; er gäbe viel darum, wenn er sie los wäre; er steht wie in jeder echten Neurose auch hier schon im Kampfe gegen sein eigenes Symptom. Das Subjekt schafft und speist die Phobie auf dem Wege über unbewußte symbolische Zusammenhänge; und das gleiche Subjekt kämpft gegen die Phobie auf dem Wege über die angeblich lebensbereite Ich-Maske. Im ganzen gesehen aber bildet dieser aussichtslose Kampf die allerbeste Sicherung gegen das lebendige Verbranntwerden, das die eine Seite der Gesundheit ist und das dem Patienten drohend (bewußt oder unbewußt) vor der Seele steht.

Keineswegs aber darf die Angst als eine Kraft verstanden werden, die sich in verschiedenen Formen äußern könnte. Das Bild von der „seelischen Energie" ist nicht einmal für die Beschreibung recht brauchbar; und als Erklärungsversuch enthält es die große Gefahr, daß der Patient immer und der Arzt recht oft darauf verfällt, die vorhandenen Energiemengen messen zu wollen[1]). Anstatt zu sagen, es fehlt an Energie, sollte man sagen, es fehlt dem Subjekt an Wachheit; denn wenn die vorhandene Energie verbraucht ist, weiß man nicht, aus welcher Quelle man den Vorrat ergänzen soll. Man verfällt schließlich auf magische Versuche und magnetopathische Experimente, die an dieser Stelle nur schädlich sein können, da sie aufs neue die Verantwortung mindern. Wacher werden dagegen kann jedes Subjekt; wer noch leiden kann, kann auch wach werden; wer nicht mehr aufwacht, leidet auch nicht mehr.

Auch in der Phobie äußert sich die Gegnerschaft des Patienten, seine Einstellung „gegen das Negative", sein „aktiver Pessimismus", seine Flucht vor dem Wesen des Menschentums. Am deutlichsten tritt dieser Zusammenhang bei der Claustrophobie zutage, die sich am besten mit einem studentischen Ausdruck als „Budenangst" beschreiben läßt. Sobald der Patient sich in einem kleinen Raum befindet, aus dem er nicht mehr ohne weiteres heraus kann (etwa in einer fahrenden Straßenbahn oder in einem Zimmer mit verschlossener Tür), setzt ein Angstanfall von furchtbarer Heftigkeit ein. Ihm wird erst wieder wohl, wenn er draußen im Freien steht und nach Belieben herumgehen kann. Das Stichwort heißt „Gefangensein", „Wehrlossein", „Ausgeliefertsein", oder in der Sprache der dialektischen Charakterkunde „zum Objekt gemacht werden".

Es ist kein Wunder, daß ein solcher Mensch meist auch das Sitzen auf dem Stuhl des Zahnarztes oder das Liegen auf dem Operationstisch wie den schrecklichsten aller Schrecken empfindet. Der Nadir, der Tiefpunkt des Lebens, klingt an; die Situation, die objektiv recht harmlos sein kann (z. B. wenn der Patient sich selbst im Badezimmer eingeschlossen hat, und wenn er nur denkt, daß sich das Schloß im Notfalle nicht rasch genug öffnen ließe), wird subjektiv als Symbol für die Hilflosigkeit, für das „Geworfensein" des Menschen erlebt. Nicht ein Memento mori, sondern ein

---

[1]) Dieser „naturwissenschaftliche" Energiebegriff, der sich auch theoretisch als unbrauchbar erweist, findet sich bei Jung ebenso wie bei Freud, und gelegentlich auch bei Kretschmer (L. 12, Bd. V, S. 92; L. 19, S. 9ff., und L. 25, S. 61).

Memento vivere tritt hier in Wirksamkeit; es wird daran erinnert, daß der Mensch nicht allmächtig ist, daß er sich vieles gefallen lassen muß, auch wenn er nicht damit einverstanden ist; und gegen diese Zumutung bricht die Revolte des gefährdeten Subjektes los. Der Patient ist gegen jede, auch die kleinste Einschränkung seiner Freiheit, weil er grundsätzlich diese Seite des Menschentums ablehnt. Darum läßt sich stets auch der Gegenzug in seinem Charakter nachweisen, nämlich die Sehnsucht nach unbeschränkter Souveränität, nach grenzenloser Freiheit und gottgleicher Allmacht. Das Primäre liegt aber auch hier auf der negativen Seite: nur weil man gegen die Beschränkung ist, erträumt man sich die Schrankenlosigkeit.

Das Gegenstück zur Claustrophobie, das in manchen schweren Fällen sogar mit ihr verbunden auftritt, ist die Platzangst, die Agoraphobie. Auch hier wirkt eine Andeutung von Hilflosigkeit und Ausgeliefertsein als angstauslösendes Memento. Aber nicht ein Zuwenig, sondern ein Zuviel an Freiheiten und Möglichkeiten bringt den Stein ins Rollen. Vielleicht kann jeder, der allein auf einem großen, freien Platze steht, eine leise Andeutung dieses Vorgangs in sich beobachten; und auch der ruhigste Charakter wird gelegentlich davon ergriffen, wenn die äußere Lage sich noch mehr verschärfte. In der Einsamkeit des Hochgebirges, auf den klaren Gipfeln, überfällt wohl jeden einmal – auch den geübtesten Bergsteiger – ein Anhauch von urmenschlicher Angst. Der Träger des Bewußtseins, das Subjekt selbst, sieht sich verloren, ausgeliefert und völlig allein in einer ungeheuren Welt von toten Objekten. Die Wirklichkeit ist leer; das Gegenüberstehen von Subjekt und Objekt bleibt ohne Gleichgewicht; das Übermaß der Objekte droht in ein Nichts umzuschlagen, weil kein Subjekt mehr da ist, das ihm standhalten könnte. Es ist, wie sich später zeigen wird, die Grenze des Wahnsinns, die hier plötzlich hervortritt.

Wer an Platzangst leidet, hat ein ähnliches Erlebnis, das aber zum Symptom erstarrt ist und das ihm das praktische Leben fast bis zur Unmöglichkeit verleidet. Das entscheidende Dressat hat etwa die Form: „Sobald ich allein in der weiten Welt dastehe, bin ich den Aufgaben der Wirklichkeit nicht mehr gewachsen; ich brauche Menschen, die mir helfen – oder ich falle hin und bin verloren."

Die Claustrophobie findet sich besonders bei Stars und Cäsaren; die Agoraphobie bei Stars und Heimchen; das Zusammentreffen beider kommt am leichtesten (aber nicht ausschließlich) bei kraß starhaften Charakterformen vor. In beiden Fällen tritt die Heilung nur ein, wenn der Patient die Hilflosigkeit, die im Wesen des Menschen liegt, von Grund aus bejaht. Aber die Aufgabe heißt nicht, sich nur passiv in diese Grenzen des Menschentums einzufügen, sondern gleichzeitig und in noch höherem Maße kommt es darauf an, daß der Patient diese Grenzen lieben, als Aufgabe begreifen und produktiv überwinden lernt. Doch davon wird später die Rede sein.

Von anderen Phobien, wie etwa der Bazillenangst, der Einbrecherangst und vielem ähnlichen, braucht nach dem Gesagten nicht mehr ausführlich gesprochen zu werden. Die Aufklärung des einzelnen Falles wird nach den allgemeinen Regeln der neurotischen Charakterstruktur ohne allzu große Schwierigkeit gelingen. –

Bei den Süchten handelt es sich um den gleichen Vorgang wie in den Phobien, nur daß hier die Einstellung gegen das Negative scheinbar ersetzt ist durch die Einstellung für das positive Gegenteil des Negativen. Aber dieses positive Ziel ist ebenso „geronnen", starr geworden und auf die Betätigung einer einzelnen Funktion eingeschränkt, wie es im umgekehrten Sinn bei den Phobien der Fall ist. In der Phobie wird ein bestimmtes Objekt oder die Begegnung mit ihm zum Symbol aller Nöte und aller Gefahren, die das Menschentum in seiner Wurzel bedrohen. In der Sucht wird ein bestimmter Genuß oder das Verlangen nach einem bestimmten Objekt zum Symbol für alles Glück, alles „Obensein" und alle Selbstherrlichkeit, die für einen Sterblichen vorstellbar ist. In der Phobie wird der erstarrte und gleichsam zum Gegenstand gewordene Nadir (das -100) immer wieder symbolhaft erlebt; in der Sucht wird der erstarrte und gleichsam zum Gegenstand gewordene Zenith (das $+100$) immer wieder in symbolischer Form angestrebt, ohne freilich ganz erreicht werden zu können.

Der einzelne Genuß mag durch Alkohol, Nikotin oder Morphium, durch Onanie, durch Hazardspiel, durch Stehlen, durch Aufhäufen von Schätzen, durch perverse Erotik oder ganz einfach durch die Verführung von Frauen oder Männern angestrebt werden; er bedeutet für den Patienten immer wieder den Ausgleich alles Elends, aller Entbehrungen und Erniedrigungen, mit denen sein Lebensschicksal ihn belastet hat. Die Sucht ist also gegenüber der Phobie etwas Sekundäres, gleichsam eine Weiterbildung, oder wenn man es so nennen will, sie ist eine Kompensation der Angstneurose; während die Phobie eine inselartige Eingrenzung und Erstarrung der Angstneurose genannt werden kann. Die auf ein Einzelsymptom beschränkte (monosymptomatische), gleichsam röhrenförmige Verbindung reicht auch bei der Sucht vom Befriedigungszwang ziemlich geradlinig hinab bis zur Urangst und somit bis zum Ausgangspunkt aller Neurosen. Darum ist es selbstverständlich, daß im Heilungsprozeß das Auftauchen und das Abbauen der Angst eine wichtige Durchgangsstation darstellt. Daß aber dem Patienten dieser Zusammenhang weder bewußt, noch überhaupt vorstellbar ist, erklärt sich aus der Tatsache, daß die Einstellung „für das Positive" hier wie überall in der Neurose nur ein scheinbares „Für" vorspiegelt und daß sie in Wirklichkeit nur die Verschleierung der Einstellung gegen das Negative bedeutet.

Nehmen wir an, ein junger Mensch hat den Druck des Lebens frühzeitig und heftig zu spüren bekommen. Er ist ein zartes, etwas introvertiertes Kind gewesen, das sowohl den Genuß wie auch die Entbehrung stark und mit allen Sinnen erlebt hat. Jetzt ist es einerlei, ob dieses Kind zuerst verwöhnt war und dann gelegentlich schlecht behandelt wurde (je größer die Verwöhnung ist, um so schmerzlicher werden schon die kleinsten Niederlagen empfunden), oder ob von Anfang an die Verwöhnung nur gering und die Entbehrung und das ungestillte Verlangen recht groß gewesen ist; nur daß die Entwicklung hauptsächlich auf der weichen Seite in der Linie Star-Heimchen und nicht auf der harten Seite in der Linie Cäsar-Tölpel vor sich geht, muß vorausgesetzt werden. Dies Kind erlebt nun mehr oder weniger zufällig einen plötzlichen Ausgleich des drohenden Minus, das wie eine schwere Dunkelheit schon lange Zeit auf ihm lastet. Eine Näscherei, ein kleiner Diebstahl oder auch die Selbstbefriedigung verschafft ihm plötzlich ein rauschartiges Obensein, fast ohne Aufwand, ohne Unkosten und ohne Gefahr.

Es ist ein Kennzeichen zumindest für die „einfachen" Süchte, daß die fraglichen Genüsse zunächst „gesicherten Ichs", also ohne Einsatz der Persönlichkeit, erreichbar sein müssen; die späteren und komplizierteren Süchte, wie etwa der zum Zwang entartete Alpinismus, die sportliche Rekordsucht und der starrgewordene religiöse Fanatismus, zeigen freilich eine reichere Struktur, doch ist ihre Grundlage noch immer die gleiche.

Nun ist das Mittel entdeckt, durch das man die nach unten zusammengedrückte Sprungfeder des Selbstgefühls beliebig oft und beliebig hoch hinaufschnellen lassen kann; der fortschreitende Rückzug in die Introversion wird noch einmal durch einen extravertierten Vorstoß unterbrochen. Aber sofort folgt auch das zweite Erlebnis, das die Feder automatisch wieder zusammendrückt. Gerade weil die Befriedigung ohne Leistung, ohne Verdienst und ohne Zusammenhang mit dem gesunden Leben zustande kam, kann sie unmöglich von Dauer sein; im Gegenteil, die Unkosten, die man zunächst vermeiden konnte, müssen nachträglich doppelt bezahlt werden. Die Körpergifte, wie Alkohol, Nikotin, Morphium, Opium, Haschisch und ähnliche, führen ausnahmslos zu einem physischen „Kater"; der Wellenberg hat das Wellental mechanisch zur Folge. Und die mehr seelischen Rauschzustände auf dem Gebiete der Erotik, des Fanatismus oder einer sonstigen Leidenschaft verlaufen nach den gleichen Gesetzen; auch hier wird ein Höhepunkt des Erlebens, der an sich unberechtigt war und nur eine Art von Raubbau an den seelischen Möglichkeiten darstellte, nachträglich ausgeglichen durch einen Tiefpunkt der Erschöpfung, der Mattigkeit und der seelischen Leere.

Dies neue Tief stellt in verstärktem Maße die Lage wieder her, die vor dem süchtigen Genuß bestanden hatte; die Feder ist wieder zusammengedrückt, und die Bereitschaft zum Sprung in die Höhe ist stärker denn je. Die Möglichkeit aber, auf einem gesunderen Wege aus dem Druck herauszukommen, ist geringer geworden. Die Eignung zur wirklichen Leistung und zur sachlichen Ordnung des Lebens ist von neuem herabgesetzt, so daß scheinbar nichts anderes übrigbleibt als die Wiederholung des eben erlebten Genusses trotz aller schlechten Folgen, die man mit in Kauf nehmen muß. — Wie eine unheimliche, dämonische Macht beginnt der Teufelskreis sich zu drehen, und der Patient hat keine Möglichkeit, ihm zu entrinnen. Und doch stammt die Heftigkeit des Verlangens letzten Endes aus dem gleichen Subjekt, aus dem auch die Abwehrkämpfe und die Heilungsversuche hervorwachsen. Es ist die gleiche scheinbare Spaltung wie in der Phobie: Auf dem Wege über die unbewußte „innere Verfassung" kommt die Sucht zustande; auf dem Wege über das bewußte Ich (das gesund und gut sein, aber nicht leiden will) werden die Symptome heftig und erfolglos

bekämpft. Das ganze lebenswidrige Drama jedoch dient als Lebens-
ersatz; es schiebt sich wie eine undurchdringliche Mauer zwischen
das Subjekt und die Wirklichkeit. Der Erfolg ist erreicht; die Flucht
vor dem Leben gelingt.

Man kann die Einstellung des Süchtigen genau wie die des Pho-
bischen auch beschreiben als ein völliges Überwiegen des „Jetzt"
gegenüber der Vergangenheit und der Zukunft, die ihren Wirklich-
keitswert gänzlich verlieren. Die augenblickliche Not und der
augenblickliche Genuß stehen riesengroß im inneren Sehfeld des
Patienten, fast als ob die Welt nichts anderes enthielte als die jetzige
Entbehrung und als die Befriedigung, die in der nächsten Sekunde
erreicht sein kann. Die Gegenwart wird alles, wird Ewigkeit, Zeitlosigkeit, Absolutheit; und der Mensch wird — scheinbar — Gott.
Diese Überwertigkeit des Jetzt und des Hier (die auch im Rausch
der mystischen Verzückung eine wichtige Rolle spielt) hat philoso-
phisch eine große Bedeutung. Aber es ist wohl zu beachten, daß in
der Sucht das gesteigerte Jetzt und Hier nicht eine wirkliche Steigerung des Subjektseins bedeutet (wie es in der echten Mystik der
Fall ist), sondern daß eine starre Ich-Maske zwangsläufig handelt,
während ihr lebendiges Subjekt getarnt und passiv im Hintergrund
wartet. Die Wirklichkeit oder das eigentliche Leben des Patienten
ist der Kampf gegen die Angst, die Auseinandersetzung mit dem
„Auch-Objektseinmüssen", also gerade das Gegenteil von der
scheinbar erhöhten Subjektität, die in einem scheinbar gesteigerten
Jetzt und Hier zur Schau getragen wird.

Die Funktionsneurosen, von denen vorher die Rede war, zeigen
dagegen eine gesteigerte Bedeutung des Vorher und Nachher,
während das Jetzt in ihnen fast zur Wirkungslosigkeit hinabsinkt.
Wer an Phobien oder Süchten leidet, ist ganz ein Mensch des
Augenblicks; wer an neurotischen Funktionsstörungen leidet,
kennt die Gegenwart nicht, sein Leben ist aufgeteilt zwischen Erinnerungen und Erwartungen.

Je weiter die Sucht sich entwickelt, um so mehr wird das ursprüngliche Minus ersetzt durch das Minus der Krankheit. Zuerst
hieß es vielleicht: „Mich liebt niemand, ich habe nur Unglück, ich
bin allein in der Welt." Nun nimmt es die Form an: „Ich bin
der Sucht verfallen, ich bin ein verlorener Mensch! Was könnte
ich leisten, wenn diese furchtbare Krankheit nicht wäre!" Die

Rückführung des „Minus der Sucht" auf das ursprüngliche „Minus der Kindheit" bildet die schwerste und wichtigste Aufgabe für die Behandlung der Süchte.

Genau nach dem gleichen Schema wie Alkoholismus und Morphinismus kann auch der Onanismus — die zur Sucht entartete onanistische Gewohnheit — verstanden werden. Und das gleiche gilt von der Kleptomanie und von vielen sogenannten Monomanien (z. B. auch von der Sammelwut, die gelegentlich zum Diebstahl wertvoller Kunstwerke führt). Ein wenig anders scheint in den meisten Fällen die Spielwut der Hazardeure zustande zu kommen. Hier findet man oft eine direkte Ersetzung des Lebens durch das Spiel. Wagnis und Einsatz, aktives Planen und passives Ausgeliefertsein sind in hohem Maße vorhanden. Der Spieler liebt das Leben, doch in einer verdünnten und gleichzeitig doch konzentrierten Form, durch die er sich den Verpflichtungen des Alltags entziehen will.

Rachsucht und Eifersucht gehören nur in seltenen Fällen dem Bereiche der eigentlichen Süchte an. Sie stellen meist noch Bestandteile der Psychosklerose dar. Und das gleiche läßt sich von vielen sexuellen Schwierigkeiten behaupten. Donjuanismus, Sadismus, Masochismus und Homosexualität stehen auf der Grenze zwischen psychosklerotischen Charakterzügen und süchtigen Symptombildungen. Es handelt sich zwar stets um eine Flucht vor der lebendigen Subjektität; die Funktionsmöglichkeit und, was dasselbe ist, die Erlebnismöglichkeit wird aufs stärkste beschränkt; aber meist steht es dem Menschen noch frei, ob er in dieser eingeengten Richtung etwas erleben will oder nicht. Der Sadist kann Erotik nur auf sadistischem Wege erleben; ob und wieweit er es tatsächlich tut, steht ihm noch frei. Bekanntlich gibt es aber viele Fälle, in denen auch das Bedürfnis selbst in neurotischer Steigerung auftritt. Dann ist nicht nur seine Form, das Wie, eingeengt und dadurch der freien Gestaltung entzogen, sondern auch die Betätigung selbst, das Ob, unterliegt der Zwangsläufigkeit. Das gilt besonders vom krassesten Fall dieser Art, nämlich vom Lustmörder. Das sexuelle Bedürfnis wird für ihn zum Zwang; er muß es betätigen, auch wenn er sich noch so heftig dagegen wehrt. Die Form aber, in der er es betätigen muß, ist ebenfalls festgelegt; er kann nicht ein gewöhnliches Abenteuer erleben, er muß Blut vergießen.

Die Grenze zwischen Psychosklerose und Neurose läßt sich auf
dem Gebiete der Süchte genau so feststellen wie auf dem der Phobien, und besonders die sexuellen Entgleisungen bieten hier der
Forschung ein überreiches Material. Doch müssen diese Dinge der
Einzeluntersuchung überlassen bleiben. Vorerst kann nur das allgemeine Schema der Neurosen aufgestellt und die Landkarte des
neurotischen Gebietes in großem Maßstabe entworfen werden.
Darum sei jetzt nur noch einmal auf den Unterschied hingewiesen,
der einerseits die Funktionsneurosen, und zwar besonders die
körperlichen, und andererseits die Phobien und die Süchte voneinander zu trennen scheint.

Man kann beobachten, daß Menschen mit starrer Extraversion
sehr stark zu körperlichen Funktionsstörungen neigen, während die
starr Introvertierten weit häufiger an Süchten und Phobien leiden.
Diese Zuordnung stimmt nicht überall, wie ja auch die Einteilung
zwischen Intro- und Extraversion nicht immer durchführbar ist.
Besonders auf dem Gebiete der Mischformen gibt es zahlreiche
Ausnahmen. Im ganzen aber läßt sich doch verstehen, daß der starr
Extravertierte, dem die Auseinandersetzung mit seiner Innenwelt
durch Dressate verboten ist, im Falle einer schweren Belastungsprobe zunächst mit körperlicher Symptombildung reagiert. Ein
solcher Mensch ist von vornherein zu stark mit der Außenwelt verwachsen. Sein Subjekt klebt am äußeren Objekt; das innere Objekt
existiert für ihn kaum. Wenn er nun von außen her stark belastet
wird, verstärkt er zunächst seine extravertierte Tätigkeit. Er wird
unruhig, erregt und gespannt. Aber schon in dieser Haltung zeigt
sich, daß die Antwort auf die erhöhte Inanspruchnahme nicht ausschließlich in verstärkter Extraversion bestehen kann; auch innere
Vorgänge müssen sich verstärken; wer nach außen lebhafter
reagiert, muß auch in seinem Innern lebhafter arbeiten. Und je
höher die Anforderungen steigen, um so deutlicher zeigt sich eine
Durchbrechung der starren Extraversion (vorausgesetzt, daß kein
plötzliches Loslassen der Objekte, wie in der Schreckpsychose, zustande kommt). Inselartig oder röhrenförmig entsteht eine Lücke
in den Dressaten, die das Innenleben des Patienten fesseln[1]). Und

---

[1]) Diese „Lücke" entspricht jedoch nicht einer teilweisen Heilung,
sondern im Gegenteil einer Steigerung der Neurose. Der starre Panzer
wird durch das starre Ventil nur noch verstärkt.

begreiflicherweise werden zunächst diejenigen Teile des inneren Objekts in (mechanische) Bewegung geraten, die am wenigsten „verboten" sind. Wenn beispielsweise das psychosklerotische Dressat hieß: „Ich habe kein Innenleben und besonders keine Gefühle, sonst würde ich weibisch erscheinen, und das könnte ich nicht ertragen", so wird nun ein Zusatzparagraph in Kraft gesetzt, der etwa lautet: „Aber wenn man mich zu schlecht behandelt, fühle ich doch etwas, nämlich krampfartige Schmerzen im Magen oder Migräne im Kopf; dann erscheine ich nicht weibisch, sondern heldenhaft wie ein Martyrer." – Die nervösen Funktionsstörungen finden sich daher besonders häufig (aber nicht ausschließlich) bei Extravertierten.

Ganz ähnlich läßt sich die Verwandtschaft zwischen der Introversion und den Phobien und Süchten verständlich machen. Ein Mensch, dem die Auseinandersetzung mit dem äußeren Objekt durch Dressate erschwert ist, kann auf die Belastungsproben des Lebens zunächst nur mit einer verstärkten inneren Auseinandersetzung reagieren. Reicht diese innere Tätigkeit nicht aus, so bleibt nur die neurotische Symptombildung übrig. Die bisherigen Sicherungen versagen; die Urangst droht hereinzubrechen. In solchen Augenblicken greift der Mensch auf seine jeweils früheren Notbehelfe zurück. (Falls es nicht zur Psychose kommt.) Er verhält sich darum jetzt ganz ähnlich wie in jener Frühzeit, die dem Beginn der Introversion voranging: er sucht die Hilfe, wo er sie findet, nämlich in der Außenwelt (so entsteht die Sucht), und er versucht der Gefahr auszuweichen, sobald er ihre Anzeichen erblickt; und er erblickt sie selbstverständlich in der Außenwelt (so entsteht die Phobie).

Darum sind Süchte und Phobien gemeinsam gekennzeichnet durch eine röhrenförmige Durchbrechung des Panzers der Introversion. Eine extravertierte Beziehung, ein Ventil, wird starr und zwangsläufig hineingebaut in das System der Dressate, das bisher die Wendung nach außen verbot. Wenn das wichtigste Dressat bisher hieß: „Kümmere dich nicht um die Außenwelt ...", so kann nun ein Zusatzparagraph entstehen, der etwa lautet: „Die Außenwelt geht dich zwar nichts an, aber wenn eine Maus durchs Zimmer läuft, so ist das etwas anderes; wenn du das erleben mußt, ist alles aus"; oder: „Die Außenwelt geht dich zwar nichts an, aber für

Zigaretten oder für Morphium muß gesorgt werden, sonst ist es aus mit allen Dressaten überhaupt." Die Gegenstände der Sucht und der Phobie haben symbolhaften Charakter, weil sie nicht einfach ein Stück der Außenwelt bedeuten, sondern weil sie die Beziehung des Patienten zur Wirklichkeit überhaupt in sich verkörpern; sie sind nicht Teile, sondern sie sind das Ganze der Welt.

Der gleiche Tatbestand findet sich darum auch auf der nächsten Komplikationsstufe wieder: der Extravertierte neigt zur Entfaltung hysterischer Charakterformen, und der Introvertierte zeigt eine deutliche Verwandtschaft zum Zwangscharakter[1]). Und darüber hinaus läßt sich verstehen, daß unter den Psychosen die manisch-depressiven Formen häufiger bei extravertierten und die schizophrenen Formen mehr bei introvertierten Menschen zu finden sind[2]).

18. Der hysterische Charakter

Die Psychosklerose ist eine allgemeine Charakterform, die in jeder Lebensäußerung des psychosklerotischen Menschen zum Ausdruck kommt. Ihr Sinn ist die Vermeidung von Wagnissen, Gefahren und Entscheidungen. Der Mut zum Leben, die ursprüngliche Sehnsucht des Menschen, sich mit der Wirklichkeit auseinanderzusetzen, wird eingeschränkt, wird „verboten", oder wenn man es so nennen will, „verdrängt". Dieser Mut selbst erscheint von nun ab als gefährlich; die Aufforderung oder die Verlockung zu mutigen Wagnissen kann ein Gefühl auslösen, das einerseits mit Freude und Begeisterung und andererseits mit Angst und Grauen recht große Ähnlichkeit hat. Schon der psychosklerotische Mensch „verdrängt" also geflissentlich einen Teil seines Wesens; aber es sind noch nicht (wie Freud meinte) bestimmte Triebe oder Libidoströmungen, die er sich verbietet, sondern es ist ganz allgemein sein eigenes Hindrängen zu den Wagnissen des Lebens, das ihm jetzt Angst macht[3]).

---

[1]) C. G. Jung hat auf diese Beziehung nachdrücklich hingewiesen (L. 20, Kap. 10).

[2]) Hieraus ergibt sich einerseits eine Verwandtschaft zwischen dem pyknisch-zykloiden Typ von Kretschmer und dem extravertierten Typ von Jung, und andererseits zwischen dem leptosom-schizoiden Typ von Kretschmer und dem introvertierten Typ von Jung.

[3]) Freud (L. 12, Bd. V, S. 463).

Das gleiche gilt in noch höherem Maße von den monosymptomatischen Neurosen. Die Abwehr gegen alle Versuchungen und
Lockungen des Lebens hat eine weitere Einschränkung der Subjektität nötig gemacht. Der Mensch strengt sich gleichsam selber
an, um sich am Vorwärtsgehen zu hindern. Aber er kämpft nun
auch wiederum gegen diese Hindernisse, die er sich selbst in den
Weg legt. Die innere Zerrissenheit und der Widerspruch zwischen
den verschiedenen Lebensäußerungen, die doch aus demselben
einheitlichen Subjekt sinnvoll hervorwachsen, wird jetzt so ver-
wirrend, daß der Patient selber ihn keineswegs durchschauen kann
– und daß auch die Forschung jahrzehntelang an der Behauptung
festhielt, die Neurose sei durch eine „Spaltung" des Menschen oder
der Persönlichkeit gekennzeichnet.

Aber der entmutigte Mensch kann sich in vielen Fällen nicht
damit begnügen, seine allgemeine psychosklerotische Haltung hier
und da zu besonderen Symptomen zu steigern. Die monosymptomatische Neurose bietet noch keine genügende Sicherheit gegen
die gefährliche Auseinandersetzung mit dem Leben, die von der
Wirklichkeit her immer aufs neue an den Menschen herangetragen
wird und die doch von seiner verstörten und entmutigten Subjektität her mit allen erdenklichen Mitteln bekämpft werden soll. Aus
diesem Grunde kommt es oft schon frühzeitig zu einer weiteren
Komplikationsstufe und damit zu einer noch gründlicheren Einschränkung der Subjektität. In der monosymptomatischen Neurose
besteht das Kennzeichen des einzelnen Symptoms in der Gegnerschaft des Ich (richtiger der Ich-Maske) gegen die Funktionsstörung, die als Krankheit oder als Verhängnis empfunden und dementsprechend bekämpft wird. Dieses Kennzeichen gilt auf der
neuen Komplikationsstufe für die gesamte Charakterform. Man
kann geradezu sagen, der ganze Charakter wird ein einziges großes
Symptom.

Nun haben wir nicht mehr die psychosklerotische Einschränkung
des Subjekts vor uns, die hier und da zu einzelnen neurotischen
Symptomen gesteigert wird; sondern wir finden jetzt eine durch-
gehende Steigerung aller Lebensäußerungen, so daß die ursprüngliche psychosklerotische Grundlage (die auch hier nicht fehlt) kaum
noch erraten werden kann. Das ganze Leben wird zur Neurose, und
nur an wenigen Stellen läßt sich noch ein halbwegs gesundes oder

ein „nur" psychosklerotisches Verhalten erkennen, aus dem man sich ungefähr ein Bild machen kann, wie dieser Mensch wohl leben würde, wenn er nicht zum Vollneurotiker geworden wäre.

Praktisch gibt es selbstverständlich auch zwischen der monosymptomatischen Teilneurose und der Vollneurose alle nur erdenklichen Übergänge und Zwischenstufen. Es kommen Psychosklerotiker mit vielen Einzelsymptomen vor, die im ganzen gesehen weit kränker sind als mancher Vollneurotiker, der noch größere gesunde Inseln in sich trägt. Theoretisch aber muß man daran festhalten, daß die Grundeinstellung zur Wirklichkeit beim Vollneurotiker um eine ganze Stufe komplizierter und darum auch schwieriger ist als bei allen bisher besprochenen Fällen. Und zwar läßt sich das entscheidende Merkmal, nämlich die schon erwähnte Ausdehnung der Symptom-Struktur auf den gesamten Charakter, am einfachsten (aber unzulänglich) beschreiben als Widerspruch oder inneren Gegensatz in der menschlichen Persönlichkeit. Und tatsächlich sind sich die meisten Autoren trotz ihrer sonstigen Meinungsverschiedenheiten über diesen Punkt einig. Sigmund Freud führt bekanntlich alle Psychoneurosen auf Verdrängungen zurück. Ludwig Klages spricht ganz ähnlich wie die älteren Autoren von einer Spaltung zwischen Ich und Es. Hans Blüher glaubt, beim Hysteriker eine „verhängnisvolle Spaltung seines Ich" zu erkennen.

Wir halten es für ratsam, den Ausdruck „Spaltung" ganz zu vermeiden, da die Übernahme der vollen Verantwortung durch den Patienten — die den einzigen Weg zur Heilung darstellt — durch eine solche Bildersprache nur noch schwerer gemacht wird. Wir sprechen auch nur ungern von einem „inneren Es" und niemals von abgespaltenen Trieben oder gar von „Teilpersönlichkeiten", die dem bewußten Ich gegenüberstehen[1]). Sondern wir machen nur auf Erlebnismöglichkeiten, auf Wagnisse, Bedürfnisse und Entwicklungswege aufmerksam, an die sich der Patient bisher noch nicht herangewagt hat.

Darum können wir die neurotischen Symptome auch nicht als „Ersatzbildungen" oder „Kompromißbildungen" auffassen, in denen etwa die verdrängten Triebe doch noch eine Befriedigung, wenn auch in entstellter Form, erlangen würden. Auch diese Bildersprache erscheint uns noch zu sehr den neurotischen Standpunkt

[1]) Im Gegensatz zu Jung (L. 18, S. 97).

zu vertreten. In ihr spricht noch der (selbstverständlich unbewußte) Anwalt des Pessimismus. Wir sagen lieber, daß der Vollneurotiker seine Lebensarbeit durch die Arbeit der Neurose ersetzt.
Die Neurose wird zu seiner wichtigsten, wenn nicht gar zu seiner
einzigen Beschäftigung. Sein Leben erschöpft sich in der Flucht
vor dem Leben; seine Produktivität leistet Wunder über Wunder
auf der negativen Seite. Um nicht auf der hellen Seite produktiv
werden zu müssen, produziert er dauernd neue Sicherungen; er
wird ein Meister in der Abwehr gegen die Meisterprüfung des Lebens. Darum ist es nicht verwunderlich, wenn auch in dem weit-
verzweigten Bau der Neurose alle Fähigkeiten und Möglichkeiten,
alle Bedürfnisse und Eigenschaften des neurotischen Menschen zu
einer gewissen Art von Entfaltung gelangen. Das ist nicht Wieder-
kehr des Verdrängten aus der Verdrängung, sondern das ist lebendige Betätigung eines Subjektes im Dienste der Gegnerschaft gegen
das Leben.

Um aber genauer darstellen zu können, wie sich die Vollneurose
zu gestalten pflegt, muß auch hier die Unterscheidung durchgeführt
werden, von der schon mehrfach die Rede war. Wo sich in den
psychosklerotischen Fundamenten des Charakters überwiegend
solche Dressate finden, die die innere Verarbeitung der Erlebnisse
verbieten, wo also eine starre Extraversion entsteht, da muß die Vollneurose, falls sie einmal zur Entwicklung kommt, unweigerlich die
Form des hysterischen Charakters annehmen. Und wo umgekehrt
schon in der psychosklerotischen Schicht die Auseinandersetzung
mit der äußeren Welt durch Dressate verhindert wird, wo also eine
starre Introversion besteht, da muß die etwaige spätere Vollneurose
die Form des Zwangscharakters annehmen. Auch wurde schon gesagt, daß es die zykloid-pyknischen Menschen sind, die mehr zur
Extraversion und darum zur hysterischen Charakterform neigen,
während die leptosom-schizoiden Menschen mehr zur Introversion
und darum auch im Falle der Vollneurose zu den Formen des
Zwangscharakters tendieren.

Man erinnere sich an die enge Verwachsung zwischen Subjekt
und Objekt, die schon auf der Stufe der Psychosklerose als Ergebnis
der starren Extraversion zu finden war. Man denke sich diesen Zustand soweit wie möglich gesteigert, und man wird verstehen, daß
wir dann einen „Stimmungsmenschen" vor uns haben, der in

Glück und Unglück völlig abhängig ist vom Verhalten seiner Umgebung. Wenn man ihn lobt, fühlt er sich gehoben, wenn man ihn
tadelt, stürzt er ins Nichts hinab; wenn man ihm einen Gegenstand
anpreist, gerät er in Begeisterung, und wenn man ihm den gleichen
Gegenstand nachher verdächtigt, stimmt er auch in das Verdam-
mungsurteil mit ein. Dieser Extravertierte „klebt" an den Urteilen
der jeweils anwesenden Mitmenschen; er ist im höchsten Grade
irritabel, unfrei, abhängig, subaltern und suggestibel.

Damit ist gesagt, daß ihm die innere Selbständigkeit völlig fehlt.
Er ist nicht imstande, zwei Möglichkeiten oder zwei sich wider-
sprechende Ansichten gegeneinander abzuwägen. Weil ihm der
Abstand nach innen fehlt, kann er sich nicht unbefangen einem
„Entweder-Oder" gegenüberstellen; er kann sich nicht innerlich
entscheiden; und darum fehlt ihm auch der Abstand nach außen,
auch außen gibt es für ihn kein Entweder-Oder und keine Möglichkeit der Entscheidung. Blind und steuerlos ist er dem „Zufall" ausgeliefert; er treibt wie ein Wrack auf den Wellen der Wirklichkeit[1].

Das Mitgehen mit den jeweils vorhandenen Personen und ihren
Schicksalen geht so weit, daß dieser Klettenmensch fast wie ein Teil
des anderen reagiert, mit dem er sich gerade verbunden fühlt.
Leidet der letztere an Kopfschmerzen, so tritt dieses Symptom
auch bei dem ersteren auf. Die oft beschriebene Ansteckung der
hysterischen Störungen erklärt sich aus dieser Unselbständigkeit,
diesem Mangel an eigener Subjektität, oder wie wir auch sagen
können, aus diesem Festhalten an frühkindlichen Gefühlsbindungen.

Wer nicht selbständig als Subjekt der Wirklichkeit entgegentreten kann, bleibt stecken in den Lebensformen des ursprünglichen
Wir. Die oft beschriebenen Vorgänge der „Einsfühlung", der Identifikation mit dem Führer, sind Auswirkungen jener allgemeinen
Suggestibilität, die sich in jedem ursprünglichen Wir nachweisen
läßt[2]. Der hysterische Charakter ist demnach gekennzeichnet durch
das Verharren auf der Stufe des ursprünglichen Wir. Der naive
Anspruch an die Fürsorge und die Aufopferung der Beziehungspersonen und die Heftigkeit der Vorwürfe beim Ausbleiben dieser

---

[1]) Die unbehinderte Subjektität erweist sich hier als etwas Ähnliches
wie das „Hegemonikon" der Stoiker. Die Entscheidung, die „Synkata-
thesis", ist das Lebenselement des Subjekts.

[2]) Vgl. Max Scheler (L. 37, S. 120f.).

Hilfeleistungen erklärt sich auf diese Weise. Es handelt sich um eine deutlich erkennbare Entwicklungshemmung.

Aber das Urwir, in dem der Kranke anscheinend steckengeblieben ist, hat sich längst aufgelöst. Von der selbstverständlichen wechselseitigen Rücksichtnahme, der Aufopferung und dem mutigen Einsatz, die zu jedem Urwir gehören, kann keine Rede mehr sein. Die Ansprüche des Patienten sind längst ichhaft geworden, er kämpft für seine eigenen Vorteile, für seine Bequemlichkeit, seine Geltung, seine Herrschaft, ja man kann geradezu sagen, für seine Gottähnlichkeit. Und doch benimmt er sich wie ein kleines Kind, das noch gepflegt und behütet werden muß, weil es nicht imstande ist, selbständig und verantwortlich zu handeln.

Diesen scheinbaren Widerspruch, der alle Äußerungen des hysterischen Charakters durchzieht, kann man am besten durch ein Bild erklären, auf das ein jugendlicher Patient einmal von sich aus verfiel. Er sagte, daß er am liebsten ein Löwenbaby sein wolle; und die weitere Aussprache ergab, daß er dann stärker wäre als alle anderen (der Überlegenheitsanspruch wird durch den Löwen symbolisiert), und daß er gleichzeitig von allen Menschen umschmeichelt und verwöhnt werden würde (die Schutzbedürftigkeit, das noch Ungeborensein der selbständigen Subjektität drückt sich im „Baby" aus). Die beiden Ansprüche aber, Löwe sein wollen und Baby sein wollen, stehen nur scheinbar im Widerspruch zueinander. Sie bilden die zusammengehörigen Seiten der Ich-Konstruktion, die an Stelle der noch völlig unentwickelten Subjektität der Wirklichkeit entgegengestellt wird. Dieser Mensch will nicht im eigentlichen Sinne leben; seine sehr frühe und sehr krasse Entmutigung veranlaßt ihn, dem Zusammenprall mit der Wirklichkeit in weitem Bogen aus dem Wege zu gehen. Statt dessen möchte er ein Scheinleben aufbauen, möchte alle Herrlichkeiten und Bequemlichkeiten des Daseins genießen, möchte herrschen wie ein Löwe und möchte doch gleichzeitig alles Harte und Gefährliche vermeiden, möchte behütet und geschützt werden wie ein neugeborenes Kind. Auch die oft beschriebene Sehnsucht „Zurück in den Mutterleib" wird hier durchaus verständlich[1]. So wird das Leben fast völlig ersetzt durch den Kampf gegen das Leben. Eine Scheinwirklichkeit entsteht, die den Patienten Tag und Nacht in Atem hält. Er wehrt sich

---

[1] Otto Rank (L. 33).

gegen Kränkungen, die er sich ausgedacht hat, und er kämpft um Werte, die nur in seiner Phantasie bestehen. Die früher beschriebene „tendenziöse Apperzeption" feiert geradezu Orgien. — Die Außenwelt aber reagiert gegen dieses seltsame Verhalten völlig verständnislos und meistens recht ichhaft. Man ist zuerst erstaunt und vielleicht geblendet von den zarten und einschmeichelnden Bitten des Babys und noch mehr von den königlichen Krallen des Löwen, die sich wie in einem geistreichen Spiel hinter der samtenen Weichheit der Katzenpfötchen bemerkbar machen[1]). Dann aber tritt die Wirklichkeitsfremdheit, die Lebensuntüchtigkeit und die ichhafte Leistungsscheu nur allzu deutlich zutage; man ist enttäuscht, die Bewunderung schlägt um in kalte Ablehnung; und der Patient hat sich wieder einmal den Beweis für die Richtigkeit seiner alten lebensfeindlichen Grundsätze geholt. „Alle Menschen sind schlecht! Niemand liebt mich! Niemand versteht mich, alle lehnen mich ab!" — In der Kunst, sich Feinde zu machen, ist der Hysteriker unübertrefflich.

Wie jeder extravertierte Mensch hängt auch der Hysterische nicht nur an den Objekten, sondern auch an der Gegenwart. Das äußere Objckt muß gegenwärtig sein. Vergangenheit und Zukunft können nur als innere Objekte auftreten. Darum jagt der Hysteriker einem sofortigen und radikalen Erfolge nach; heute und hier will er sein Ziel erreichen. Und doch schreckt ihn auch die Vergangenheit und die Zukunft, aber nicht als ein inneres Objekt, mit dem man sich auseinandersetzen könnte, sondern als Bestandtcil der Gegenwart. „Damals vor zehn Jahren hat mich mein Bruder beleidigt; das muß er büßen und zwar heute sofort! Denn die Kränkung besteht noch heute!" Vergangenheit und Zukunft werden gleichsam in die Gegenwart hineingerissen; sie werden zum äußeren Objekt gemacht. Darum kann man auch sagen, daß der hysterische Mensch sich hinausschwingt über Raum und Zeit und daß er fast wie ein absolutes Wesen dem ewigen Jetzt und Hier verhaftet ist. So kann er ferne Vorgänge erleben wie Gegenwart, und längst vergangene Leiden können ihn verändern, als ob er sie heute erduldete. Er klebt nicht nur an den äußeren Objekten, die ihn umgeben, sondern auch an Erinnerungsbildern und Zukunftsträumen, über die er (als Extravertierter) keinerlei Macht hat. — Hier kommt auf der höchsten

[1]) Kretschmer (L. 25, S. 33f.).

Stufe der Neurose gerade das zustande, was aufs sorgfältigste vermieden werden sollte, nämlich die Steigerung der Subjektität.

Aber nicht nur in den Schwankungen der Stimmung, im Bejahen und Verneinen, im Wollen und Nichtwollen ist der Hysteriker der Außenwelt anheimgefallen. Da ihm die Möglichkeit der selbständigen geistigen Verarbeitung aller Eindrücke fehlt, müssen seine körperlichen Reaktionen als Antwort auf den Eindruck unkontrolliert und zwangsläufig zustande kommen. Wenn ihn etwas ärgert, kann er nicht Abstand dazu nehmen; er kann nicht über den Dingen stehen, sondern er ist ausgeliefert. Der Ärger geht durch ihn hindurch, ohne einem Widerstand zu begegnen; und er findet seinen Ausdruck in den körperlichen Veränderungen, die ihm normalerweise entsprechen. Sagt man zu einem Hysteriker: „Sie sind ein Idiot!" so antwortet er nicht etwa höflich und überlegen: „Glauben Sie das wirklich? Oder könnten Sie sich nicht vielleicht irren?", sondern er erlebt sofort: „Weh mir, ich bin ein Idiot! In den Augen dieses Menschen bin ich ein Idiot, und somit bin ich tatsächlich ein Idiot!" Er stürzt in den Abgrund seiner Selbstvernichtung; er erlebt seinen Tod. Er schreit noch: „Sie bringen mich um!" Und schon zucken seine Muskeln, er ist nicht mehr Herr seiner selbst, das Bewußtsein schwindet, und er wälzt sich von Konvulsionen gekrümmt auf der Erde.

Der „große Anfall" der klassischen Hysterie ist selten geworden, aber nicht, weil es jetzt weniger Hysteriker gibt als früher, sondern weil die Haltung der Ärzteschaft und auch des Publikums diesen Dingen gegenüber vernünftiger geworden ist. Wir glauben nicht mehr an Dämonen, die in die Menschen hineinfahren; und die Hysterika ist keine Hexe mehr, mit der der Teufel buhlt. Darum ist der finale Erfolg, der sogenannte Krankheitsgewinn, für die krassen hysterischen Symptome geringer geworden. Und wenn es auch noch öfter zwischen dem Hysteriker und seinem Arzt zu einem geistigen Ringkampfe kommt (der immer ein Kunstfehler ist) und wenn es noch überaus häufig solche Kämpfe zwischen dem Patienten und seinen Anverwandten gibt, so wird doch jetzt mit anderen Mitteln gekämpft. Die großen Szenen und Schaustellungen sind überflüssig geworden wie die Reiterattacken im Kriege; aber die kleinen, kaum merkbaren Angriffe, der unterirdische Minenbau und der zähe Stellungskampf im Schützengraben können dafür um so nachhaltiger wirken. Und der Grundzug aller Hysterie, das Einschießen äußerer Wirkungen durch die Bereiche des Psychischen hindurch in die körperlichen Reaktionen hinein, ist heute noch der gleiche wie vor tausend Jahren.

Dieses Einschießen ins Körperliche — die Konversion — ist meist durch besondere Intensität gekennzeichnet. Sobald es zur hysterischen Reaktion kommt, entsteht der Eindruck, daß hier vom Patienten aus eine ganz zentrale und lebenswichtige Stellungnahme erfolgt. Daraus ergibt sich die häufig beschriebene Unangemessenheit der Symptome. Der Patient antwortet auf eine kleine Beeinträchtigung mit einem gewaltigen Aufwand von Stimmungen und Funktionsstörungen. Aber man mache sich klar, daß der hysterische Charakter durch den mangelhaften Ausbau der seelischen Zwischenstufen bedingt ist. Der Mangel an Introversion hat zur Verarmung des Innenlebens und zur Verödung des geistigen Apparates geführt. Darum können die von außen kommenden Mißlichkeiten in der geistig-seelischen Sphäre nicht verarbeitet werden. Jeder Versuch, etwa eine Beleidigung als notwendige Charakteräußerung des Beleidigers aufzufassen, muß mißlingen; es ist nicht möglich, in einem Schicksalsschlage einen Ansporn zur Reifung zu sehen; es wird immer nur ganz primitiv die persönliche Kränkung empfunden. Bildlich gesprochen trifft hier jeder Pfeil ins Zentrum; wo sich dagegen das Innenleben reicher entfaltet hat, wird der Pfeil in geistig-weltanschaulichen Schichten aufgefangen und entgiftet, noch bevor er das Zentrum erreicht.

Wenn jede kleine Verletzung unmittelbar das Zentrum der Persönlichkeit, nämlich das Subjekt selbst, zu treffen vermag, wird dies als überaus schwer, ja geradezu als vernichtend empfunden. Darum tut der Hysteriker ganz recht, wenn er auf ein winziges Mißgeschick mit einem heftigen Ausbruch von Verzweiflung antwortet. Hat er doch wieder einmal erlebt, daß er ein Kind des Unglücks ist, daß die Götter sein Verderben wollen und daß er selbst kein Mittel besitzt, um sich zu schützen. — Nur der geistig-weltanschauliche Ausbau seines Innenlebens könnte ihm helfen; aber gerade dieser Ausbau wird ihm durch die Starrheit seiner Extraversion unmöglich gemacht

Man hat versucht, hysterische Anfälle ihrem Inhalt nach zu deuten, etwa als Darstellungen erotischer Wünsche oder als sonstige

Äußerungen unbewußter Gedanken; und man hat dabei teils an die
Nachwirkung von Erinnerungen gedacht (die Patientin kann nicht
trinken, weil sie den Hund aus dem Glas trinken sah) oder an den
Ausdruck gegenwärtiger Wünsche (die Umarmung, die man sich
in der Wirklichkeit nicht erlaubt, wird im Anfall gemimt)[1]). Alles
dies kann gelegentlich zutreffen, aber es betrifft nicht den Wesenskern der Hysterie. Dieser Wesenskern heißt: Der Hysteriker hat
es sich durch Dressate unmöglich gemacht, als selbständiges und
verantwortliches Subjekt der Wirklichkeit gegenüberzutreten; und
zwar fehlt ihm diese Selbständigkeit so lange und in dem Maße, wie
er nicht imstande ist, seine äußeren Eindrücke und auch seine
körperlichen Reaktionen ruhig und sachlich zu verarbeiten. Das
aber bedeutet, daß seine wichtigste Aufgabe darin besteht, ein
selbständiges geistiges Innenleben, den Umgang mit klaren Begriffen, mit ehrlichen Gefühlen und mit verantwortlichen Zielsetzungen neu zu entfalten. Die Wege der Introversion, die bisher verboten waren und die gefürchtet wurden wie der Tod, müssen
wieder eröffnet und gangbar gemacht werden. Dann erst wird das
selbständige Abstandnehmen zu den Dingen der Außenwelt und
das bisher mißlungene Bewußtwerden der inneren Welt zustande
kommen, so daß eine lebendige dialektische Wechselwirkung zwischen innen und außen die Folge sein wird.

19. Der Zwangscharakter

Wie der hysterische Charakter, so läßt sich auch der Zwangscharakter verstehen als ein Übergreifen der neurotischen Symptom-
struktur auf die Gesamtheit der Charakterform. Auch hier wird das
gesamte Verhalten des Menschen gleichsam zu einem einzigen
sinnvollen Symptom. Anstatt daß der Mensch, wie es im gesunden
Leben sein sollte, sich mit seinen inneren und äußeren Objekten
auseinandersetzt, kämpft er nun ununterbrochen gegen seine eigenen Veranstaltungen. Er verleiht (unbewußt) seinen eigenen Äußerungen so viel Selbständigkeit und Zwangsläufigkeit, daß sie wie
fremde Mächte auftreten (z. B. als dämonische Drohung: „Öffne
und schließe dreimal das Fenster, sonst müssen deine Kinder
sterben"). Nur durch sorgfältige tiefenpsychologische Arbeit läßt

---

[1]) Freud (L. 12, Bd. V, S. 255).

sich nachweisen, daß diese Zwänge aus der eigenen unbewußten
Subjektität des Patienten stammen; und darum ist es möglich, daß
das gleiche Subjekt sich auf dem Wege über die bewußte Ich-Konstruktion auch gleichzeitig gegen die Zwänge zur Wehr setzt, sie
bekämpft und sie heilen möchte — freilich ohne das auf sich zu
nehmen, was bei wirklicher Genesung an Stelle der Krankheit eintreten müßte, nämlich die lebendige Auseinandersetzung mit der
Wirklichkeit.

In gewissem Sinne kann man daher die Zwangsneurose als eine
allgemein gewordene Süchtigkeit beschreiben. Die Struktur von
Sucht und Phobie läßt sich deutlich wiedererkennen; ganz ähnlich
wie sich der hysterische Charakter als allgemein gewordene Funktionsneurose beschreiben läßt, weil sich in der ersteren das Struk-
turgesetz der letzteren wiederfindet. Doch ist es ratsamer, die
Ansatzpunkte des Zwangscharakters im Bereiche des Psychosklerotischen, noch außerhalb der eigentlichen Süchte und Phobien aufzu-
suchen; oder anders gesagt: es sind kleine, oft nur andeutungsweise
vorhandene Süchte von ganz besonderem Inhalt, an denen sich auch
im Bereiche des angeblich „Normalen" die Vorstufen der Zwangsneurose studieren lassen.

Man denke sich ein Kind, das sich übermäßig stark vor einer
schlechten Zensur fürchtet. Es ist schon entmutigt; es hat nicht
mehr viel Vertrauen, weder zu sich selbst noch zu den Lehrern, noch
zu den Eltern, noch auch zur Weltordnung. Es ist schon pessimistisch im eigentlichen Sinne des Wortes; wenn in irgendeiner Lage
die Wahrscheinlichkeit des guten und des schlechten Ausgangs
gleich groß ist, rechnet es mit dem schlechten Ausgang wie mit
einer Sicherheit. Auf diese Weise erspart es sich dann allerdings die
Enttäuschung; es kann sich im ungünstigen Falle damit trösten, daß
der wirkliche Verlauf seiner Erwartung entspricht; aber es erlebt
das Unglück nun doch als einen Beweis für das grundsätzliche und
unabwendbare Mißgeschick, das sich wiederholen wird bis an den
Tod. Die eine schlechte Zensur, die man heute bekommt, beweist
gleichsam, daß man zeitlebens nur schlechte Zensuren bekommen
wird. Darum ist der Schmerz über das einmalige Mißgeschick weit
größer als es der Anlaß verdient; es ist der Schmerz über ein miß-
lungenes Leben schlechthin; das —100, der Nadir aller Angst, die
Vernichtung der Subjektität, wird unmittelbar als gegenwärtige

Gefahr empfunden. Und in dieser Not hilft sich das Leben durch einen überraschend produktiven Akt. Und zwar zeigt sich in der Seele des europäischen Schulkindes vermutlich die gleiche Produktivität wie vor tausend Jahren in der Seele jener Südsee-Insulaner, die auf diesen Wegen zur Entfaltung ihrer zwangsneurotischen Lebensform kamen.

Das Kind kommt auf den Einfall, plötzlich Gott anzurufen. Es sagt: „Lieber Gott, wenn ich heute eine gute Zensur bekomme, will ich ein ganzes Jahr lang nie mehr naschen und nie mehr lügen." Oder es denkt: „Wenn die Zensur gut wird, werfe ich meine schönsten Bleisoldaten ins Wasser." Oder es fängt an, auf den Steinen des Bürgersteiges sorgfältig zu hüpfen, und weiß dabei ganz genau, daß die Zensur gut werden wird, wenn es den Weg bis zur Schule so zurücklegen kann, daß es jeden zweiten Stein überspringt und niemals mit den Füßen eine Rille zwischen zwei Steinen berührt. — Im ersten Falle handelt es sich um Gotteszwang, um eine Art von magischer Erpressung; im zweiten Falle um einen Aberglauben, der uns als Polykrates-Schicksal bekannt ist (man opfert etwas Wertvolles, um den „Neid der Götter" zu besänftigen); im dritten Fall finden wir ein Mittelding zwischen Magie und Orakel. In allen drei Fällen aber läßt sich ein schöpferischer Akt, eine Art von Gesetzgebung für das Weltall beobachten, wobei das Kind sich freilich seinen willkürlich gemachten Gesetzen selber unterordnet. Es benimmt sich, als ob es Schöpfer und Geschöpf zugleich wäre. Und die Erklärung für dieses merkwürdige Verhalten ist nicht schwer zu finden: In seiner hilflosen Lage, in der das Kind einer sinnlosen, regellosen und unbeeinflußbaren Willkür ausgeliefert zu sein glaubt, wird plötzlich das geschaffen, was dem Kind bisher gefehlt hat, nämlich Gesetze, an die man sich halten kann, Ordnungen, die unverbrüchlich gelten, und Handhaben für die Beeinflussung des Schicksals, die man bisher vergeblich gesucht hat. Weil man nicht glauben konnte, erdenkt man sich einen Aberglauben; weil man die Wirklichkeit auf vernünftige Weise nicht bewältigen konnte, schafft man sich eine willkürliche Scheinwelt, in der man Bescheid weiß und in der man sich helfen kann. „Es möchte kein Hund so länger leben, drum hab' ich mich der Magie ergeben."

Ein siebenjähriger Knabe wurde oft von Angstträumen geplagt. Er wuchs in einem unreligiösen Hause auf; aber die Angst vor den

Angstträumen veranlaßte ihn doch dazu, abends zu Gott zu beten, und zwar von vornherein im Sinne eines „Kuhhandels". Er sagte etwa: „Mach doch, daß ich heute nacht nichts Schlimmes träume, dann will ich auch morgen alle meine Spielsachen aufräumen." Die Ordnung der Spielsachen war seine schwache Seite, und der Vater hatte ihn deswegen oft zur Rede gestellt. Das Aufräumen unterblieb jedoch auch diesmal, trotzdem die Nacht gut verlief; und am nächsten Abend wurde die Beklemmung um so größer. Das Gelübde hatte nun wenig Wert, da es schon einmal gebrochen war. Man konnte von diesem Gott, den man sich selbst konstruiert hatte (und der psychologisch nichts anderes war als der oft erwähnte schwarze Riese), unmöglich verlangen, daß er jeden Abend wieder auf den gleichen Betrug hereinfalle. Um jetzt mit ihm noch einmal ins reine zu kommen, mußte man etwas anderes, weit Schlimmeres auf sich nehmen. Man mußte ihm gleichsam ein Opfer bringen, ihm dienen und seiner Willkür gehorsam sein, wenn man nicht von seinem Rachedurst verschlungen werden wollte.

Die Mutter bemerkte mit Schrecken, daß der Junge dreimal hintereinander wieder aus dem Bett stieg und seinen Anzug auf dem Stuhl immer sorgfältiger und jedesmal nach einer anderen Methode zurechtlegte. Erst viel später gestand er, daß diese Zeremonie den Zweck hatte, Gottes Zorn zu besänftigen und gewissermaßen eine Sühne für das gebrochene Gelübde, nämlich das nichtaufgeräumte Spielzeug, darzustellen. Diese Zeremonien wurden sehr bald stereotyp, und wenn sie nicht gelangen, wurden wiederum als Sühne für die Unvollständigkeit der Sühne neue quälerische Gesetze erfunden, die das Kind und manchmal auch die Mutter noch stundenlang beschäftigten. Das Waschwasser mußte auf bestimmte Weise ausgegossen werden; die Stubentür mußte man fünfmal öffnen und wieder schließen; das Licht mußte in regelmäßigen Abständen an- und wieder ausgeschaltet werden, und ähnliches mehr. Mit allen diesen Zwangshandlungen waren die denkbar schwersten „Sanktionen" verbunden. Wenn die Mutter sich weigerte oder wenn dem Kinde die Zeremonie mißlang, setzten Angstzustände von äußerster Heftigkeit ein. Das Kind geriet außer sich, gebärdete sich wie rasend und geriet geradezu in sinnlose Tobsucht. Sowohl der Vater wie auch der Arzt gewannen schließlich die Überzeugung, daß man das Kind in eine akute Geisteskrankheit hineintreiben könnte, wenn man sich seinen Zeremonien nicht fügte. – Eine monosymptomatische Zwangsneurose hatte sich durchgesetzt, und zwar gleichzeitig nach innen in der Struktur des Charakters und nach außen in der Anerkennung der Familie.

Jede monosymptomatische Zwangsneurose läßt sich genau nach dem Schema der Süchte beschreiben. Dort soll das Minus der Angst durch das Plus eines Genusses ausgeglichen werden; hier wird das Minus der Angst wieder gutgemacht, gesühnt, in Zukunft vermieden oder, wie man auch sagen kann, ersetzt durch eine Zeremonie, die nun freilich nur noch insofern einen Genuß bedeuten kann, als sie die Umgehung des Gegenteils, nämlich eben der Angst, möglich macht. Auch hier handelt es sich letzten Endes um einen verzweifelten Abwehrkampf gegen das Erlebnis des Untenseins, des Nadir oder der subjektalen Vernichtung. Daß dabei die Abwehrmaßnahmen durch Dressate starr und eindeutig festgelegt werden, versteht sich von selbst; aber wichtig ist der Umstand, daß meist eine ständige Weiterbildung und Differenzierung dieser Maßnahmen zustande kommt. Sie bleiben zwar starr, und auch das Gesetz ihrer Weiterbildung ist starr, und trotzdem verschafft sich der Neurotiker mit diesen schwierigen Mitteln immer wieder neue und sinnreiche Sicherungen. Bei der Angst gab es als Weiterbildung nur die Angst vor der Angst, in den Süchten kam es höchstens zu einer Steigerung der Dosis oder zu einer neuartigen Anwendungsform des altgewohnten Mittels; in der Funktionsneurose können immer neue Symptome entstehen, die jedoch sämtlich einander gleichgeordnet sind. In der Zwangsneurose dagegen kann nicht nur ein Zwang durch den anderen ersetzt werden, sondern es können sich auch Zwänge höheren Grades ausbilden, die dann schließlich ein überaus kompliziertes System von Dressaten samt Auslegungen und Ausführungsbestimmungen darstellen. Es geht genau so zu wie in der Gesetzgebung. Aus einem Grundgesetz entwickeln sich im Laufe der Zeit immer neue Anwendungsformen, und es werden immer kompliziertere Sonderbestimmungen nötig, wenn man den immer neuen Bedingungen des Lebens gerecht werden will. Nirgends muß man die negative Produktivität so rückhaltlos bewundern wie gerade auf dem Gebiete der Zwangsneurose. Sie erhält ihre furchtbare Intensität aus dem radikalen Pathos, das stets nur dort auftritt, wo es ums Ganze geht; und diese

Intensität wirkt produktiv trotz aller sklerotischen Fesseln und Beschränkungen.

Fragt man vom Standpunkt unserer Anthropologie aus nach dem „Krankheitsgewinn" und somit dem eigentlichen Sinn dieser merkwürdigen Fehlentwicklung, so ist die Antwort recht einfach. Sobald eine Entscheidung den Charakter des Zwanges angenommen hat, tritt sie dem Subjekt und auch seinem Strohmann, dem Ich, als etwas Fertiges, Unabänderliches und von außen Kommendes entgegen. Nun muß der Patient so und so handeln; er kann nicht anders, er unterliegt einer Notwendigkeit, genau wie der Stein, der zur Erde fallen muß. Das Dressat erhält buchstäblich die Würde eines Naturgesetzes; wo aber Naturgesetze herrschen, gibt es keine Freiheit, keine Entscheidung und darum auch keine Verantwortung. Wenn also der Zwangskranke sich zwei Stunden lang wäscht, so daß er nicht arbeiten und nicht ausgehen kann, trifft ihn doch für dieses Versäumnis gewiß keine Schuld. Seine Subjektität, die Freiheit und Verantwortlichkeit seiner Entscheidung, wird ihm mehr und mehr abgenommen, je mehr sein Verhalten den Charakter des Zwanges gewinnt.

Der gleiche Sinn wie bei den Zwangshandlungen ergibt sich auch bei den Zwangsgedanken und den zwanghaften Grübeleien. So beschäftigt sich jemand nächtelang damit, nachzurechnen, ob und wieweit er bei irgendeiner kleinen Entscheidung, die schon drei Jahre zurückliegt, schuldig geworden sein könnte, und ob und was er wohl zur Wiedergutmachung unternehmen könnte. Auf diese Weise soll an Stelle der eigenen Entscheidung die Entscheidung durch eine absolut gültige Norm gesetzt werden. Man möchte diese Norm ausfindig machen, möchte seine früheren Taten an ihr messen, möchte die etwa vorgekommenen Abweichungen durch eine (ebenfalls aus der Norm abgeleitete) Sühne in Ordnung bringen und auf diese Weise sich mit der Norm völlig gleichsetzen. Dann könnte man nämlich nicht mehr zur Rechenschaft gezogen werden; man könnte jeden Vorwurf höflich abfertigen mit dem Hinweis auf die höhere Instanz: „Bitte sehr, das ist nicht meine Sache; nicht ich, sondern die Norm hat hier entschieden; nicht ich bin Subjekt, sondern sie; nicht ich trage die Verantwortung, sondern sie. Bitte wenden Sie sich mit Ihrem Vorwurf an meine vorgesetzte Behörde, die absolute Norm." Und das gleiche gilt natürlich für alle Grübeleien, die sich auf zukünftige, etwa noch nötig werdende Entscheidungen beziehen. Gerade in der Zwangsneurose bestätigt sich am deutlichsten die Richtigkeit der allgemeinen Formel: die Neurose ist ein Versuch, das Subjekt zum Objekt zu machen, das Ich als Es erscheinen zu lassen und auf diese Weise der menschlichen Verantwortlichkeit zu entgehen.

Das bisher Gesagte gilt zunächst für die monosymptomatische Zwangsneurose, die schon deswegen überaus selten ist, weil sie sich automatisch weiterentwickelt und auf immer neue Bezirke des menschlichen Lebens übergreift. Wie ein Krebsgeschwür in einem einzelnen Organ entsteht, aber bald durch Metastasen den ganzen Organismus verseucht, so tritt eine Zwangsneurose meistens zunächst als „absolute Sklerose" einer bestimmten Funktion auf, z. B. als Waschzwang oder als Zwangsgrübelei. Dann aber werden andere Funktionen in das zwangsläufige Ritual hineingezogen; das Essen und das Arbeiten, das Sprechen und das Schlafen muß auf bestimmte Weise vor sich gehen oder es wird zum Verbrechen; und falls es zum Verbrechen wird, müssen wieder andere Funktionen herangezogen werden, um die so entstandene Schuld in Ordnung zu bringen. Der Übergang von der einfachen Zwangshandlung zur Vollneurose ist ein fließender.

Verfolgt man die Entstehung eines vollständigen Zwangscharakters historisch, so lassen sich regelmäßig fünf verschiedene Stufen feststellen. Als erste Stufe muß eine Zeit der Gesundheit und der normalen Entwicklung des Kindes angenommen werden, auch wenn an diese Periode keine Erinnerung mehr besteht. Nicht nur theoretisch, sondern auch aus Träumen aufsteigenden Bildern und Stimmungen und vor allem aus den letzten Stadien der Heilung läßt sich dieser gesunde Ausgangspunkt mit fast völliger Sicherheit erschließen. Damals war das Kind wie jeder gesunde Mensch Subjekt und Objekt zugleich; es erlebte wie jeder andere seine aktive und seine passive Subjektität. Aber die Kinder, um die es sich hier handelt, sind ausnahmslos mit einem besonders sensiblen Regulatorium ausgerüstet. Andere Voraussetzungen, wie familiäre Belastung, körperliche Krankheit oder Organminderwertigkeit, sind nicht regelmäßig vorhanden.

Dann kam der Bruch zwischen Erzieher und Zögling; und zwar findet man ausnahmslos im Schicksal der Zwangsneurotiker eine eigentümliche Mischung von zu großer Weichheit und zu großer

Härte in der Erziehung. Besonders typisch scheint diese Mischung in denjenigen Bürgerfamilien zu sein, in denen eine echte und ursprüngliche Frömmigkeit (wie etwa der Pietismus) allmählich zu unlebendiger Religiosität erstarrt ist. Die zarte Sorge um die seelische Entwicklung des Kindes verbindet sich in diesen Familien mit einer unerbittlich strengen oder gar harten Moral, die den Unterschied zwischen Kindern und Erwachsenen nicht anerkennt und darum das Kind völlig mißversteht. So wird der Zögling zum „Erziehungsobjekt" gemacht, gerade weil man ihn (zu früh und zu starr) mit der Verantwortlichkeit des menschlichen Subjektes belastet. Auf dieser (zweiten) Stufe macht sich das Kind selbst zum Objekt; es übernimmt automatisch die Wertungen und Ansichten der Umgebung, trotzdem es auf einer ganz anderen Entwicklungsstufe steht.

Bald darauf zeigt sich jedoch ein natürliches Aufbegehren gegen die Unterdrückung (dritte Stufe). Das Kind bleibt trotz allem doch noch Subjekt; es wehrt sich gegen die Verbiegung seiner kindlichen Eigenart und springt in der Abwehr um so mehr über das gesunde Maß hinaus, je tiefer es vorher unter die Gleichgewichtslage hinabgedrückt wurde. Die Einstellung gegen das Minus der Kindheit (das hier die strenge Erziehung ist) und das Streben nach oben (nämlich in mißverstandene Freiheit und Willkür hinein) zeigt noch den gleichen gesetzmäßigen Zusammenhang wie in jeder gewöhnlichen Psychosklerose. Daß die zweite und die dritte Stufe zeitlich fast ganz zusammenfallen, versteht sich von selbst. Nur eine Eigentümlichkeit sollte zu denken geben: nämlich der Radikalismus, der die beiden entgegengesetzten Verhaltungsweisen kennzeichnet. Solche Kinder sind einerseits durchaus und gründlich lieb, gehorsam, anschmiegsam und artig; und die gleichen Kinder sind bald darauf (aber stets nur anfallsweise) von Grund aus böse, ungebärdig, wüst und genießerisch. Noch handelt es sich nicht um Zwang, wohl aber um eine unwiderstehliche Gier, um ein vulkanisches Ausbrechen von lange unterdrückten und dadurch vergifteten Freiheitsgefühlen. Die Kinder selbst erschrecken nachher vor ihrer eigenen Zügellosigkeit.

So ergibt sich folgerichtig die vierte Stufe: der Erzieher verbündet sich mit den „guten" Strebungen des Kindes; er stärkt das Gewissen, die Ordnung und die Bravheit, die ohnehin schon stärker ausgebaut sind als es gut ist. Darum tritt das Kind jetzt selbst gegen seine eigenen Ausschweifungen in den Kriegszustand. Aber das Kind, das diese letztgenannte Wendung macht, ist schon nicht mehr das ganze Kind, es ist nicht mehr das lebendige Subjekt, sondern nur noch eine starre Charaktermaske, nämlich das liebe Ich, das unter allen Umständen oben sein will. „Böse sein" erscheint nun als gleichbedeutend mit „unten sein". – Das ist die neue endgültige Wertung des künftigen Patienten. – Im nächsten Augenblick aber tritt der Einfluß der Erwachsenen etwas zurück; das Kind gleitet hinüber in seine alte Wertung, nach der die Unterdrückung eine Schande und die Meuterei ein selbstverständliches Glück bedeutet. Aber das Kind, das diesen Rückfall in die Barbarei erlebt, ist auch nicht mehr das ganze Kind, sondern es ist nur das Kind unter Abzug jener offiziellen Charaktermaske, es ist das Kind ohne Ich, oder anders ausgedrückt, es ist das Subjekt als ein „Es".

Aber für dieses Es kann man begreiflicherweise vom offiziellen Ich aus die Verantwortung nicht mehr übernehmen. Das Kind sagt darum ehrlich und aufrichtig: „Ich will nicht meutern, aber es meutert in mir." Diese Stufe der Entwicklung ist dadurch gekennzeichnet, daß die wirkliche Subjektität und damit die Verantwortlichkeit abgelehnt wird. Das Kind handelt nicht mehr als freies Subjekt, sondern es erlebt seine eigenen Handlungen, als ob sie von einem Objekt unternommen würden. Die böse Tat kommt jetzt genau so zwangsläufig, wie der Stein fällt. Wo eben noch lebendigstes Leben war, nämlich im wilden Freiheitskampf des unterdrückten Subjektes, wirkt jetzt nur noch starre Mechanik und notwendiger verantwortungsloser Ablauf des toten Naturgeschehens.

Damit ist die fünfte und letzte Stufe erreicht. Der junge Mensch sitzt etwa in der Kirche; er will beten. Sein bewußtes Ich steht aufrichtig und ganz auf seiten der Erzieher. Er ist ein frommer Musterknabe, wie man ihn sich nur wünschen kann. – Da taucht zwangsläufig wie ein Naturereignis der Gedanke auf: „Jetzt aufstehen, sich mitten in die Kirche stellen und laut schreien: Alles Unsinn, Gott ist der Teufel, Gott ist Unsinn; ihr seid Narren!" – Das erste starre Symptom hat sich gebildet. Das Beten wird von nun an zwangsläufig gestört durch lästerliche Gedanken. Diese Gedanken verursachen Angst (denn was ein Plus sein sollte, nämlich die Meuterei, wird als Minus erlebt, nämlich als Krankheit oder als Sünde). Und um die Angst zu vermeiden oder um die Entgleisung zu sühnen, werden neue Zwangsmaßnahmen erfunden, ganz in der vorhin geschilderten Weise.

Auf den ersten Blick könnte es so erscheinen, als ob die genetische Darstellung des fünfstufigen Aufbaus eine andere Art der Zwangsneurose betrifft als die frühere Darstellung, die den Zwang aus der Magie ableitete. Und in der Praxis gibt es tatsächlich eine Gruppe von Fällen, die zunächst den einen, und eine andere Gruppe, die zunächst den anderen Aspekt darbietet. Bei näherer Betrachtung aber treffen beide Darstellungen stets für jeden Fall zu. Die historische Entwicklung in den fünf Stufen richtet die Aufmerksamkeit auf den Abwehrkampf des Subjektes gegen seine Unterdrückung von seiten der Erzieher. Ihr Gegenstand ist die negative Beziehung zwischen Ich und Du. Die „magische" Betrachtung erforscht den Abwehrkampf des kindlichen Subjektes gegen äußere Nachteile, die nicht mehr von einem Du, sondern von einem Es, nämlich vom Schicksal her erwartet werden. Im ersten Fall ist der schwarze Riese noch eine Person, gegen die man meutert, und – dem inneren Widersinn der Krankheit entsprechend – gleichzeitig ein weißer Riese, mit dem man sich gegen den schwarzen, meuternden Zwerg (der man selber ist) verbündet. Im zweiten Fall ist der Feind, gegen den man sich wehrt, ein dumpfes, dunkles, schwarzes Es, das Schicksal, der Dämon oder auch eine Gottheit, wobei die letztere ganz unpersönlich, nur als feindliche Naturgewalt verstanden wird.

Wir wissen schon aus anderen Forschungen, und wir finden in der Charakteranalyse der Zwangsneurotiker die Bestätigung dafür, daß historisch immer zunächst der Bruch im Wir und zwar als Bruch zwischen Ich und Du zustande kommt, und daß erst dann in einer zweiten Phase die gute Beziehung zwischen Ich und Es gestört wird. Darum zeigt die Entwicklung der Zwangsneurose immer diese beiden Seiten, den magischen Zwang gegen das Es und den meuterischen Zwang gegen das Du. In der Symptombildung spielt häufig das erstere die entscheidende Rolle, aber den Kern der Krankheit bildet stets das letztere. Vorhanden sind in allen Fällen beide Seiten; in der Behandlung erforscht und aufgelöst werden müssen stets beide zugleich; aber im subjektiven Erlebnis der Krankheit überwiegt das eine Mal die eine und das andere Mal die andere. Ihr letzter Sinn ist schließlich der gleiche, nämlich die Unfähigkeit zur Übernahme der Verantwortung.

20. Psychopathie und Psychose

I. Grenzen. Das Gebiet der reinen Charakterpathologie umfaßt die Psychosklerose, die Teilneurose und die Vollneurose. Zahlreiche Formen der Perversion, der Kriminalität, der Genialität, der einseitigen Begabtheit und der Unbegabtheit lassen sich mühelos in diese Darstellung eingliedern. Sie bedürfen keiner besonderen Erwähnung. Aber es bleiben doch noch viele Fälle übrig, die nicht mehr rein charakter-pathologisch erklärt werden können. Und zwar sind hier zu nennen: die Schwachsinnigen, die konstitutionellen Psychopathen, die meisten Basedowkranken, die Paralytiker und andere „organische" Psychotiker, die Korsakoffkranken, die Parkinsonkranken, die Senil-Dementen und die echten Psychotiker, vor allem Manisch-depressive und Schizophrene. In allen diesen Leidenszuständen treten uns charakterliche Veränderungen entgegen, die oft nicht nur das auffälligste, sondern praktisch auch das wichtigste Symptom darstellen. Erst bei genauerer Untersuchung lassen sich hier auch organische Veränderungen nachweisen oder vermuten, die das Krankheitsbild als ein nicht mehr rein psychologisches kennzeichnen.

In allen schwereren Fällen wird der erfahrene Psychotherapeut das Vorhandensein von organischen Störungen bald herausfühlen, und zwar als Verzerrung der in sich sinnvollen neurotischen Lebensform. Zur neurotischen Denkhemmung beispielsweise gehört das Ausweichen vor irgendeinem Nadir, vor einem Tiefpunkt äußerster Gefahr; wenn eine solche Scheu vor dem −100 nicht vorhanden ist, läßt sich die Denkhemmung nicht mehr als Sicherung des eingeschränkten Subjekts verstehen; das Nicht-denken-Können muß dann eine andere Ursache haben, die nicht mehr dem Bereiche der reinen Charakterpathologie angehört. Aber in den leichteren Fällen und besonders im Anfang der Krankheit ist das Vorhandensein organischer Störungen von der charakterlichen Seite her meist noch nicht nachweisbar. Der Optimismus einer beginnenden Paralyse läßt sich in den ersten Wochen nur schwer vom Optimismus mancher Teilneurosen unterscheiden. Wer hier die Pupillenveränderung übersieht, begeht einen Kunstfehler von äußerster Tragweite; er beginnt eine Charakteranalyse, wo nur die Malariakur helfen kann. Unter Umständen tötet er auf diese Weise seinen Patienten.

Noch wichtiger aber ist die Tatsache, daß leichtere und leichteste Formen von Drüsenstörungen wohl bei keinem Kulturmenschen gänzlich fehlen. Mag eine Teilneurose oder eine reine Psychosklerose in charakterpathologischer Hinsicht noch so klar verständlich erscheinen, man wird bei genauerem Studium doch feststellen können, daß irgendwelche Veränderungen im System der Drüsen oder der sympathischen Nerven mitbeteiligt sind und daß sich ein Teufelskreis zwischen organisch bedingter Funktionsstörung, seelisch bedingter Subjektstörung und subjektal bedingter Organstörung in Drehung befindet. Aber wir alle sind nicht nur Miniaturpsychopathen, da unsere Drüsen und Nerven labil sind, sondern wir sind auch Miniaturpsychotiker, da wir entweder dem schizoiden oder dem zykloiden Typ angehören oder auch einer Mischung von beiden.

Wir müssen daher diese Grenzgebiete der Charakterpathologie aus drei Gründen studieren; erstens weil sich Beimischungen dieser Art in allen menschlichen Charakterformen finden; zweitens weil die reinen Psychopathien und Psychosen stets auch eine charakterpathologische Seite enthalten, die sowohl theoretisch wie praktisch von großer Wichtigkeit sein kann; und drittens weil wir die Grenze festzustellen haben zwischen denjenigen Krankheiten, die in erster Linie vom Körper aus, und denjenigen, die in erster Linie vom Charakter aus behandelt werden müssen. —

II. Psychopathien. Die Neigung zum Jähzorn beruht höchstwahrscheinlich auf einer bestimmten Bereitschaft des endokrinen Systems. Man kann diese Bereitschaft durch ein charakterliches Training vermindern oder verstärken. Aber die stärkere Bereitschaft kann nicht nur auf seelischem Wege (psychogen), sondern auch auf körperlichem Wege (durch Vererbung, Vergiftung oder Erkrankung) zustande kommen. Ebenso können gewisse seelische Funktionen von der körperlichen Seite her erschwert werden. Das klare Denken wird von außen durch Ermüdung, durch gewisse Ernährungsformen, durch Vergiftungen (Alkohol) oder auch von innen (durch Pubertät, Klimakterium) zeitweise behindert.

Ein Mensch, der in seinen körperlichen Möglichkeiten nach der einen Seite gefördert und nach der anderen Seite eingeschränkt ist, neigt selbstverständlich dazu, sich nach der Seite der „Bahnung" hin zu bewegen und die Seite der Hemmung soweit wie möglich zu vermeiden. Wenn das Denken erschwert und der Affektausbruch erleichtert ist, wird der betreffende Mensch oft mit Affekten reagieren, wo es richtiger wäre, statt dessen zu denken. So wird sich auch charakterlich durch Gewöhnung und Übung eine typische Haltung herausbilden, die letzthin nicht „psychogen" durch Erlebnisse bedingt und auch nicht durch Dressate festgelegt ist, sondern die in der körperlichen Eignung oder Nichteignung gewisser Organe ihre letzte Grundlage hat. Aber diese Charakterform kann nachher noch fortdauern, wenn die körperlichen Gründe, die ihre Entstehung veranlaßt haben, schon längst verschwunden sind. Die Pubertät ist vorüber, das klare Denken wäre jetzt möglich; aber man bleibt seiner Gewohnheit treu und reagiert noch immer mit Affekten statt mit Gedanken, so daß von der Charakterform her ein Drüsentraining betrieben wird, das nunmehr „psychogen" gerade diese besondere Bereitschaft der Drüsen festhält, die vorher „somatogen" erst die Charakterform hervorgerufen hat.

Dieser Einfluß der organischen Bereitschaft auf die Charakterbildung entspricht annähernd der psychosklerotischen Stufe. Hierher gehört vieles, was fälschlich als Veranlagung, Neigung, Eignung, Charaktereigentümlichkeit, Begabung oder besondere Interessenrichtung beschrieben wird. Auch der Ausdruck „Trieb" findet hier, allerdings in einem falschen und nachlässigen Sprachgebrauch, meist seine Stelle. Wenn von Wandertrieb, Forschungstrieb, Kunsttrieb und ähnlichen Dingen die Rede ist, handelt es sich gewöhnlich um diese leichteste, vom Willen aus oft noch steuerbare und darum noch nicht krankhafte „Psychopathie".

Wenn die Funktionsbereitschaft einzelner Organe oder Organsysteme nicht realisiert wird, können unlustvolle Spannungen entstehen, die zwar aus einem „Zuviel" an Lebensmöglichkeit hervorgehen, aber doch in der bewußten Wahrnehmung recht große Ähnlichkeit mit einem „Zuwenig", mit einem Mangel oder einem Hungerzustand aufweisen. Ein junger Mensch, dem es an körperlicher Betätigung fehlt, fühlt Hunger nach Bewegung in Luft und Sonne; der geschlechtsreife Mensch lechzt nach Partnerschaft; der schaffende Künstler leidet an einem Bedürfnis nach Gestaltung ganz ähnlich wie der Durstige an seinem Bedürfnis nach Wasser. Die mißverstehende Psychologie der letzten Jahrzehnte sagt in diesen Fällen, das Bedürfnis werde entweder befriedigt, „abreagiert" oder

verdrängt oder sublimiert. Wir sind der Meinung, daß alle Bedürfnisse letzten Endes auf die Sehnsucht des Subjekts nach Durch-
dringung der Objekte zurückzuführen sind. Und wenn die Auseinandersetzung mit den Objekten auf der einen Seite nicht möglich
ist, kann sie dafür auf einer anderen Seite um so gründlicher von-
statten gehen. Wer die körperliche Umarmung durch Liebes-
gedichte ersetzt, oder wer die irdische Liebe versäumt und sich mit
religiöser Vertiefung befaßt, der kann dies aus neurotischen Gründen tun, aber er kann auch völlig gesund sein und auf produktiven
Wegen gehen; ja es kann sich auch um eine Mischung beider Möglichkeiten handeln.

Wer sich aber durch das Drängen seiner organischen Bedürfnisse
verführen läßt, der gerät in einen Zustand, der charakterlich als
Verwachsung der Subjektität mit dieser organischen Funktion beschrieben werden muß. Körperlich kann dabei eine übermäßige
Funktionsneigung vorhanden sein, die als Gleichgewichtsstörung
in der Gesamthaltung des Organismus erscheint und die sich charakterlich nahezu als unwiderstehlich auswirken kann. Einem solchen
Menschen sind mildernde Umstände zuzubilligen; aber die Folgen
seines Verhaltens muß er tragen.

Als Beispiel müssen auch hier wieder verschiedene Arten von
Triebhaftigkeit genannt werden, doch nur, wenn sie schon in der
krasseren Form auftreten, die ein Gegenüberstehen der Subjektität
und der triebhaften Verführung unmöglich macht oder doch aufs
äußerste erschwert. Diese Kranken werden „mitgenommen" von
ihrer andrängenden Funktionsbereitschaft. Sie wissen meist noch,
daß sie sich in Gefahr bringen, aber sie haben keine Möglichkeit
mehr, sich gegen sich selber zu wehren; so laufen junge Mädchen
blindlings mit Männern mit (und es ist bezeichnend, daß dies meist
kurz vor der Menstruation geschieht). Junge Burschen wandern
fort, begehen Diebstähle oder schweifen ziellos herum; manche
trinken übermäßig, manche fressen wie Tiere, manche singen und
tanzen. Manche zanken sich mit allen Menschen, rasen vor Wut
und zerschlagen alles, was sie erreichen; manche umarmen und
küssen jeden, der ihnen begegnet, oder sie nehmen alles mit, was
sie finden. Medizinisch spricht man von Psychopathien; charakterologisch gesehen handelt es sich um Teilneurosen, in denen
eine besondere Funktionsbereitschaft aus körperlichen Gründen so

überwiegt, daß sich das Subjekt mit dieser Funktion widerstands-
los identifiziert. Diagnostisch läßt sich der Unterschied zwischen
der Nur-Psychopathie und der Nur-Teilneurose meist dadurch
feststellen, daß in der letzteren eine deutlich erkennbare Ich-
Maske vorhanden ist, während bei der ersteren das Subjekt unmittelbar ohne Maskenbildung mit der körperlichen Funktionsbereitschaft verwächst. Darum hat der Psychopath wenig Angst vor dem
Leben, und darum ist er auch durch die Folgen seiner Handlungsweise nicht zu belehren.

Daß alle nur erdenkbaren Mischformen zwischen Psychopathie
und Neurose zu finden sind, wurde schon angedeutet. Hier sei nur
noch erwähnt, daß sich oft schwere Neurosen als Überbau und
Folgeerscheinung von leichten Psychopathien entwickeln und daß
auch umgekehrt leichte Psychopathien, besonders wohl innersekretorischer Art, sich als Folgeerscheinung von schweren Neurosen
herausbilden können. So sind schwere Neurosen bekannt, die wohl
nicht entstanden wären, wenn nicht eine „thyreotische Konstitution" vorgelegen hätte, und andererseits auch Schilddrüsenstörun-
gen, die sich nachweislich als Folge depressiver Verstimmungen
entwickelt haben. Für die Therapie wird in diesen Fällen noch mehr
als in den anderen eine „Gesamtbehandlung" nötig, die gleichzeitig
durch Gymnastik, Atmung und Ernährung auf Drüsen- und Nervensystem einwirkt und durch Charakteranalyse die Subjektität aus
ihren Verwachsungen zu befreien sucht.

III. Psychotische Zustände. Die echten Psychosen unterscheiden sich vollständig und grundsätzlich sowohl von den Psychopathien, wie auch von den Psychosklerosen und Neurosen. Sie
stehen diesen Krankheiten als etwas gänzlich anderes gegenüber.
Will man ihre Kennzeichen kurz angeben, so muß man sagen, daß
sich die Psychose von der Neurose durch die andere Art unterscheidet, in der das Subjekt die Auseinandersetzung mit dem
Objekt zu vermeiden sucht. Gemeinsam ist beiden Zuständen die
Scheu vor dem gleichzeitig aktiven und passiven Subjektsein; aber
in der Neurose versteckt sich das Subjekt hinter einem Schein-
Subjekt, das wir als Ich-Maske beschrieben haben. Die Beziehung
zum Objekt wird nicht abgebrochen, sondern nur verfälscht; ja
man kann sagen, daß das Schein-Subjekt sich weitgehend den Objekten anähnelt; es wird mechanisiert und automatisiert; es nimmt

Objektcharakter an. In der Psychose dagegen wird die Verbindung
zum Objekt einfach geleugnet. Das Subjekt lebt, als ob es keine
Objekte gäbe; die Wirklichkeit wird nach Belieben umgedichtet und
verfälscht. Der Psychotiker benimmt sich wie Gott; er sagt: „Dort
liegt ein Goldklumpen", und das Gold ist (für ihn) wirklich vorhanden. Er schafft sich seine Welt, wie er sie braucht; er halluzi-
niert und dichtet, wie der gesunde Mensch es nur im tiefsten
Traume zu tun vermag[1]).

Ganz ähnlich liegt der Unterschied zwischen Psychose und Psychopathie. In der Psychopathie bleibt das Subjekt den Körperfunktionen verhaftet, und die Besonderheiten der Funktionsbereit-
schaften und der Funktionsbedürfnisse werden gewissermaßen zu
Eigenschaften des Subjektes selbst. In der Psychose dagegen zieht
sich das Subjekt nicht nur, wie schon gesagt wurde, von den äußeren
Objekten zurück, sondern es leugnet auch den Zusammenhang mit
dem Körper. Daß der Körper dadurch ebensowenig verschwindet
wie die Außenwelt, interessiert den Psychotiker nicht – trotzdem
sein Fluchtversuch an diesem Widerspruch zwischen seiner Welt-
setzung und der wirklichen Welt schließlich scheitert. Der Körper
muß nun in gewissem Sinne subjektlos funktionieren; die bewußte
Persönlichkeit erlischt (früher sagte man fälschlich, sie „zerfällt").
Aber das Gattungswesen bleibt übrig. Die Subjektität zieht sich
gleichsam aus dem individuellen Menschenschicksal heraus und
verharrt nur noch auf der Stufe der schicksalslosen Tiere oder gar
der Pflanzen. Hierin ähnelt die Psychose der tiefen Berauschtheit
oder dem Schlaf. Die Zeit verliert ihre Macht, und die Logik verliert ihre Gültigkeit[2]).

---

[1]) Auf die Ähnlichkeit zwischen Traum und Psychose ist oft hingewiesen
worden. Vgl. Kronfeld (L. 27, S. 352),

[2]) So ergibt sich aus dem Studium der Psychosen ein neuer Gesichtspunkt für den Ausbau des Subjektbegriffes. Wir müssen eine Stufung oder
Schichtung der Subjektität annehmen, so daß sich das bewußte, verant-
wortliche Einzelsubjekt als die Steigerung oder Weiterbildung einer all-
gemeineren „Gattungssubjektität" darstellt. Vermutlich handelt es sich
hier um den gleichen Tatbestand, der sonst durch die Begriffe „Personali-
tät", „Individualität", „Gattungswesen" usw. bezeichnet wird. Vgl.
Kronfeld (L. 27, S. 51 f.). Auch die Unterscheidung Heyers zwischen
einem vegetativen, einem animalen und einem pneumatischen Lebenskreis
dürfte sich auf den gleichen Tatbestand beziehen (L. 16).

Aber es kommt auch vor, daß die Subjektität noch gründlicher verschwindet (besonders in einzelnen Fällen von akuter Melancholie); dann löst sich der Körper tatsächlich auf; er zerfällt in Funktionskomplexe und Einzelfunktionen, die allmählich erlöschen. Daß so viele Geisteskranke, wie besonders die Veteranen der Schizophrenie, überaus alt werden, beruht erstens auf dem „gesunderen" Arbeiten des nur-tierischen Organismus, zweitens oft auf einer nur unvollständigen Loslösung des bewußten Subjekts von den Objekten oder drittens auf einer Teilheilung, nämlich auf einer vorsichtigen und stark beschränkten Wiederversöhnung der subjektalen Persönlichkeit mit ihrem menschlichen Schicksal.

Noch genauer werden wir das Wesen der Psychose erkennen, wenn wir zunächst die psychotischen Zustände betrachten, die unter besonderen Umständen auch im Leben der Gesunden und der Neurotiker auftreten können. Solche Krankheitsbilder, die alle Kennzeichen einer Psychose an sich haben, werden vom Subjekt her durch starke Schreckerlebnisse oder vom Objekt her durch Vergiftungen hervorgerufen. Man denke zunächst an die bekannten „Schreckpsychosen", wie sie bei Erdbeben, bei Grubenkatastrophen oder auch im Kriege häufig beobachtet worden sind[1]). Ein Fliegeroffizier stürzt ab. Er bleibt fünf Monate lang völlig kataton, gänzlich abgesperrt gegen die Außenwelt; muß künstlich ernährt werden; verharrt in seltsamen Stellungen; tut nichts oder tut das Gegenteil von dem, was man ihm sagt; dazwischen treten impulsive und sinnlose Handlungen auf; wahrscheinlich einzelne Halluzinationen, aber keine Wahnideen. In der Sprache der dialektischen Charakterpathologie heißt dies: Die bewußte Subjektität hat der Belastungsprobe nicht standgehalten. Der Offizier fand keine Möglichkeit, sein Schicksal bewußt zu erleben. Seine Subjektität zog sich ungefähr so weit zurück, wie es im normalen Schlaf geschieht; das Gattungswesen blieb übrig und funktionierte

---

[1]) Ernst Kretschmer rechnet die Mehrzahl dieser Krankheitsbilder noch zu den Hysterien. Es scheint uns jedoch ratsamer, die schwersten Symptome der Hysterie lieber schon als vorübergehende psychotische Zustände innerhalb der Neurose aufzufassen. Ob ein Unglücksfall den Betroffenen in einen „hysterischen" Dämmerzustand oder in eine Katatonie versetzt, hängt wohl nur von seiner Konstitution ab. Man hat mit Recht solche Dämmerzustände der Ganserschen Psychose und solche Katatonien der Schizophrenie zugeordnet (vgl. L. 25, S. 13 f.).

gleichsam „ohne Kopf". Die Heilung, die sich ärztlicherseits nicht beeinflussen ließ, glich in hohem Maße einem sehr langsamen Erwachen. Erinnerungen an den katatonen Zustand waren nachher nicht vorhanden. Die Genesung war vollständig.

Unter den Vergiftungen sind vor allem die Folgezustände des chronischen Alkoholismus (besonders das Delirium) und des Morphinismus zu nennen, aber auch gewisse innere Vergiftungen, wie sie wohl am reinsten bei klimakterischen Melancholien zur Beobachtung kommen. Ganz ähnlich wie durch Vergiftungen können die zentralen Funktionen auch auf andere Weise gestört werden, so etwa durch Verletzungen, durch Tumoren, durch Arterienverkalkung usw. Auch in diesen Fällen ergeben sich psychologische Zustände ähnlicher Art. Sekundär werden dann die Körperfunktionen auf vielfältige Weise behindert; das Subjekt sieht sich seiner Mittel immer mehr beraubt; und tertiär verzichtet es schließlich auf seine Herrschaft und tritt den „Rückzug aus dem Leben" an. Der Patient will nicht mehr mitmachen. Ihm ist seine Innenwelt, sein Organismus und darum auch seine Außenwelt gründlich verleidet.

Diese Zustände kommen jedoch nur bei Behinderung der zentralen Funktionen vor, also bei Störungen des Drüsensystems und des Nervensystems, aber nicht bei sonstigen schweren Krankheiten, wie etwa bei Störungen des Stoffwechsels oder des Blutkreislaufs. Der Grund ist leicht einzusehen: nur wenn die Werkzeuge des bewußten Seelenlebens erkranken, so daß Denken, Erinnern, Wollen, Fühlen und Urteilen nicht mehr im Dienste der Subjektität stehen, sondern von außen her beschränkt und verdorben sind, wird dem Subjekt die Auseinandersetzung mit der Wirklichkeit unmöglich. Wer nur zuckerkrank ist oder an Krebs leidet, kann und muß sich noch mit der Wirklichkeit auseinandersetzen[1]). Er muß sein Schicksal erleben und gegebenenfalls seinen Tod erleben. Wer dagegen geisteskrank wird, erlebt weder sich noch seine Krankheit noch seinen Tod.

---

[1]) Allerdings lassen sich kleinere Veränderungen der psychischen Mittel (besonders der Denkfähigkeit und der Affektbereitschaft) auch schon bei „rein organischen" Veränderungen des Stoffwechsels beobachten, so bei Diabetes und bei Adipositas. Von hier aus werden dann wiederum zahlreiche Veränderungen in der Zielsetzung, also subjektale Umstellungen der Persönlichkeit, durchaus verständlich; so etwa der übliche Pessimismus während der Grippe-Rekonvaleszenz. Auch das Fieberdelirium gehört hierher.

Der psychotische Zustand ist demnach ein zeitweiliger Verzicht des Subjektes auf seine Auseinandersetzung mit der Außenwelt und d. h. auf sein persönliches menschliches Schicksal; aber er ist durchaus nicht ein Verzicht des Gattungswesens Mensch auf sein leibliches Dasein, trotzdem freilich auch oft das Leben gleichzeitig mit dem Schicksal verneint wird. Die Selbstmordgefahr ist besonders in den akuten psychotischen Zuständen bekanntlich recht groß, aber der automatische Zerfall des Lebens ist selten.

IV. Melancholien. Die echte Psychose verhält sich zum psychotischen Zustand ganz ähnlich wie die Vollneurose zur Teilneurose. Sie ist die grundsätzliche Durchführung dessen, was im psychotischen Zustand nur kurzfristig und gleichsam gelegentlich einmal auftritt. Die Auflösung der Subjekt-Objekt-Verbindung tritt aufs deutlichste hervor. Aber diese Verbindung pflegt schon vorher auf besondere Weise eingeschränkt zu sein (da die präpsychotische Persönlichkeit ausnahmslos psychosklerotisch ist). Wir können uns hier damit begnügen, nur an die wichtigsten Einschränkungen der Subjekt-Objekt-Beziehung zu erinnern, die wir (in nonischer Weiterbildung der Jungschen Gedankengänge) als starre Extraversion und starre Introversion beschrieben haben.

Wer starr extravertiert ist, verwächst mehr oder weniger mit dem äußeren Objekt; denn der Ausgleich und die Korrektur dieses „Zuviel", die normalerweise durch ein starkes Innenleben zustande kommen sollten, sind hier unmöglich geworden. Erlebt ein solcher Mensch sehr schwere Enttäuschungen von außen her, etwa durch Verrat, durch unglückliche Liebe oder durch berufliche Fehlschläge, so kann eine plötzliche und grundsätzliche Abwendung von der gesamten Wirklichkeit zustande kommen. Dem Subjekt, soweit es bewußte Persönlichkeit ist, erscheint das Leben als wertlos; sämtliche Ziele verschwinden; die Welt verliert ihre hellen Farben; alles wird grau in grau; ja die Realität der Objekte wird schließlich zweifelhaft. Die Melancholie beginnt.

Aber es handelt sich nicht nur um eine negativistische Ablehnung gewisser Tatbestände, wie sie in manchen Formen der Psychosklerose vorkommt und wie sie auch der sogenannten Verdrängung zugrunde liegt; dann würde das übrige Leben ungestört fortbestehen. In der Melancholie zieht sich das Subjekt tatsächlich zurück, und zwar um einen entscheidenden Schritt weiter, als es bei den bisher erwähnten psychotischen Zuständen vorkommt. Nicht nur das Menschsein wird abgelehnt; man denkt nicht mehr; sondern auch das Tiersein; man schläft nicht mehr; und manchmal sogar das Pflanzendasein; man ißt nicht mehr.

Wie bei den psychotischen Einzelzuständen kann auch hier die Absage des Subjekts durch zwei ganz verschiedene Arten von Gründen veranlaßt werden. Neben den schon erwähnten Enttäuschungen, die von außen herankommen, gibt es auch andere, gleichsam innere Gründe, die wir uns nur als Verderbnis des zentralen Apparates, nämlich des Nerven- und Drüsensystems, vorstellen können; wir sprechen dann von endogenen Faktoren oder von Intoxikationen. Die Psychiatrie unterscheidet hiernach exogene und endogene oder auch reaktive und somatische Formen der Depression. Reaktiv ist dabei nahezu gleichbedeutend mit psychogen. Aber es kann nicht zweifelhaft sein, daß es auch zahlreiche Zwischenstufen gibt; denn schon durch den Beginn des subjektalen Rückzuges scheinen im Drüsensystem gewisse Veränderungen aufzutreten, die das seelische Funktionieren einseitig erschweren und die dadurch den Fortschritt der Psychose im Sinne einer Bahnung unterstützen. Dann haben wir es mit einem primär subjektalen Rückzug zu tun, der sekundär objektal unterstützt wird. Aber auch das Umgekehrte kommt vor. Durch ungünstige Vererbung oder spätere Giftwirkung kann der Apparat verdorben sein, so daß dem Subjekt die Absage an die Wirklichkeit gewissermaßen nahegelegt wird. Erfolgt diese Absage, so wird nun wiederum das falsche Funktionieren des Apparates verstärkt. Wir haben es mit einer primär objektalen (somatischen) Psychose zu tun, die sekundär subjektal (psychogen) verstärkt worden ist. In beiden Fällen sind typische Teufelskreise am Werk.

Adler stellt die Vorgeschichte des Melancholikers dar als den geradlinig ansteigenden Weg der Bosheit, der Menschenfeindlichkeit und der Gehässigkeit. Kretschmer schildert die künftigen Melancholiker als zyklothyme Charaktere, die menschenfreundlich, warmherzig und vielseitig interessiert mitten im Leben stehen[1]). Wenn wir unsere Fälle betrachten und auch wenn wir die Erfahrung

---

[1]) Vgl. Adler „Praxis und Theorie", Kap. 21, und Kretschmer „Körperbau und Charakter", Kap. 9. Beide Schilderungen können in ihrer Gegensätzlichkeit als großartige Ergebnisse einer unvermeidlichen tendenziösen Apperzeption verstanden werden (L. 3 u. L. 26).

unserer Kollegen mit berücksichtigen, finden wir, daß Kretschmer mindestens in 80 Prozent aller Fälle recht behält und daß gerade die schweren Melancholien, bei denen die endogenen Faktoren im Vordergrund stehen, sich aus zyklothymen Vorstufen heraus entwickeln. Die Adlersche Vorgeschichte findet sich mehr in mittelschweren Fällen, bei denen das toxische Moment schwächer und das psychogene oder subjektale stärker hervortritt; und bei diesen Menschen findet sich auch meist schon eine größere Verwandtschaft zum Zwangscharakter hinüber und öfters auch das Auftreten vereinzelter schizophrener Symptome. Von unserem Standpunkt aus können wir sagen, daß Kretschmer fast ausschließlich die endokrine Seite der Krankheit beschrieben hat, währen Adler ausschließlich auf die subjektale Seite achtet. Die Wirklichkeit aber zeigt uns bei genauerem Zusehen stets eine Wechselwirkung beider Faktoren, aber freilich auch das Überwiegen des einen oder des anderen.

Kräpelin hat bekanntlich durch seine gewaltige Lebensarbeit die Gegenüberstellung der manisch-depressiven und der schizophrenen Krankheitsbilder überhaupt erst möglich gemacht. Wir möchten aber trotzdem die manisch-depressive Psychose einfach als Melancholie beschreiben, wie es vor Kräpelin die meisten Autoren getan haben. Die Manie wird dann für uns nur ein Zustandsbild, das bei Melancholikern gelegentlich auftritt, das aber auch in zahlreichen Fällen fehlt. Warum wir zu dieser Auffassung kommen müssen, wird sich im folgenden zeigen.

Freud hat die Behauptung aufgestellt, daß die Melancholie im „Objektverlust" bestehe und daß nachträglich das verlorene Objekt (beispielsweise der treulose Geliebte) im Innern des Patienten „wieder aufgerichtet" werde und daß dann alle Verneinung und aller Haß sich gegen diesen inneren Feind richte, mit dem sich der Patient doch gleichzeitig identifiziere[1]. – So gut wir mit der Beschreibung des Objektverlustes einverstanden sein können, so entschieden müssen wir doch die Introjektion und die Identifikation des Patienten mit dem verlorenen Objekt ablehnen. Die Neigung des Melancholikers, sich selbst zu beschuldigen und sich selbst zu vernichten, hat nach unserer Meinung einen anderen Grund.

Wer es wagt, in gottgleicher Machtfülle die gesamte Wirklichkeit auszulöschen, der vollzieht genau das Gegenteil eines Selbstmordes;

---

[1] Freud (L. 12, Bd. V, S. 418 u. 535).

er vernichtet nicht das Subjekt, um den Objekten zu entgehen, sondern er vernichtet die Objekte, um reines gottgleiches Subjekt zu bleiben. Der Grund dazu muß im Erlebnis äußerster Gefahr zu suchen sein. Der Nadir der Seele, das −100, muß sich bemerkbar gemacht haben. Die Antwort aber, die das Subjekt erteilt, bedeutet zunächst einen Sprung nach oben, in die Gottgleichheit. Solange dieser Sprung zu gelingen scheint, wird die böse Welt, die man verachtet und vernichtet, völlig mühelos ersetzt durch eine andere Welt, die man sich selbst erschafft. Man kauft sich Autos, plant eine Reise nach Indien, lädt alle Vettern und Basen ein; man tummelt sich in dieser neuen Welt, die keine Widerstände mehr bietet, wie ein Fisch im Wasser; man springt von einem zum anderen, man kann alles, will alles, weiß alles; man erlebt den Zenit seiner Seele, das ungetrübte +100: die Manie.

Die Manie ist das Vorstadium der Melancholie, nicht nur erfahrungsmäßig, sondern wenn man so sagen darf, auch logisch als notwendiger Ausdruck für die polare Struktur alles Lebendigen[1]). − Aber die Manie muß scheitern, denn da die Wirklichkeit dem tollen Schöpfungsübermut des Manischen doch keineswegs gehorcht, muß er sich rasch in immer wildere Übertreibungen hineinsteigern. Er darf den klaffenden Gegensatz zwischen seinem Wollen und Können nicht gewahren, er muß immer rascher von einer Nichtigkeit zur anderen springen; sein Denken wird zur Ideenflucht, sein Handeln zur Raserei. Sobald er müde wird, sobald er zur Ruhe kommt, bricht er zusammen.

Die Depression aber, in die er nun hineinstürzt, ist nicht mehr das eigenwillige Nichts, das herrische Verzichten auf die Welt der Objekte; sondern sie ist das ständige Erlebnis des Gegenteils, das Mißlingen dieses Verzichtes, das Wiederauftauchen der Welt, die man verneint hat, und das Nichtloskommen von einer Wirklichkeit, der man doch um jeden Preis entfliehen möchte. „Und nähmst du Flügel der Morgenröte und flöhest zum äußersten Meer . . .", aber der Kranke will um gar keinen Preis mehr dies Gehaltenwerden durch die Hände Gottes; er will sich losreißen von der Fesselung an die Welt. Und wenn es nicht gelingt durch die Leugnung der

---

[1]) Oft beginnt die Krankheit offensichtlich mit der Depression; dann war jedoch meist das präpsychotische Leben schon jahrelang vorher durch eine Hypomanie gekennzeichnet.

Objekte, so muß es gelingen durch die Vernichtung des Subjektes selbst. Die furchtbare Angst vor der Wirklichkeit, die Flucht aus dem Leben und die verzweifelte Sehnsucht nach der völligen Vernichtung sind nur allzu verständlich. Alle Klagen und Anklagen, die in ruhigeren Zeiten aus diesem Zusammenhang hervorgehen, die Schuldgefühle und der sogenannte Kleinheitswahn sind nur noch schwache Abkömmlinge dieses stürmischen und in sich durchaus sinnvollen Menschenschicksals. Der Melancholiker nimmt keineswegs das außen abgelehnte Objekt in sich hinein, um dann sich mit ihm zugleich zu vernichten. (Diese Auffassung ist eine Plattheit, die sich notwendig ergibt, wenn man die Beziehung zwischen Subjekt und Objekt ausschließlich als sexuelle Beziehung mißdeutet.) Die Selbstverneinung und die Selbstvernichtung des Melancholikers bildet den unvermeidlichen Rückschlag gegen seinen krankhaften Versuch, objektloses Subjekt und das heißt Gott gleich zu sein. Er haßt sich, weil er nicht absolutes Subjekt zu sein vermag; er muß sich selber zum Objekt der Zerstörung machen, weil er sich nicht zum Subjekt einer neuen Schöpfung machen kann. Er wird zum Wegweiser und zum Sinnbild der äußersten Überhebung des Menschentums. Sein Schicksalsweg ist eine Gipfelleistung nach der negativen Seite.

V. Schizophrenien. Die Forscher sind sich darüber einig, daß die Schizophrenie gegenüber dem manisch-depressiven Irresein die schwerere Krankheit, ja daß sie geradezu die klassische Psychose schlechthin bedeutet. Auch prognostisch gilt die Schizophrenie mit Recht als weit ungünstiger, und therapeutisch ist sie bekanntlich noch immer so gut wie unbeeinflußbar. Vom Standpunkt der dialektischen Charakterkunde aus stellt sich die Melancholie (durch die wir das manisch-depressive Irresein ersetzen möchten) als ein Versuch der radikalen Loslösung des Subjekts vom Objekt dar, der schon von seinem ersten Beginn an scheitern mußte. In der Schizophrenie dagegen sehen wir einen ähnlichen, aber noch gründlicheren Versuch des Subjekts, sich von der Wirklichkeit loszureißen; und dieser Versuch mißlingt zwar ebenfalls, doch läßt sich sein Mißlingen schließlich noch als ein dauernder Scheinerfolg umdeuten.

Der Grund für diesen Unterschied zwischen Melancholie und Schizophrenie liegt in der Verschiedenheit der psychologischen

Voraussetzungen. Die Melancholie ist der radikale Fluchtversuch des extravertierten Menschen, der meistens gleichzeitig ein zykloider Charakter ist. Er will sich von der Außenwelt losreißen; die Innenwelt kümmert ihn nicht; er scheitert schließlich daran, daß er die Beziehungen zur Außenwelt doch nicht ganz los wird und daß er als lebender Körper doch noch ein Stück der Welt bleibt, die ihm zuwider ist. Die Schizophrenie dagegen bildet den entsprechenden Fluchtversuch des introvertierten Menschen, der fast immer gleichzeitig ein schizoider Charakter ist. Hier wird die Loslösung von der Außenwelt schon in der präpsychotischen Persönlichkeit sorgfältig und von langer Hand her vorbereitet. Die wenigen Teile der äußeren Wirklichkeit, die noch wichtig bleiben (Eltern oder sonstige Beziehungspersonen) verdanken diese Würde meist nur dem Umstand, daß sie vom Kranken aus zum Träger einer Projektion gemacht werden, die ganz deutlich nicht nur infantile, sondern auch archaische Züge trägt. So wird die leibliche Mutter umgedichtet zu einer Ur-Mutter, die nicht nur birgt und hegt und vor Gefahren schützt, sondern die auch ihren Sprößling in sich hineinschlingt, aufsaugt und auflöst. Sie wird zum Urwir, das nicht nur Kräfte spendet, sondern auch die Individualität vernichtet[1]).

Soweit ist die Loslösung von der Außenwelt meist schon beim Schizothymen vorgeschritten, der noch nicht psychotisch ist, trotzdem sich einzelne schizophrene Symptome bereits bemerkbar machen. Auf Grund seiner langjährigen Übung werden die äußeren Dinge und auch die Personen immer unwichtiger. Von ihnen bleiben schließlich nur noch Schatten oder lächerliche Marionetten übrig. Aber die Loslösung von der Innenwelt wird zum entscheidenden Problem.

Der introvertierte Mensch hat in seinen inneren Objekten, in Vorstellungen, Gefühlen, Wünschen und Träumen, viele Jahre lang seine eigentliche Wirklichkeit erlebt. Nun wird ihm diese Welt durch schwere Enttäuschungen verleidet; und auch hier können die Gründe wie bei der Melancholie aus zwei Richtungen kommen. Es kann geschehen, daß die Welt der inneren Objekte zu grausige Formen annimmt (wenn vom Subjekt her unvermerkt und unkontrollierbar die Angstgestalten der fernsten Vergangenheit zu neuem Leben erweckt werden); oder es wird durch endokrine

[1]) Vgl. Heyer, „Organismus der Seele" (L. 16, S. 89 f.).

Störungen der zentrale Apparat so verdorben, daß das Subjekt auf seine Verbindung mit den Objekten grundsätzlich verzichten muß. Der erstere Weg führt zum Paranoid, der zweite zur Hebephrenie.

Je gründlicher der Apparat von vornherein oder auch nachträglich durch toxische Vorgänge gestört wird, um so weniger können die inneren Objekte noch vom Subjekt aus (willkürlich oder unwillkürlich) belebt werden. Darum ist die Hebephrenie so arm an Ereignissen; und darum verarmen auch die Endzustände der paranoiden Demenz zum Schluß immer mehr. In diesen Fällen ist die Flucht des Subjektes soweit gelungen, daß von einer bewußten Persönlichkeit nicht mehr die Rede sein kann; aber das tierhafte und pflanzliche Leben bleibt wirksam, die kollektive Subjektität der Gattung Mensch wird aufrechterhalten. So kommt ein Kompromiß zustande, den man von der Tendenz der Psychose aus als einen recht guten Teilerfolg bezeichnen muß.

Die Katatonie wurde schon bei den „psychotischen Zuständen" erwähnt. Sie kommt in ihren schwereren Formen dadurch zustande, daß das Subjekt sich sehr rasch und sehr weit zurückzieht (während bei der Hebephrenie der Rückzug allmählich erfolgt). Leichtere katatone Symptome stellen sich meist als ein gleichzeitiges Wollen und Nichtwollen dar, das ja auch sonst im Bereiche der Schizophrenie einen großen Raum einnimmt. Diese sogenannte Ambivalenz (Bleuler) bildet einen Teil des urmenschlichen Schismas, von dem noch die Rede sein soll. Sie tritt überall da in Wirksamkeit, wo zwar noch Subjektität vorhanden ist, ohne daß jedoch die Einheitlichkeit der Entscheidung aufrechterhalten wird. Subjektität ohne einheitliches Subjekt, ohne Ich, ohne Persönlichkeit, ohne Form führt mit Notwendigkeit dazu, daß gleichzeitig alles zur Wirkung kommt, was an Möglichkeiten vorhanden ist. Darum bleibt nichts unwidersprochen, jeder Impuls ist von seinem Gegenimpuls begleitet, es gibt kein Sprechen und kein Schweigen, sondern nur ein Sprechenwollen und Nichtsprechenwollen zugleich. — Der neue Gleichgewichtszustand, der sich aus dieser allgegenwärtigen Ambivalenz schließlich ergibt, ist ein Nichts, eine völlige Leere, eine innere Ereignislosigkeit von unvorstellbarer Öde. Die Katatonie ist in akuter Form das gleiche, was in chronischer Form die Demenz des Endzustandes darstellt.

Ehe aber dieser Endzustand erreicht wird, müssen gefährliche Klippen passiert werden. Und nicht selten treten Krisen auf, die auch hier die Flucht vor dem Schicksal als eine Steigerung des Schicksals erkennen lassen. Die wilden Ausbrüche und die Tobsuchtsanfälle, die bei allen Formen der Schizophrenie auftreten können, sind zur Genüge bekannt.

Vergegenwärtigt man sich das Wesen der Projektion, von der vorhin schon die Rede war, so sieht man, daß die inneren Objekte sich durchaus nicht ohne weiteres auslöschen lassen. Meist kann der Schizophrene nur für kurze Zeit mit seiner Innenwelt so gottgleich schalten und walten, wie es der Manische mit der äußeren zu tun beliebt. Wenn ein Paranoiker sich als Buddha oder als König erlebt, so ist das zwar auch ein „Obensein", ein Freisein von allen Schranken der Wirklichkeit; aber die Wahl dessen, was er sein will, steht ihm nicht frei. Er bleibt an das Material gebunden, das er (unbewußt und zwangsläufig) aus seinem Innern hervorrufen muß. Er hat den Ablauf dieser Erlebnisse keineswegs in der Hand. Und schon im nächsten Augenblick kann die Stimmung umschlagen, und der Kranke kann sich als einen zertretenen Wurm oder als eine zerstückelte Leiche erleben. Solange überhaupt noch ein Fünkchen Subjektität erhalten bleibt, muß auch ein Stückchen Objekt vorhanden sein. Und diese Reste des Objekts sind beim Schizophrenen immer Vorstellungen aus den Schichten des kollektiven Unbewußten. Sie machen sich in Form der Identifikation bemerkbar: „Ich bin Buddha, ich bin eine zerstückelte Leiche"; oder aber sie treten traumhaft und sichtbar dem Subjekt gegenüber: „Ich sehe Buddha, ich sehe eine zerstückelte Leiche."

Die Halluzination und die Identifikation sind die beiden zueinander gehörigen Formen des schizophrenen Lebens. Sie gehören als wahnhaftes Subjekt und wahnhaftes Objekt zusammen[1]. Ihr Verständnis macht psychologisch keinerlei Schwierigkeiten, sobald man den Vergleich dieser Vorgänge mit den Träumen der gesunden Menschen nur ernst genug nimmt[2]. Träume können

---

[1] Die Identifikation „Ich bin Buddha" bedeutet die Verwachsung zwischen Subjekt und Vorstellung. In der Halluzination „Ich sehe Buddha" kommt noch ein Rest von Gegenüberstehen (aber ohne Freiheit) zum Ausdruck. Darum ist die Identifikation das schwerere Symptom.

[1] Vgl. besonders A. Kronfeld (L. 27, S. 338).

Wunscherfüllungen sein, aber sie können auch warnen, ängstigen und quälen, und von den Halluzinationen der Schizophrenie gilt dasselbe. Der Kranke ist über seine Wahngebilde so wenig Herr wie der Gesunde über seine Träume. Je mehr er auf seine Subjektität tatsächlich verzichtet, indem er sie wahnhaft und das heißt objektlos steigern will, um so unwillkürlicher und zwangsläufiger kommt die Wahl der Bilder zustande, die in ihm aufsteigen. Er bleibt den Gestalten seiner eigenen Tiefe anheimgegeben, seine Flucht in die absolute Freiheit endet mit dem Eintritt in die völlige Unfreiheit.

Da alles Leben in polaren Gegensätzen aufgebaut ist und da diese Gegensätze um so näher beisammen liegen, je tiefer man zu den Anfängen des Lebens hinabsteigt, so ist es kein Wunder, wenn dem Schizophrenen mehr und mehr an Stelle des „Entweder-Oder" ein prälogisches „Sowohl-als-auch" in seinem Innern entgegentritt. Schon jene nach außen projizierte Muttergestalt war sowohl begehrenswert wie auch beängstigend. Haß und Liebe treten darum auch gegen die leibliche Mutter in scheinbar wirrer Mischung nach außen hervor. Der Patient kann gleichzeitig lachen und weinen. Er kann mit ehrlicher Überzeugung sagen: „Ich male ein winzig kleines Bild, das sieben Quadratmeilen groß ist." Der unvermittelte Gegensatz, die starre Antinomie ist geradezu die Form seines Innenlebens. Das Schisma, nach dem Bleuler die Krankheit benannt hat, stellt jedoch kein Vorrecht der Schizophrenen dar. Es ist die ewige und allgegenwärtige Grundform des Lebens, es ist unser Ausgangspunkt und unsere Aufgabe, mit der wir fertig werden müssen. Aber nur der Schizophrene geht so weit rückwärts in der Auflösung der schon gelungenen Vermittlungen und Synthesen, daß die Ur-Aufgabe, nämlich das nackte Schisma, wieder zutage tritt. — Der Manisch-depressive erlebt nacheinander Glück und Unglück, Höhe und Tiefe, Großartigkeit und Erbärmlichkeit des Menschentums. Der Schizophrene aber erlebt dies alles in einem einzigen Augenblick[1]).

Reich und lebenspendend wäre dies Hinabtauchen bis auf den Urgrund jedoch nur, wenn ihm ein Wiederauftauchen folgte und

---

[1]) Nach Heyer besteht die Heilung der Neurose darin, daß das neurotische „Entweder-Oder" ersetzt wird durch ein gesundes „Sowohl-als-auch"; aber das schizophrene „Sowohl-als-auch" verhält sich zum gesunden wie die ungelöste Aufgabe zur gelösten.

wenn es gelänge, dies uralte als ein neues in die Gegenwart und in die Zukunft hineinzutragen. Der Schizophrene dagegen erweist sich als arm, als unlebendig und trotz seiner unheimlichen Paradoxien schließlich doch als herzlich oberflächlich[1]). Er flieht vor seinem Schicksal; und so reich an Schicksalen diese Flucht auch sein mag, es bleibt alles unbenutzt und unbelebt am Wege liegen. Die Neigung zur Flucht, zum Neinsagen und zum „Nichterleben" bleibt als starres Grundgesetz in Wirksamkeit und führt schließlich doch einmal zu jenen Kompromissen oder Scheinerfolgen, von denen schon die Rede war. Die Endzustände der Schizophrenie, das Vorhandensein derer, die nicht mehr leben, mutet fast an wie ein Taschenspieler-Kunststück des dunklen Prinzips. Es ist der negativen Macht scheinbar gelungen, dem Leben ein Schnippchen zu schlagen. Es laufen schicksalslose Menschen herum, lebende Leichname, die die Folgen ihrer Flucht vor dem Leben nicht tragen. — Es bleibt uns nur übrig, sie zu pflegen und sie zu beobachten und immer wieder zu versuchen, ob wir sie nicht doch noch zurückrufen können in die schweren Kämpfe, denen sie sich entzogen haben und in denen standzuhalten uns als oberste und letzte Aufgabe erscheint.

Dritter Teil

Charaktertherapie

21. Der Standpunkt der Charaktertherapie

Alle Erscheinungen der Charakterpathologie betreffen den ganzen Menschen. Nicht seine Organe, auch nicht die seelischen Organe und auch nicht seine einzelnen Funktionen bilden den Sitz oder das Zentrum der Störung, sondern es handelt sich stets um eine grundsätzlich falsche Charakterhaltung. Die fundamentale Beziehung zwischen Subjekt und Objekt ist gestört. Und es macht in dieser Hinsicht keinen Unterschied, ob wir es mit einer jahrzehntelang dauernden Neurose zu tun haben oder mit einer akuten Störung

---

[1]) Vgl. Prinzhorn, „Die Bildnerei der Geisteskranken" (L. 32).

des seelischen Gleichgewichts, die sich nur als Ausdruck einer „normalen" Entwicklungskrisis zu erkennen gibt. Unsere Aufgabe ist immer die gleiche: wir müssen versuchen, diese Leiden nutzbar zu machen im Dienste der Klärung, der Bereinigung und der Steigerung des Lebens. Die schweren Neurosen müssen uns ebenso wie die rasch vorübergehenden Entwicklungskrisen zu einem Mittel werden, dessen Dynamik es im Dienste höherer Ziele auszunutzen gilt.

Dadurch wird die Frage nach dem Wesen dieser höheren Ziele in den Vordergrund gerückt. Welches ist der Sinn der Neurose? Es ist der gleiche wie der Sinn des Leidens überhaupt. Aber welches ist der Sinn alles menschlichen Leidens? Es ist der gleiche wie der Sinn jeder einzelnen Entwicklungskrisis bei jedem einzelnen gesunden Menschen; es ist der gleiche Sinn wie der des Lebens schlechthin. — Aber dieser Sinn läßt sich weder als Begriff erfassen noch als Gefühl erleben. Er ist infinal, unendlich; jeder Versuch, ihn endgültig klarzustellen, würde mit der Verendlichung des Unendlichen, mit der Erstarrung des Schöpferischen und mit der Tötung des Lebendigen enden. Ein finales Dogma träte dann an Stelle der infinalen und produktiven Aufgaben des Lebens. So entspricht es dem nonischen Standpunkt der dialektischen Charakterkunde. Das Leben ist uns aufgegeben wie eine unendliche Wanderung. Wir kennen das letzte Ziel nicht; wir wissen aber, daß der Weg durch Leiden führt, und wir merken es, wenn wir die Richtung verlieren, weil sich dann das fruchtbare Leiden in sinnlose Qual verwandelt. Das Wiedereinbiegen in die lebendige Richtung ist der Heilungsprozeß.

Charaktertherapie ist die Behandlung des ganzen Menschen, die wir der Behandlung seiner einzelnen Krankheiten, etwa eines Beinbruchs oder einer Grippe, bewußt gegenüberstellen. Wir wissen, daß die Behandlung des ganzen Menschen durch Krisen führen muß, da der Verzicht auf seine bisherige Grundeinstellung und der Übergang zu einer lebendigeren Haltung nicht ohne die Erschütterung seiner tiefsten Fundamente vollzogen werden kann. Die Behandlung der einzelnen Krankheiten dagegen sollte alle Krisen möglichst zu vermeiden suchen. Die „Reiz-Therapie", die nicht einzelne Organe, sondern den gesamten Organismus aufrüttelt und zu größeren Leistungen veranlaßt, bildet gewissermaßen ein

Zwischenglied, das sich noch auf körperliche Mittel beschränkt wie die Behandlung der einzelnen Krankheiten, und das doch schon auf die Ganzheit des Menschen gerichtet ist wie die „Gesamtbehandlung".

Die Charaktertherapie will die Zielsetzung des Patienten ändern, und zwar die bewußte sowohl wie die unbewußte; sie will die starren und negativen Ziele des mutlosen Menschen durch die wachsenden und positiven Ziele des Lebens ersetzen. Dagegen begnügt sich die Behandlung der einzelnen Krankheiten damit, dem Patienten bessere Mittel zur Verfügung zu stellen.

Wenn ein Patient an schlechtem Gedächtnis oder an nervösen Kopfschmerzen leidet, so wünscht er zunächst nur, daß diese Schäden im Bereiche seiner seelisch-leiblichen Funktionen wieder in Ordnung gebracht werden. Im Dienste welcher Zwecke er nachher diese verbesserten Mittel benutzen wird, das geht nach seiner Meinung den Arzt gar nichts an. Und der frühere „Seelenarzt", der Hypnotiseur, der Suggestor, der Magnetiseur, der Atemkünstler und, wie man wohl hinzufügen muß, oft auch der Psychoanalytiker, war hier der gleichen Meinung wie der Patient. Man hätte es als unanständig empfunden, in die Zielsetzung, die Wertung oder die Weltanschauung des Patienten einzugreifen. Und man hatte recht. Denn wenn man es versuchte, konnte es nur plump moralisierend geschehen. Es wurde gleichsam ein Dreinschlagen mit moralischen Dreschflegeln. Nur zufällig ergab sich hier und da eine Umstellung der gesamten Persönlichkeit im Sinne einer wirklichen Heilung, und zwar durch das menschliche Zusammentreffen mit dem Therapeuten, so daß der wichtigste Erfolg neben oder trotz der Therapie zustande kam. – Wir wollen dieses Vorgehen als Mittel-Therapie, als die Ausrüstung des Patienten mit besseren Mitteln zum Kampfe für das Dasein, sorgfältig unterscheiden von der entgegengesetzten Methode, die auf eine zentrale Umstellung der charakterlichen Ziele gerichtet ist. Man kann diese beiden therapeutischen Absichten vielleicht am besten als die periphere und die zentrale einander gegenüberstellen.

Die zentrale Charaktertherapie sucht von vornherein den Zusammenhang zwischen den Krankheitssymptomen und der fehlerhaften Zielsetzung des Patienten. Ihre Ätiologie ist immer eine finale, trotz aller kausalen Zwischenglieder. Sie findet in den falschen Zielen des Patienten die letzte wirksame Ursache für die Verderbnis der Mittel, nämlich der seelischen und leiblichen Funktionen. Nur wenn die Zielsetzung besser wird, können die Mittel genesen.

Die nur-finale oder nur-zentrale Therapie neigt stets dazu — wie aus dieser Gegenüberstellung hervorgeht — eine priesterliche Form anzunehmen. Ihr letztes und tiefstes Bestreben kommt einer „Bekehrung" des Patienten gleich; und ihr eigenes Wissen oder Wähnen vom Wesen der Krankheit und vom Sinn des Lebens beansprucht die Würde einer Religion. Und tatsächlich gibt es religiöse Menschen, die auf dem Standpunkt stehen, daß von einer zentralen Gesundung aus (die dann immer eine „Erlösung" wird) alle irdischen Übel verschwinden oder doch zu einem Minimum zusammenschrumpfen[1]). Dieser Anspruch besteht seiner Idee nach durchaus zu Recht; und es ist nur bedauerlich, daß die christlichen Kirchen, wie es scheint, auf ihn verzichtet haben. — Aber unser therapeutischer Standpunkt ist von diesem priesterlichen Standpunkt wesentlich verschieden.

Der Unterschied liegt in der Höhe des Anspruchs. Wir sind weder Priester noch Heilige. Wir wollen nicht bekehren und nicht erlösen; wir besitzen kein eindeutig formuliertes Dogma; wir können keine Wunder tun; und wir fürchten uns vor unserer menschlichen Unzulänglichkeit und vor dem Abgleiten ins Moralisieren und ins Dogmatisieren. Die nur-periphere Behandlung, die Reparatur der Mittel, lehnen wir ab, weil sie unzulänglich ist. Die nur-zentrale Behandlung, die Heilung aller Funktionen nur vom Geiste aus, lehnen wir ab, weil wir selber unzulänglich sind. Wir streben eine Behandlung an, die wir als die totale oder als Gesamtbehandlung bezeichnen und die wir sowohl der zentralen wie auch der peripheren gegenüberstellen.

Wir wollen den Menschen im Zentrum seines Charakters, nämlich in seinen starren und negativen Zielsetzungen, zu einer grundsätzlichen Umstellung veranlassen; insofern ist die totale Behandlung eine zentrale. Aber wir wollen diese Umstellung gleichzeitig auch vorbereiten und ermöglichen durch jede nur denkbare

---

[1]) Die bekannteste Lehre dieser Art ist die Christian Sience (L. 5), die Stefan Zweig viel zu stark nach der neurotischen Seite hin mißdeutet hat (L. 42). Es gibt echte Heilungen auf diesem Wege.

Verbesserung der Mittel, der Funktionen und der Organe; insofern ist die totale Behandlung gleichzeitig auch peripher. Da die zentrale Umstellung das Entscheidende bleibt, können wir das Stirb und Werde, den krisenhaften Zusammenbruch des Alten und den zögernden und zagenden Beginn des Neuen nicht umgehen; so umfaßt die Gesamtbehandlung auch die Charakterkrisis. Aber die Übergänge werden weniger stürmisch und dafür sauberer und lebendiger, wenn die Vorbereitung besser, die Schritte kleiner und das Bewußtsein heller werden; so mildert und vergeistigt die Gesamtbehandlung ihre Krisen durch eine sorgfältige „Ermöglichung des Gesundwerdens"[1]).

Die Charakterpathologie zeigt, daß die Beziehungen des menschlichen Subjektes sowohl zum toten Objekt (zum äußeren und inneren Es) wie auch zum lebenden Mitsubjekt (zum Du und zum Wir) gestört sein können. Beschränkt man nun den Patienten während seiner Behandlung nur auf die Beziehung zu seinem Arzt, so gewinnt der letztere zwar eine ungeheure Bedeutung, er vereinigt alle „Übertragungen" auf seine eigene Person; aber er verzichtet auch auf alle Übungen und Unterstützungen des täglichen Lebens. Der „röhrenförmige" Rapport zwischen Patient und Therapeut nimmt dann bekanntlich Formen an, die an Faszination oder gar an Hypnose erinnern; alle übrigen Beziehungen des Patienten, Verwandtschaft, Freundschaft, Beruf und Ehe, werden gleichgültig und existieren nur noch schattenhaft.

Für das Durcharbeiten der entscheidenden Probleme im Sinne der zentralen Behandlung kann diese Situation unvergleichliche Vorteile bieten. Ja sie kann in schweren Fällen den einzig gangbaren Weg bedeuten. Wir wollen darum nicht auf sie verzichten und wollen Sigmund Freud, dem genialen Meister dieser Methode, für ihre klare Ausarbeitung dankbar sein. Aber wir wollen trotzdem nicht verzichten auf die vielseitige Übung des Patienten in allen seinen Beziehungen zum inneren und zum äußeren Es, zum Du und zum Wir. Wir wollen ihm behilflich sein, aus seinen Fehlern zu lernen; und darum müssen wir ihm Gelegenheit geben, diese Fehler zu machen, sie zu verstehen, sie zu wiederholen und sie allmählich zu verringern. Wir müssen ihm einen Übungsplatz zur Verfügung stellen, auf dem er nicht ausgelacht wird, wenn er versagt, und auf

[1]) Der Begriff der Ermöglichung stammt von Franz Schauer (L. 36).

dem er nicht etwa ein suggeriertes Scheinleben, sondern den ersten Anfang der schweren alltäglichen Wirklichkeit zu bewältigen lernt. Wir verzichten nicht auf die Einzelanalyse im Sinne der bisherigen Tiefenpsychologie, aber wir erweitern sie, indem wir den Patienten vorsichtig und schrittweise in den Alltag hineinziehen, ganz ähnlich wie man es schon lange in der Arbeitstherapie und im gesellschaftlichen Leben vieler Sanatorien versucht hat. Aber durch die planmäßige Wechselwirkung zwischen Gruppenleben, sachlicher Arbeit und Einzelanalyse bekommen diese Dinge ein neues Gepräge. Sie fügen sich zu einer Einheit zusammen, die wir als die „heilende Gruppe" bezeichnen.

22. Die heilende Gruppe

Die heilende Gruppe erweist sich als der selbstverständliche und natürliche Weg der Charaktertherapie, sobald man das Wesen der Charakterpathologie richtig erkannt hat. Alle Störungen der Ich-Es-Beziehung würden gut heilbar sein, wenn nicht die Störungen der Ich-Wir-Beziehung hinzukämen. Der Wirbruch aber ist das Versagen der Gruppe, und zwar meist der kleinsten Gruppe, die aus wenigen Zöglingen und ein oder zwei Erziehern besteht (im konkreten Falle meist die Familie). Die Aufgabe der Heilung besteht demnach in der Wiedereinordnung des Patienten in eine Gruppe, und zwar zunächst in eine kleine Gruppe, die einer Familie ähnelt und die doch an Tragfähigkeit, an Verständnis und an Hilfsmitteln der durchschnittlichen Familie überlegen ist. Die ichhafte Zielsetzung des Patienten muß durch die wirhafte ersetzt werden; an Stelle des Ich, genauer der Ich-Maske, muß das lebendige Subjekt selbst wieder als Träger der Werte und als Täter der Taten hervortreten. Aber gleichzeitig muß das Einzelsubjekt sich als Teil eines Gruppensubjektes erleben; denn nur im Dienste eines Wir kann das Einzelsubjekt lebendig bleiben, ohne von neuem zu einer (scheinbar geheilten) Ich-Maske zu erstarren; und nur dem Wir gegenüber kann das einzelne Subjekt sich als verantwortlich erleben. Dazu aber muß ein solches Wir vorhanden sein.

Die Individualpsychologie Alfred Adlers war der Freudschen Psychoanalyse von vornherein dadurch überlegen, daß sie das Gemeinschaftsgefühl, oder wie wir jetzt richtiger sagen können, die

Wirhaftigkeit als therapeutischen Richtungspunkt aufgestellt hat. Aber alle Sorgfalt der psychologischen Arbeit blieb auf die Besprechungen unter vier Augen beschränkt. Es entstand weder eine Gruppenkunde noch eine Gruppenpathologie noch auch eine Methode, die das Gruppenleben als Heilfaktor ausnutzte. Man kam über die Individual-Analyse nicht hinaus. So blieb das Gruppenleben ohne Kontrolle und ohne Plan dem Zufall überlassen. Man traf sich bei Kursen oder auch im Kaffeehaus; man redete von der Gemeinschaft; aber man lebte als Individualist. Hier lagen wertvolle Ansätze, doch war die Zeit noch nicht reif für ihre Entfaltung.

Indessen fehlte es anderwärts nicht an Versuchen, das Gruppenleben zielbewußt in den Dienst der Heilung zu stellen. Schon das alte „Amüsiersanatorium", das nach dem Grundsatz arbeitete: „Der Patient braucht Zerstreuung", versuchte die isolierten Menschen wieder in eine Gemeinschaft hineinzulocken; allerdings beschränkte man sich dabei auf die Mittel des gesellschaftlichen Lebens. An anderen Stellen kam man in Heimen oder zu Freizeiten zusammen unter der entgegengesetzten Zielsetzung: „Der Patient braucht Sammlung". Hier stand meist die Weltanschauung im Vordergrund; man bediente sich religiöser, philosophischer, mystischer und manchmal auch magischer Gesichtspunkte, um aus vielen Außenseitern eine Gemeinde zu formen. Und die Heilerfolge waren nicht schlecht.

Bei den letztgenannten Versuchen stand die Charakteränderung, die wir als das Problem der zentralen Therapie bezeichnet haben, schon ganz im Mittelpunkt. Wenn andere Dinge wie Atmung, Gesang, Meditation, Gebet, Fasten oder vegetarische Ernährung mit herangezogen wurden, so geschah es meist im Sinne einer Anwendung geeigneter Mittel. In anderen Fällen aber trat die Anwendung solcher (therapeutischen) Mittel und damit auch der Zweck einer bloßen Verbesserung der (organischen) Mittel, nämlich der leiblichen und seelischen Funktionen, ganz in den Vordergrund. Man kam zusammen, um zu atmen oder um Gymnastik zu treiben oder um zu meditieren. Auch die oft erprobte Arbeitstherapie gehört hierher. Und von dieser Tätigkeit erhoffte man sich Gesundung, Kräftigung und ein „neues Menschentum". Bei Licht besehen war jedoch der neue Mensch immer wieder der alte Mensch, der nur über bessere Organfunktionen verfügte und der somit seine alten Fehler erfolgreicher und gründlicher fortsetzen konnte. So versteht es sich von selbst, daß in diesen „Schulen" die Ichhaftigkeit erschreckende Blüten trieb. Wenn ein Zusammenhalt durch längere Zeit hin bestand, so konnte er nur durch den Despotismus der Schulhäupter und durch die geistige oder wirtschaftliche Abhängigkeit der Jünger erreicht werden. Aber Palastrevolutionen, Spaltungen, Unterdrückungen, Neid, Zank und Verleumdung waren das tägliche Brot dieser „Gemeinden".

So wichtig ihre Leistungen im einzelnen für uns auch sind, besonders auf den Gebieten der Atmung, der Gymnastik und der Ernährung, so ist uns doch noch wichtiger die Erfahrung, die mit vielen Menschenleben bezahlt werden mußte: eine heilende Gruppe, in der neurotische Menschen behandelt werden, kann nur bestehen, wenn die Lehre vom Wir und der Übergang von der ichhaften zur wirhaften Einstellung den Mittelpunkt des Gruppenlebens bildet.

Nur wo das zentrale Problem der Charaktertherapie, nämlich die wirhafte Zielsetzung, zur Grundlage des gemeinsamen Lebens wird, ist ein gemeinsames Leben überhaupt erst möglich. Das gilt schon im Bereich der charakterlich „gesunden" Menschen. Auch eine Jugendgruppe oder eine Formation von Erwachsenen kann nur gedeihlich arbeiten, wenn die Kameradschaft den Grundzug ihres Wesens bedeutet. Und in noch höherem Maße gilt es für eine heilende Gruppe, die zum größten Teil aus suchenden, irrenden oder gar charakterlich kranken Mitgliedern zusammengesetzt ist[1]).

Darum müssen auch die gesunden Mitglieder der heilenden Gruppe (der „Stab der Helfer") in erster Linie und grundsätzlich psychotherapeutisch eingestellt sein. Die Charaktertherapie als das zentrale Problem der Gesamtbehandlung muß Ziel, Richtung, Rahmen und Hintergrund aller Maßnahmen und aller Bemühungen bilden. Jeder Helfer muß tiefenpsychologisch soweit geschult sein, daß er alle Vorgänge innerhalb der Gruppe und vor allem auch die Krisen in den schweren Fällen durchaus versteht. Denn nur auf diese Weise ist es möglich, die „Aufspaltung der Übertragung", nämlich die übertrieben positive Zuneigung des Patienten zu dem einen Helfer und seine übertrieben negative Ablehnung gegen den anderen, sowie das wechselseitige Ausspielen des einen gegen den

---

[1]) Männer wie Johannes Müller (L. 29) und Bircher-Benner (L. 8) sind hier neben einigen anderen als Vorläufer und Bahnbrecher zu erwähnen.

anderen, in aller Sachlichkeit aufzufangen und für die wirhafte Umstellung nutzbar zu machen. Aber über diese tiefenpsychologische Vorbildung hinaus sollten alle Helfer selbst auch in ihrem privaten Leben soweit wirfähig sein, daß ihr gruppenhafter Zusammenschluß sich schon von selbst zu einem Reifenden Wir gestaltet. Ob der einzelne selbst eine Charakteranalyse durchgemacht hat oder ob das Schicksal sein Analytiker war, ist nicht so wichtig, wenn nur genug neidlose Sachlichkeit, unbeirrbare Geduld, freundliche Festigkeit und ruhige Bescheidenheit in ihm vorhanden sind.

Außerdem aber muß jeder Helfer noch eine oder mehrere sachliche Funktionen übernehmen. Die heilende Gruppe braucht eine Atemlehrerin, die am besten gleichzeitig Gymnastiklehrerin und wenn möglich auch Gesanglehrerin sein sollte. Sie braucht aber auch jemanden, der sich auf Spiel und Sport, auf Wandern und Schwimmen und wenn möglich auch auf Tanzen, Reiten und Fechten versteht. Daß ein Musiker da sein muß, braucht nicht erst erwähnt zu werden. Aber auch ein Handwerker, Gärtner, Monteur und Kunstgewerbelehrer wäre von Wichtigkeit. Ferner braucht man einen Endokrinologen, der sich auch auf Konstitutionsforschung und Erbbiologie verstehen muß. Ein Internist, der gleichzeitig neurologisch, pharmakologisch und ernährungstechnisch geschult ist, darf begreiflicherweise nicht fehlen; und es wäre gut, wenn er auch etwas von Balneologie und Hydrotherapie verstünde. Auch ein Theologe wird gebraucht, und zwar am besten einer, der auf den Gebieten der Meditation, des Gebetes und der Seelsorge besonders bewandert ist.

Es ist jedoch gleichgültig, wie die Ämter verteilt sind. Der Internist kann gleichzeitig Theologe, und die Atemlehrerin kann auch Gärtnerin oder Ernährungskundige sein. Einzelne Fächer können gelegentlich von Außenstehenden übernommen werden (so kann man etwa einen fremden Neurologen hinzuziehen); sie werden auch oft recht gut von älteren Patienten ausgeübt.

Der eigentliche Führer wird wohl stets ein Psychotherapeut sein müssen. Daß er selbst Arzt ist, wäre zwar wünschenswert, doch nicht unbedingt nötig. Daß jedoch ein oder zwei Ärzte der Gruppe angehören, versteht sich von selbst. – Entscheidend ist aber vor allem die Form, in der die Leistungen und die Verantwortlichkeiten verteilt sind.

Lebt die heilende Gruppe in einem Heim oder in einem Sanatorium beisammen, so wird das Führerprinzip meist eindeutig durchgeführt werden müssen. Doch steht auch hier nichts im Wege, daß zwei Führer wie die spartanischen Könige gemeinsam regieren; wenn sie nur wirhaft genug sind, um sich nicht zu entzweien. Wenn dagegen die Gruppe in oder am Rande einer Großstadt verstreut lebt, wird jedem Mitarbeiter schon von selbst eine größere Selbständigkeit zukommen. Doch wird man sich regelmäßig treffen müssen, um Erfahrungen auszutauschen, Probleme zu erörtern und Richtlinien zu vereinbaren. Das Reifende Wir nimmt dann mehr eine Form an, wie sie etwa im römischen Senat verkörpert war; und der Führer wird zum Primus inter pares.

Die wirtschaftliche Struktur der Gruppe muß sich nach den verschiedenen Bedingungen richten, von denen eben die Rede war. Die Helfer können als Angestellte des Gruppenführers arbeiten, oder sie können auf eigene Rechnung tätig sein und nach einem bestimmten Schlüssel das Honorar unter sich verteilen. Nur dürfte es empfehlenswert sein, daß die Gruppe entweder nach dem einen oder nach dem anderen Prinzip aufgebaut ist. Wenn sie zum Teil aus Angestellten und zum Teil aus selbständigen Helfern besteht, bildet sich leicht (auch im Urteil der Patienten) eine Rangordnung, die dem Wesen des Reifenden Wir widerspricht. – Das Entscheidende bleibt jedoch immer, daß dies Reifende Wir tatsächlich vorhanden ist und daß es genug Tragfähigkeit und Lebendigkeit besitzt, um eine große Zahl von noch nicht wirfähigen Hilfsbedürftigen nach und nach in sich aufzunehmen.

23. Die Aufgabe

Die Patienten kommen meist mit einer bestimmten Diagnose zu uns, aus der sie einen bestimmten Auftrag ableiten. „Ich leide an Schlaflosigkeit und möchte den gesunden Schlaf wiederfinden." – „Ich habe Angstzustände – eine Herzneurose – ich leide an Stottern – an Gedächtnisschwäche – und das soll in Ordnung gebracht werden." Oft haben viele ärztliche Untersuchungen am Zustandekommen dieser Diagnosen mitgewirkt; manchmal sind sie aber auch wie eine Selbstverständlichkeit aus dem Leben des Patienten hervorgewachsen. Meist werden sie mit großer Sicherheit vorgetragen;

und wenn eine gründliche Untersuchung verlangt wird, so geschieht es oft nur, um die Diagnose bestätigen zu lassen.

In manchen Fällen enthüllt diese „Anfangsdiagnose" von vornherein ihren Sinn, indem sie eine Kampfansage in sich schließt. „Seit meiner Verheiratung bin ich schlaflos. — Die Sorge um meinen Vater hat mir eine Herzneurose eingetragen. — Ich leide an Zwangsvorstellungen, aber meine Angehörigen erklären das für eine Einbildung." In anderen Fällen wird die Anfangsdiagnose mit der Lebensaufgabe verquickt. „Ich stehe in einem verfehlten Beruf, und das macht mich melancholisch. — Ich habe Selbstmordgedanken, seitdem ich abgebaut bin. — Ich bin Krankenschwester, aber mein Sexualtrieb ist übermächtig. — Ich bin Lehrer geworden, weil ich homosexuell bin." — Man könnte den Kampfdiagnosen, die als Waffe gegen einen Feind (meist gegen die Angehörigen) dienen sollen, die Lebenskampfdiagnosen gegenüberstellen, die meist eine Waffe gegen das Schicksal, gegen die Weltordnung oder gegen Gott in sich enthalten. Die Aufgabe, die dem Therapeuten oder der Gruppe schweigend gestellt wird, lautet dann immer: „Verhelfen Sie mir zum Siege über meine Feinde! Noch wichtiger als die Beseitigung der Symptome und Voraussetzung für die Heilung überhaupt ist es vor allem, daß Sie mir recht geben und daß Sie in diesen Kämpfen auf meiner Seite stehen."

Daß wir es bei einer solchen Diagnose und einer solchen Aufgabenstellung nicht bewenden lassen dürfen, versteht sich von selbst. Aber es wäre sinnlos, nun unvermittelt unsere eigene Diagnose derjenigen des Patienten entgegenzustellen. Auch wo überhaupt noch keine Diagnose vorhanden ist und wo es noch heißt: „Ich weiß nicht, was mir fehlt; es stimmt etwas nicht in meinem Leben oder in meiner Gesundheit, aber Sie müssen erst feststellen, was es ist" — sogar in diesen Fällen kann unsere Diagnose erst allmählich im Laufe von mehreren Besprechungen zustande kommen. Die Diagnose wächst, die Einsicht wächst, und die Aufgabe, um die es sich handelt, wächst ebenfalls (an Größe, an Klarheit und, wenn es gut geht, auch an Möglichkeiten zu ihrer Bewältigung). Aber es ist überaus wichtig, daß die Diagnose und die Aufgabenstellung, die mit ihr untrennbar verbunden bleibt, in der gemeinsamen Arbeit, im forschenden und schaffenden Wir zwischen Patient und Arzt zur Entwicklung gelangt. Schon hier muß die Gruppe in Wirksamkeit treten, auch wenn sie zunächst nur aus zwei Menschen besteht.

Die übliche Art des diagnostischen Vorgehens, nach der aus Untersuchung und Anamnese kraft ärztlicher Autorität die Diagnose, die Indikation und die Prognose abgeleitet wird, muß in unserem Arbeitsgebiet als schwerer Kunstfehler bezeichnet werden. Denn der Patient wird auf diese Weise entweder autoritativ überrumpelt, so daß er ohne eigene Verantwortung und Entscheidung nur Ja und Amen sagen darf; dann wird sein Weg zur Selbständigkeit und zur Gesundheit wesentlich erschwert. Oder aber er wird in die Opposition gedrängt, so daß er sich heimlich sagt: „Ich werde dir schon zeigen, daß du dich in mir irrst" — dann wird der Weg zur Heilung fast unmöglich gemacht. Wenn dagegen in lebendiger, gemeinsamer Arbeit die neue Diagnose und das neue Bild der Heilungsaufgabe nach und nach aus der gemeinsamen Einsicht hervorwächst, dann übernimmt von vornherein das Wir, die Arbeitsgemeinschaft von Arzt und Patient, die volle Verantwortung; und der Patient wird zum gleichberechtigten Mitarbeiter.

Unentbehrlich für diesen Weg ist die Vielsprachigkeit des Therapeuten, die durch die Vielgliedrigkeit der heilenden Gruppe wesentlich unterstützt werden kann. Man stelle sich vor, der Patient sei astrologisch orientiert. Seine Diagnose lautet: „Ich leide an einer Opposition von Mars und Saturn." Oder man stelle sich vor, er habe Freud gelesen. Dann sagt er etwa: „Meine Krankheit besteht in einem umgekehrten Ödipuskomplex." Oder man denke sich einen Mazdaznanschüler, der davon überzeugt ist, daß er zehn Jahre lang zuviel Säuren in seinem Körper aufgespeichert hat. Es wäre ichhaft, verständnislos und darum unärztlich, wenn man alle diese Mitteilungen beiseiteschieben wollte. Man kann das Wir mit dem Patienten nur herstellen, indem man sich seiner Sprache bedient. Darum muß man von jedem Therapeuten verlangen, daß er auch die subtilsten Diagnosen mindestens in fünf oder sechs verschiedenen Sprachen ableiten, aus den geschilderten Tatbeständen herausarbeiten und allmählich in seine eigene Sprache übersetzen kann. Und er darf seine eigene Sprache zwar für ein wenig, aber nicht für sehr viel besser halten als die übrigen Sprachen (weil seine Arbeit sonst an seinem Hochmut scheitert). Er muß imstande sein, aus der Opposition von Mars und Saturn ebenso wie aus dem umgekehrten Ödipuskomplex oder aus der Anhäufung von „Säuren" die Aufgabe abzulesen, in der der Patient sich heute befindet.

Im Grunde handelt es sich immer um den gleichen Vorgang. Aus der unzulänglichen oder tendenziös verzerrten Diagnose (die selbst schon ein neurotisches Symptom zu sein pflegt) muß allmählich eine „dynamische Diagnose" hervorgehen, die die Heilung als Aufgabe des Patienten, und zwar genauer gesagt, als einen Teil seiner Lebensaufgabe dargestellt. Es muß klar zutage treten, wogegen der Patient sich letzten Endes wehrt. Der Nadir seines Innenlebens, das − 100, muß genau bis in die Nuancen der Stimmung hinein klargestellt werden. Und die Symptome werden sich zu gleicher Zeit als ursprünglich sinnvolle und allmählich in ihr eigenes Gegenteil verkehrte Mittel zur Vermeidung dieses Nadirs erweisen.

Die Schlaflosigkeit, die jetzt jede Leistung verhindert, hatte vielleicht ursprünglich den Zweck, die Leistung zu erhöhen. Man grübelte nächtelang darüber nach, wie man den Konkurrenten doch noch überflügeln könnte. Jetzt hat man den Wettkampf längst aufgegeben; aber man kann es dem Schicksal noch nicht verzeihen, daß man ihn aufgeben mußte. Aus der Oberflächendiagnose „Schlaflosigkeit" wird die Tiefendiagnose „Gegnerschaft gegen das Zurückbleiben, gegen die Niederlage". Und aus der Aufgabe, den Schlaf zu verbessern, wird jetzt die Aufgabe, den Kampf gegen die Niederlage durch einen Friedensschluß zu ersetzen. Gleichzeitig geht die Mitteltherapie über in die Zieltherapie. Die Grundeinstellung des Patienten zum Nehmen und zum Geben muß sich ändern. Seine unbewußten und meist auch seine bewußten Zielsetzungen, Wertungen und Urteile müssen umgestaltet werden. Die Krankheitsdiagnose ist zur Lebensdiagnose geworden, und die Aufgabe der Krankenheilung erweitert sich zur Aufgabe der menschlichen Erneuerung. Man kann geradezu sagen, daß die Seelen-Heilkunde übergeht in Seelenheil-Kunde.

Zunächst wird die Arbeit an der Diagnose sich hauptsächlich mit dem Querschnitt des gegenwärtigen Zustandes befassen. Aber der historische Gesichtspunkt, nämlich der Längsschnitt der Krankengeschichte, oder was dasselbe ist, die Lebensgeschichte des Patienten, muß von Anfang an mit berücksichtigt werden. Nun tritt sie völlig in den Vordergrund; und die Frage nach dem Sinn des augenblicklichen Leidens wird zur Frage nach dem Sinn dieses Menschenlebens überhaupt. Was kann es auf sich haben, daß ein solches Kind mit einer solchen Erbmasse in einer solchen Umgebung heranwachsen mußte? — Und wie zunächst bei der Gegenwartsdiagnose die Vielsprachigkeit des Therapeuten nötig war, um den verschiedenen medizinischen Systemen und Anschauungen gerecht zu werden, so ist jetzt bei der Ewigkeitsdiagnose die Vielsprachigkeit erst recht unentbehrlich; denn alle Anschauungen von der Prädestination über die verschiedenen Karmalehren bis zu den hellen Chören des Johannesevangeliums werden uns in wirren Mischungen entgegengebracht. Nun wird auch verständlich, warum ein Theologe, ein Philosoph und wenn möglich auch ein Kenner der chinesischen und der indischen Weltanschauungen für die heilende Gruppe unentbehrlich ist.

Die „dynamische Diagnose", die lebendige Aufgabenstellung, erfaßt den Patienten in der Gesamtheit seines Lebens, weltanschaulich, beruflich und familiär; geistig, seelisch und körperlich. Sie reißt ihn hinein in die drängenden Aufgaben seiner eigenen Entwicklung, und der Geschichte seines Volkes; sie macht sein Schicksal zu einem sinnvollen Teil des Menschenschicksals überhaupt. Er erlebt sich als Glied der Familie, des Volkes und des Staates; er erfährt seinen Anteil (ob er will oder nicht) an den Aufgaben und Nöten, an den Möglichkeiten, Gefahren und Zielen, die uns auf dieser Erde gestellt sind. — Man wird verstehen, daß ein so umfassendes Ergreifen eines ganzen Menschen kaum je von einem einzelnen Therapeuten her zustande kommen kann (es müßte sonst eine unlösbare monogame Schicksalsbegegnung stattfinden). Aber wenn der Arzt hier und die Gymnastiklehrerin dort und wenn der Theologe heute und der Erbbiologe morgen von den verschiedensten Seiten her in den verschiedensten Sprachen immer wieder zu den gleichen Aufgaben gelangen, dann tritt die Wahrheit schließlich unbeirrbar, ungeschminkt und wie eine große Befreiung zutage. — Und damit ist schon ein großer Teil der Arbeit geleistet. Die therapeutische Aufgabe muß in ihrer ersten Hälfte gelöst sein, bevor sie überhaupt in ihrer Ganzheit begriffen werden kann.

24. Die Mittel

Der Weg der Therapie läßt sich auf zwei verschiedene Weisen beschreiben, je nachdem ob man ihn vom Therapeuten aus oder vom Patienten aus darstellt. In beiden Fällen handelt es sich aber um den gleichen dialektischen Dreischritt, der die Grundform aller Lebensvorgänge bildet.

Dem Therapeuten erscheint sein eigener gesunder Standpunkt als Thesis. Er hat Erfahrungen und Meinungen über das Wesen der Neurose und über den Weg der Heilung. Und er vermutet von diesem Standpunkt aus, daß auch dem neuen Patienten, der jetzt zu ihm kommt, geholfen werden könne. — Nun hört er die Krankengeschichte mit an; er läßt sich alle Leiden der Vergangenheit und der Gegenwart schildern; der Patient erklärt ihm, daß seine Angehörigen oder daß seine Veranlagung oder daß unbegreiflich grausame Schicksale an allem schuld sind. Der Therapeut versteht, fühlt nach und bejaht, was ihm gesagt wird. Er steht nun auf dem Standpunkt des anderen (das ist der Sinn des Wortes „ver-stehen"); mehr noch: er kann nun, sobald er den Standpunkt des Patienten gefunden hat, weit besser als der Patient selber die Zusammenhänge erkennen, beurteilen und in Worte fassen. Er weiß nun, welchen Dingen der Patient ausweichen muß, weiß, was ihm weh tut, was er haßt, was ihm wohl tut und was er liebt. Dazu gehört freilich auch, daß der Therapeut bei dieser Wanderung durch das Land des Elends denselben Pessimismus und dieselbe Gegnerschaft gegen alles Negative in sich verspürt, die er bei seinem Patienten vorfindet. So ist er aus der Thesis in die Antithesis übergegangen.

Manch einer glaubt, ein guter Psychotherapeut zu sein, weil ihm die Fähigkeit der Einfühlung und des Verstehens in hohem Maße zur Verfügung steht. Er wird von vielen Menschen aufgesucht; die Mühseligen und Beladenen schütten ihm ihr Herz aus und sind dankbar, daß sie endlich einmal verstanden werden. Aber der Pseudotherapeut merkt zunächst nicht, daß er nur als Schuttabladestelle mißbraucht wird; und wenn er es endlich doch merkt, kann er es nicht ändern; denn er weiß nicht, woran es liegt. — Er ist in allen Arten des Pessimismus zu Hause; er kennt und versteht alle Leiden; aber das Gegenteil, nämlich die Freuden, die Heilungen,

gen, die Auswege und die Überwindungen aller Grenzen und Schranken sind ihm unbekannt. Er ist nur in Thesis und Antithesis zu Hause, aber nicht in der Synthesis.

Die erste Hälfte des Weges ist demnach ein Hinübergehen des Therapeuten aus dem Lande der Gesundheit in das Land des Leidens. Es entsteht eine Gemeinschaft zwischen ihm und dem Patienten, ein Wir, das man wohl mit Fug und Recht als ein pathologisches Wir bezeichnen darf. – Wehe, wenn es länger dauert als eine Stunde. Man sollte über der Gaunergemeinschaft des Pessimismus nie die Sonne untergehen lassen. – Der Fortschritt des Therapeuten aus der Finsternis in die Helligkeit, und, was das Entscheidende ist, das Mitnehmen des Patienten auf diesem Wege und die Umwandlung des pathologischen Wir in das therapeutische Wir, das ist die zweite Hälfte der Wanderung.

Aber je tiefer und ehrlicher der Therapeut hinabgetaucht ist in das Elend seines Mitmenschen, um so schwerer wird es ihm selbst, den Ausweg wiederzufinden. Seine Arbeit bleibt wirkungslos, wenn er nur sagt: „Das ist der bekannte egozentrisch-pessimistische Standpunkt, daß immer der andere schuld hat und daß man selber nichts dafür kann; aber wir Therapeuten betrachten die Sache umgekehrt, und der Patient muß sich unsere Denkweise aneignen." Denkvorgänge, Einsichten, Aufklärungen, kurz alles, was man „lernen" kann, mag zwar nützen, wenn es geschickt angewandt wird, aber es bringt nicht die Heilung. Diese Denkmanöver ersparen dem Therapeuten die lebendige Leistung, und sie retten den Patienten vor dem schweren Weg der Genesung. Kein Wunder, also, daß Patient und Arzt in unbewußtem Einverständnis oft und gern der Drückebergerei frönen. Die pathologische Gaunergemeinschaft, die Umbildung der analytischen Arbeit zu einem Dauersymptom, die Analysitis, kann jahrelang dauern. Sie ist wohl der beste Schutz gegen das eigene Schicksal, den die moderne Menschheit erfunden hat.

Wenn aber der Therapeut wirklich ein Therapeut ist, so überwindet er zunächst in sich selbst die Not, die er soeben neu erlernen mußte. Er hatte das „Ja" seiner Thesis durch das „Nein', der Antithesis ersetzt und muß nun weitergehen zum „Trotzdem" der Synthesis. Er muß den neuen Standpunkt finden, der den Glauben an das Leben und an die Weltordnung wieder aufrichtet.

Aber der neue Standpunkt, die Synthesis, gleicht durchaus nicht der
ursprünglichen Thesis; auch der Therapeut ist auf dem Wege durch
das Fegefeuer ein anderer geworden. Er kann nicht wie ein unsterb-
licher Vergil den erschütterten Dante durch die Hölle geleiten, ohne
selber verwandelt zu werden. Und wenn er dreißig- oder sechzig-
mal im Jahre solche Wege gehen muß, – er wird jedesmal neu und
jedesmal tiefer angerührt und umgewandelt, – oder er hört auf,
Therapeut zu sein. Handwerk, Routine, Schematismus gibt es hier
nicht, oder unsere Arbeit wird zur Scharlatanerie. Und das ist ein
wichtiger Grund mehr, der uns zur heilenden Gruppe führt: Ein
Einzelmensch allein ist dieser Aufgabe nie lange Zeit hindurch gewachsen.

Der neue Weg führt von der Antithesis, nämlich dem pessimistischen Standpunkt des Patienten, zur Synthesis, zur Überkuppelung
und Überwindung dieses Pessimismus und zum Erlebnis vom Sinn
des Leidens. Aber er führt nicht etwa zurück von der Antithesis zur
Thesis, nämlich zur ursprünglichen Ansicht des Therapeuten. Darum heißt die entscheidende Aufgabe nicht etwa, daß die Zuversicht
und die Lebensbejahung des Therapeuten auf den Patienten übergehen müsse; sondern diese Zuversicht und diese fast allwissende
Überlegenheit muß zuvor gründlich zuschanden werden. Der Therapeut muß bei jedem Patienten etwas grundsätzlich Neues lernen,
was er bisher noch nicht wußte: der Sinn des Leidens muß in neuer
Gestalt von neuem entdeckt, erlebt und bejaht werden. Das therapeutische Wir wird zur Kriegskameradschaft, weil es durch gemeinsame Kämpfe zu gemeinsamen Eroberungen führt. Nur so
kann dem Patienten zugemutet werden, daß er den Weg aus seinem
Pessimismus heraus gemeinsam mit dem Therapeuten bis hinein in
jenes neue Sinnerlebnis und in die Synthesis des Trotzdem zu-
standebringt. – So erscheint der Weg der Heilung vom Standpunkt
des Therapeuten aus. Vom Patienten aus gesehen zeigt er sich
naturgemäß in anderer Gestalt.

Der Patient erlebt seinen gegenwärtigen Zustand, nämlich die
Qual der nervösen Symptome, als die Thesis, die überwunden
werden soll. Die Gesundheit erscheint ihm dann notwendigerweise
als das Gegenteil der Krankheit, nämlich als Antithesis. Die beiden
Zustände Gesundheit und Krankheit schließen sich gegenseitig aus,
und alle Bemühungen werden ganz von selbst zu einem Kampf

gegen die Krankheit, die wie ein Teufel ausgetrieben werden soll. Der Kampf gegen das Negative (der selbst immer pessimistisch, krankhaft und darum erfolglos sein muß) bildet gleichsam den roten Faden in allem, was der Patient denkt und tut[1]). Daß die Aufgabe gerade den entgegengesetzten Sinn hat, nämlich den Aufbau der Gesundheit, das Hinausgehen über die erstarrten Grenzen und das Bejahen des Positiven trotz aller Schwierigkeiten, das kommt dem negativistisch eingestellten Patienten nie in den Sinn. Wir Ärzte aber sind fast ausnahmslos dieser negativen Suggestion erlegen. Wir sind nur allzu geneigt, die Weltanschauung unserer Patienten zu spiegeln, weil wir selber im Grunde Patienten sind. (Die krassen Formeln aus den Anfängen der Psychotherapie „Alles ist Libido" oder „Alles ist Machtstreben" verdanken ihre groteske Verallgemeinerung ebenfalls der suggestiven Gewalt unserer Patientenschaft.)

Je mehr die Psychotherapie ihren Namen verdient, um so tiefer fühlt sich der Patient verstanden, und um so gründlicher erlebt er bald, daß gerade dies tiefe Verstehen Schritt für Schritt zu einer Umkehrung aller Meinungen und Urteile und Erlebnisse führt. Der Therapeut ist bald nicht mehr ein willfähriges Echo; an Stelle des ersehnten Widerhalls tritt eine unbequeme Antwort; und die Antithese „Gesundheit", die dem Patienten kritiklos vorschwebte, teilt sich in zwei Teile; sie löst sich auf in den paradiesischen Zustand „Vor der Neurose", den man fälschlicherweise wieder herstellen möchte, und in den verantwortungsvollen arbeitsreichen Zustand „Nach der Neurose", mit dem man sich gar nicht ohne weiteres befreunden kann.

Nun kann die Krankheit nicht mehr als Thesis und die Gesundheit nicht mehr als Antithesis erscheinen. Das starre Schema des Gegensatzes, das zur Erfolglosigkeit verdammt ist, geht über in den lebendigen Dreischritt der vitalen Dialektik: die frühe Kindheit, der Zustand vor der Neurose, wird zur Thesis, die lebensprühend und verheißungsvoll am Anfang steht. Die Erstarrung und der qualvolle Kampf, der im Dienste der Starrheit gegen die Folgen der Starrheit geführt wird, nämlich die Neurose, wird zur Antithesis. Und die Heilung, die Übernahme der Verantwortung und das

---

[1]) Diesen „aktiven Pessimismus" beschreibt Franz Schauer als das Wesen aller früheren Heilungsversuche (L. 36).

Folgentragen (wie in der Antithesis), aber verbunden mit der Produktivität und der Lebensbejahung (wie in der Thesis), tritt nun als neues Ziel, als Ausweg aus den Irrungen und als lohnende Auswertung aller Leidenserfahrung vor die noch ungläubig staunenden Augen des Kranken. Die Gesundheit des reifen Menschen bildet die Synthesis aus der kindlichen Lebensfreude (Thesis) und aus dem schweren Ringen der Neurose (Antithesis); und nur so, als sinnvolle Vereinigung von Ja und Nein im Dennoch kann sie nicht nur verstanden, sondern auch im Alltag verwirklicht werden.

In der praktischen Arbeit vollzieht sich dieser Dreischritt folgendermaßen:

Der Patient erzählt etwas, sei es eine Erinnerung oder eine gegenwärtige Erfahrung oder ein Wunsch für die Zukunft. Was er auch sagt, es entspricht seinem jetzigen Standpunkt, den wir in Hinsicht auf seine Gesamtentwicklung als die Antithesis (b) bezeichnen wollen. Der Therapeut geht zunächst auf diesen Standpunkt ein. Man einigt sich klar und unzweideutig über den Tatbestand (von b aus). Dann erst erfolgt die neue Stellungnahme des Therapeuten. Die Dinge rücken in ein anderes Licht; es zeigt sich, daß es auch noch einen anderen Standpunkt geben könnte (nämlich den synthetischen Standpunkt c); aber diese Haltung ist dem Patienten fremd und unzugänglich; er ist bereit, sie als Verrat und als Feindseligkeit zu empfinden. Die Wiederholung des Wirbruchs klingt an, und darum darf der Therapeut diesen Weg nur in winzig kleinen Schritten zurücklegen. Die Zumutung, die er an den Patienten stellt, nämlich die Veränderung des Standpunkts (von b nach c), bildet gleichzeitig die entscheidende Belastungsprobe für das neuentstandene Wir, das zunächst ein pathologisches Wir zu sein schien und sich nun als ein therapeutisches Wir erweisen muß. Die Heilung wäre erreicht, wenn der Patient seine wirhafte Einstellung dem Therapeuten gegenüber aufrechterhalten könnte trotz aller Zumutungen von seiten des Lebens und trotz aller Enttäuschungen durch die Unzulänglichkeit des Therapeuten.

Es ist ein Kunstfehler, die ganze Zumutung des Lebens schon jetzt zu Anfang vor den Patienten hinzustellen. Und eine solche programmatische Forderung muß notwendigerweise lebenswidrig sein, da der Therapeut selbst sie nur formelhaft, intelektuell, erlebnislos und darum unwirksam, als ein Dogma daherplappern kann.

Er darf nur die Wahrheit sagen, soweit er sie erlebt. Theoretisieren, dogmatisieren, moralisieren darf er nicht. Aber er sollte ebensowenig etwas verschweigen, was er weiß oder sieht; und je weniger er wirklich erlebt, um so mehr wird er intellektuell zu sehen meinen; je unmittelbarer er aber den Weg des Patienten Schritt für Schritt mit durchwandert, um so größer wird ihm jeder Schritt erscheinen und um so kleiner werden die Zumutungen, die sich für das wandernde Paar ergeben, und um so kleiner werden die Kunstfehler, die nie ganz zu vermeiden sind.

Der Patient hat sich etwa über die Wirtin geärgert, bei der er wohnt. Der Therapeut versteht es, und beide schimpfen gemeinsam über das geizige Weib. (Das ist der antithetische Standpunkt b und das pathologische Wir.) Dann aber taucht der Gedanke auf, daß durch diesen Ärger nichts besser wird. Die Zimmervermieterin wird nur um so genauer ihre Vorteile wahrnehmen, und der Patient verdirbt sich die Stimmung, selbst wenn er dadurch jede Woche eine Mark erspart. Man könnte auch anders mit der Wirtin umgehen; man könnte ihr eine Blume mitbringen für fünfzig Pfennige; und man würde nicht nur die andere Hälfte jener Mark einsparen, sondern auch den ganzen Ärger und das Schelten und die dazugehörige Schlaflosigkeit. (Das ist die erste Andeutung des synthetischen Standpunkts c.)

Der Patient folgt bestenfalls verstandesmäßig; sein Erlebnis ändert sich noch nicht. So taucht die Frage auf, was es mit dieser starren und ungünstigen Erlebnisform für eine Bewandtnis hat. Und bald zeigt sich, daß es überall solche Wirtinnen, solche Ausbeuter, solche übelwollenden scheinheiligen „Autoritäten" im Leben des Patienten gegeben hat. Alle diese Menschen haben sich immer ganz ähnlich verhalten wie sich damals in der frühen Kindheit die ältere Schwester verhielt. Das Urbild des schwarzen Riesen tritt deutlich hervor. Die Besprechung des gegenwärtigen Konflikts mit der Wirtin führt zur Klarstellung des längst vergangenen Konfliktes mit der Schwester. Und diese Klarstellung der Vergangenheit macht erst die Gegenwart verständlich. Aber das letzte Erlebnis heißt nun nicht mehr: „Die Wirtin ist ein giftiger Drache", sondern es heißt: „Ich habe auf die selbstverständlichen Machenschaften dieser tüchtigen Dame wieder genau so reagiert, wie ich damals als Dreijähriger reagierte, wenn meine Schwester mir das Leben verdarb."

Jede neue Einzelheit in der Gegenwart führt zu neuen Entdeckungen in der Vergangenheit, und jede neue Entdeckung in der Vergangenheit führt zu einem tieferen Verständnis der Gegenwart. Aber die Wechselwirkung dieser beiden Forschungsrichtungen zeitigt immer neue Aufgaben für die Zukunft. Immer neue Versuche müssen unternommen werden, zwischen Schwester und Wirtin (zwischen der Richtung auf a und der Richtung auf c) reinlich zu scheiden. Das eine Mal wird es gelingen; aber was gelingt, ist unwichtig; das andere Mal wird man versagen; aber gerade aus dem Mißerfolg ergibt sich der nächste tiefenpsychologische Schritt.

Das wichtigste Hilfsmittel außer dem therapeutischen Gespräch bilden in diesem Stadium der Behandlung die Träume. Freilich verwenden wir sie nicht wie Freud als „via regia" zu den Geheimnissen des Unbewußten und auch nur selten wie Jung als Wegweiser für die „prospektive Tendenz" des Seelenlebens[1]; sondern wir begnügen uns damit, sie als diagnostisches Hilfsmittel zum Verständnis der gegenwärtigen Lage auszunutzen.

Wir sehen in ihnen ein seelisches Tasten oder Suchen nach dem Wege, den das Leben nehmen will. Und wir finden bald Warnungen (besonders in den Angstträumen), bald Ermutigungen (besonders in den Gefahr-Träumen, die schließlich gut ausgehen) und bald ein Training zur Aufrechterhaltung der Neurose (besonders in den zauberhaften Wunschträumen, Flugträumen und sonstigen Umdichtungen der Wirklichkeit). Als ausschlaggebend erscheint uns immer, wie Alfred Adler gelehrt hat, die Bewegungslinie, die den Traum durchzieht. In ihr offenbart sich ein Streben weg vom Objekt oder ein willkürliches Spielen mit ihm oder auch die ehrliche Auseinandersetzung, die das Leben verlangt.

Aber für die Technik der Traumdeutung und für die Verständigung mit dem Patienten empfiehlt es sich, jeden Traum wie eine Parlamentsrede aufzufassen. Das menschliche Subjekt kommt hier zu Worte, aber nicht in seiner Totalität, sondern von einem einseitigen, parteiartigen Standpunkt aus (als Ich-Maske, als überbewußtes Wünschen, oder archetypisches Wissen), ganz ähnlich, als ob der Kriegsminister in einem demokratischen Parlament etwa das Schreckgespenst eines feindlichen Überfalles an die Wand malt.

---

[1] Vgl. Freud (L. 12, Bd. II) und Jung (L. 19, S. 112—185).

um seine Rüstungskredite bewilligt zu erhalten. Je mehr ihm an diesen Krediten liegt, um so stärker wird er die Gefahr übertreiben. Und der träumende Mensch macht es genau so. Er gaukelt sich vor, daß er von wilden Tieren verfolgt wird, und versetzt sich so in eine Stimmung, die auf Flucht und Rückzug eingestellt ist – in Wirklichkeit aber fürchtet er sich nicht vor wilden Tieren, sondern vor seiner Verlobung, seinem Examen oder seinem Berufswechsel. Der Aktualkonflikt ruft im Träumer parallele Erlebnisse aus frühster Vergangenheit wach, um mit ihrer Hilfe Wege in die Zukunft zu bahnen. Auch im Traume lassen sich die beiden Richtungen auf die Gegenwart und auf die Vergangenheit in ihrer Wechselwirkung aufeinander gut erkennen. Denn der Traum ist gleichzeitig regressiv und prospektiv. Und auch hier führt die Analyse bald zum besseren Verständnis der künftigen Aufgaben und bald zu einer gründlicheren Durchleuchtung der frühsten Vergangenheit. Aber diese Arbeit, die gleichzeitig Forschung und praktische Lebensgestaltung umfaßt, wird sich um so reicher entfalten, je mehr sich die Reibungen des Alltags dirigieren und organisieren lassen.

Wenn ein Patient Gymnastik macht, wenn er Tennis spielt, wenn er zum Singen oder zum Tanzen geht, so erlebt er auf all diesen Gebieten seine typischen Begegnungen mit dem weißen oder dem schwarzen Riesen. Wenn aber die Gymnastiklehrerin, der Gesanglehrer oder der Leiter des Tanzkursus gleichzeitig zum Stab der heilenden Gruppe gehört und somit einen Teil des Therapeuten bildet, müssen sich diese Erlebnisse weit fruchtbarer auswerten lassen. Ein plötzliches Versagen, ein jähes Aufflammen wilder Affekte, ein Ausbruch der Verzweiflung oder des Hasses wird nun zum Beginn einer entscheidenden Wendung – während er sonst außerhalb der heilenden Gruppe nur einseitig berichtet oder ganz verschwiegen und darum auch nicht ausgenutzt worden wäre. Nun aber stößt der Patient bei vielen Tätigkeiten, so etwa bei der gemeinsamen Lektüre eines Buches, bei körperlicher Arbeit, beim Schwimmen oder beim Theaterspielen, immer auf den gleichen Vorgang: er sieht seine Grenzen, er schreckt zurück, er wird verstanden, er befindet sich, ob er will oder nicht, im pathologischen Wir – und der Übergang ins therapeutische Wir, ins Bessermachen, ins Ertragenkönnen und ins Reifen ergibt sich mit Notwendigkeit aus der Haltung seiner Mitmenschen.

Freilich muß nun Gymnastik, Sport, Spiel und Arbeit immer wieder unterbrochen werden von therapeutischen Einzelgesprächen. Der Therapeut ist gleichsam allgegenwärtig; und die Verbesserung der Mittel, das gesundere Atmen und der gesundere Blutkreislauf zwingt gleichzeitig zur Verbesserung der Ziele, nämlich zum Übergang von der pessimistischen Lebensform der Neurose zur mutigen und produktiven Lebensform der Gesundheit.

25. Übertragungen

Jeder Patient bringt ein System von Dressaten oder starren Lebensregeln mit in die Behandlung. Diese innere Verfassung bildet die Grundlage für seine Einstellung zum Leben, für sein Verhalten gegenüber den Menschen und vor allem auch für die Entstehung seiner Symptome. Das Ziel der Behandlung ist die Auflockerung und der Abbau dieser lebenswidrigen Verfassung, oder was dasselbe ist, die Ersetzung der alten Starrheit durch eine neue Produktivität und des zwangsläufigen Objektspielens durch das subjektale Hervortreten der Persönlichkeit.

Die Dressate regeln das Verhalten des Patienten gegen jeden Menschen und darum auch gegen den Therapeuten und die heilende Gruppe. Wenn die Dressate etwa besagen, daß man sich niemandem anvertrauen darf, daß man einen guten Eindruck machen muß und daß man sich heimlich stets die Überlegenheit über den anderen zu sichern hat, so werden sich diese Bestimmungen unweigerlich auch zwischen Arzt und Patient auswirken; und zwar vom ersten Augenblick an. Der Patient wird versuchen, einen guten Eindruck auch auf den Arzt zu machen, aber er wird sich ihm nicht restlos anvertrauen, und er wird dafür Sorge tragen, daß er sich an irgendeinem geheimen Punkt immer noch über ihn lustig machen kann. Wenn der Arzt sich über diese Haltung ärgern würde, wäre er kein Arzt; aber trotzdem die Psychotherapie jetzt schon vierzig Jahre alt ist, sagen die Therapeuten noch erschreckend oft zu ihren Patienten: „Wenn Sie mir nicht restlos vertrauen, kommen wir nicht weiter", oder: „Wenn Sie mir Theater vorspielen, nur um mir zu imponieren, so kann ich nichts mit Ihnen anfangen", oder gar: „Wenn Sie mich zum besten haben, und wenn Sie sich über mich amüsieren, dann sind wir geschiedene Leute". – Hier scheitert die

Heilung schon im ersten Anfang daran, daß der Therapeut die Wirkung der Dressate nicht versteht.

Wir bezeichnen, Sigmund Freud folgend, diese selbstverständliche, durch Dressate bedingte Stellungnahme des Patienten zu seinem Therapeuten als Übertragung. Wir wissen, daß sie nirgends fehlt, und wir machen sie zu einem wichtigen Faktor der Behandlung. Wenn dagegen gelegentlich (besonders in der Adlerschen Schule) behauptet wird, schon das Zustandekommen einer Übertragung sei ein Kunstfehler, so handelt es sich um ein terminologisches Mißverständnis. Die planmäßige Züchtung der Übertragung, wie sie in der Freudschen Schule betrieben wird, bedeutet allerdings einen Kunstfehler schwerster Art; aber das Leugnen der einfachen Tatsache, daß Übertragungen allenthalben vorhanden sind und daß sie immer aufs neue entstehen müssen, dürfte eine tendenziöse Blindheit sein, die ebenfalls einem Kunstfehler nahekommt. Denn die nicht-erkannte Übertragung, die heimlich ins Kraut schießt, führt zu Hörigkeiten, Faszinationen, Empörungen, Palastrevolten und im besten Fall zur Gründung einer Personalgemeinde. (Man denke an die meist weibliche Jüngerschaft, die mit entzücktem Augenaufschlag sich um jedweden „Meister" schart.)

Wer nur die ersten Anfangsgründe der Psychotherapie begriffen hat, wird aus der Haltung des Patienten ziemlich mühelos die Aufgabenstellung und oft auch einen großen Teil der Krankengeschichte ablesen können. Die Art, wie der Patient ins Zimmer tritt, wie er die Hand reicht, wie er sich hinsetzt, wie er spricht, enthüllt schon einen wichtigen Teil seiner inneren Verfassung. Und da der Therapeut sich von Anfang an in einem Reifenden Wir mit dem Patienten befindet, darf er ihm sein Wissen nicht verschweigen; er muß ihm sagen, was er sieht. Aber er muß dafür eine Form finden, die der gegenwärtigen Lage entspricht; er darf nicht dozieren und nicht moralisieren; und er muß auch seine eigene Unzulänglichkeit und seine Irrtumsmöglichkeit zugeben. So gelangt er etwa zu den Fragen: „Halten Sie es für möglich, daß Sie ein grundsätzliches Mißtrauen gegen alle Menschen mit sich herumtragen? – Könnte es sein, daß sich in alles, was Sie sagen, immer das Bestreben einmischt, auf den Zuhörer einen guten Eindruck zu machen? – Es würde mich nicht wundern, wenn wir eines Tages feststellen würden, daß Sie zu den Menschen gehören, die sich immer eine

Hintertüre offen lassen, die sich nie ganz ausliefern, nie ganz daran-
setzen und die immer von irgendeinem Punkte aus noch über den
anderen etwas lächeln müssen."

Auch die Übertragung selber muß von vornherein in aller Offenheit besprochen werden. Die Wendung ad hominem ist unerläßlich,
auch wenn sie dem Patienten noch so peinlich erscheint. Man kann
geradezu fragen: „Welche Rolle spiele ich wohl jetzt in Ihrem Innenleben?" Oder man kann einen Traum benutzen, um diese Frage
in den Vordergrund zu schieben. Wenn die Behandlung einige
Wochen gedauert hat, gibt es bekanntlich kaum noch Träume, in
denen der Therapeut nicht irgendwie vorkäme. Meist läßt sich
deutlich erkennen, ob die unbewußte Stellungnahme des Patienten
zu ihm positiv oder negativ ist, und auch ob er annähernd wirklichkeitsnah oder in großer Übertreibung oder gar in archaischen Formen erscheint. Wer im Traum von einem Tier verfolgt wird, wer
sich von Räubern überfallen oder von seinem Lehrer bedroht fühlt,
der empfindet seinen Therapeuten zweifellos wie eine schwere Gefahr. Er hat ihn zum „schwarzen Riesen" gemacht; er überträgt auf
ihn alle Ängste und alle schlimmen Erwartungen, die sich in seiner
Kindheit mit dem Bilde der Feindschaft und des Verrates verbunden haben. Und das gleiche gilt im umgekehrten Fall. Wenn im
Traum ein Engel, ein hilfreicher Freund, ein gütiger Vater oder gar
Gott selber oder auch die Muttergottes als lichte Gestalten auftreten, so überträgt der Patient wohl sicher die Erwartungen und
die Forderungen einer unbedingten und unbegrenzten Hilfeleistung
auf den Therapeuten.

In diesen Fällen geht die Übertragung schon über das alltägliche
Maß hinaus. Der Patient steht dem Therapeuten nicht mehr wie
jedem anderen Menschen gegenüber; sondern der Therapeut ist im
eigentlichen Sinne des Wortes „der Nächste" geworden. Die übrigen Menschen verlieren an Wichtigkeit, und ob der Therapeut sich
jetzt als Weiß oder als Schwarz, als Riese oder als Zwerg erweist,
gewinnt entscheidende Bedeutung für das innere Schicksal des Patienten. Nicht mehr die allgemeinen Dressate die wahllos jedem
Menschen gegenüber gelten, kommen hier zur Anwendung, sondern
die ganz besonderen, die nur für den Augenblick der großen
Gefahr und für die Begegnung mit dem Nächsten, dem Liebsten
oder dem Einzigen bereit liegen. Aus der allgemeinen wird die

spezielle oder konzentrierte Übertragung, in der der Therapeut gleichsam die Rolle spielt, die einst in den Zeiten des Wirbruchs der nächste Mensch, die Mutter oder der Vater, spielte oder zu spielen schien.

Aus der allgemeinen Regel: „Ich bin jedem Menschen gegenüber mißtrauisch" wird nun das besondere: „Je näher mir der Nächste kommt, je stärker ich mit der Möglichkeit einer wirklichen Begegnung und einer wirklichen Wir-Bildung rechnen muß, um so größer wird die Gefahr, um so wahrscheinlicher wird die Enttäuschung und um so ängstlicher muß ich mir den Nächsten vom Leibe halten." Die große Frage, ob das Wir noch einmal zustande kommt, ob und unter welchen Garantien man sich auf die Wir-Bildung einlassen soll, und ob und wie man eine Wiederholung des Wirbruchs verhüten kann—, diese Fragen gefährden mehr und mehr den sklerotischen Panzer des Patienten, sie erwecken berauschende Hoffnungen und beklemmende Ängste; sie setzen das innere Schicksal noch einmal in stärkste Bewegung; die Ich-Maske erscheint schon durchlöchert, und das lebendige Subjekt wird wachgerufen. So ist es kein Wunder, daß die stärksten Affekte und die heftigsten Taten aus diesem Stadium der konzentrierten Übertragung hervorgehen.

Die Art, wie die Übertragung in das System der inneren Verfassung eingebaut wird, ist bei den verschiedenen Formen der Neurose verschieden. Je stärker die Zwangssymptome im Vordergrund stehen, um so mehr wird der Therapeut oder richtiger sein Bild in den Augen des Patienten durch die Projektion archaischer Formen entstellt. Er darf sich nicht wundern, wenn er in Träumen oder in Wachphantasien als Zauberer oder als gräßlicher Dämon erscheint. Je mehr dagegen die Struktur der Hysterie überwiegt, um so weniger wird der Therapeut zum Repräsentanten für die Innenwelt des Patienten; er bleibt Außenwelt, aber er wird Mittelpunkt und gewissermaßen Stellvertreter der gesamten Menschheit. Was der Patient an ihm sieht, sieht er an der Menschheit überhaupt; wenn er ihn sachlich lieben lernt, wird er liebesfähig schlechthin.

Alle diese Vorgänge verlaufen im Rahmen der heilenden Gruppe nach denselben inneren Notwendigkeiten, aber doch in etwas anderen Formen als in der Einzelbehandlung. Vor allem wird die positive und die negative Übertragung meist auf verschiedene

Helfer verteilt. So kann der Therapeut zum weißen Riesen und die Gymnastiklehrerin zum schwarzen Riesen werden oder umgekehrt. Manchmal wird auch die Gruppe in ihrer Gesamtheit als schwarzer Riese empfunden. Dann heißt es etwa: „Niemand versteht mich, niemand will etwas von mir wissen." Oder die Gruppe wird zum weißen Riesen: „Ich kann mir selber nicht helfen; ihr alle seid für mich verantwortlich." Die vier sozialen Typen der Psychosklerose, Star und Heimchen, Cäsar und Tölpel, treten in diesen Fällen besonders kraß in Erscheinung.

Die Aufteilung der Übertragung auf verschiedene Personen droht fast immer die Form der frühkindlichen Diplomatie anzunehmen: „Was mir die Mutter abschlägt, kann ich beim Vater erreichen; oder wenn der Vater mich tadelt, umschmeichle ich die Mutter solange, bis sie mich lobt." Und wenn die Wirhaftigkeit der heilenden Gruppe nicht stark genug ist, so gelingt es dem Patienten auf diese Weise, ihre lebendige Einheit zu sprengen (und dann ist es nicht schade um die Gruppe; sie ist wert, daß sie zerfällt). Wenn aber die Wirhaftigkeit stand hält, so erlebt der Patient, daß er zwar verschiedenen Einzelmenschen, aber doch einem einheitlichen Wir gegenübersteht. Die Treue der verschiedenen Helfer zueinander und die Unmöglichkeit, ihre Kameradschaft zu sprengen, wird ihm zum Erlebnis der Wirhaftigkeit, der Treue und der Kameradschaft schlechthin. Er begreift, daß es diese Dinge gibt, an deren Vorhandensein er immer gezweifelt hat. Und gleichzeitig begreift er, daß die Menschen anders sind, als er in seinem Pessimismus bisher annehmen mußte.

Auch der schwierigste Fall der Übertragung, nämlich die angeblich echte und „erwachsene" Verliebtheit, läßt sich im Rahmen der Gruppe weit besser bewältigen als in der Einzelbehandlung. Wenn der Patient sich in seine Therapeutin verliebt, bedarf es einer sehr langen und sehr vorsichtigen Arbeit, bis es ihm klar wird, daß sich hier einige sachlich begründete, freundschaftliche Sympathien und einige unsachlich begründete, aber sehr verständliche erotische Spannungen mit überaus starken, frühkindlichen Ansprüchen an die „weiße Riesin" verhängnisvoll mischen. Eigentlich müßte der ehrliche Ausdruck einer solchen Verliebtheit wohl lauten: „Du bist die große weiße Mutter, die mir alle meine Wünsche erfüllt. Du mußt mich nähren, mich kleiden, mich beschützen, mußt mir die

Welt und das Leben zeigen, mußt mich alles erleben lassen, was es
nur gibt, und zu diesen Erlebnissen gehört vor allem auch die sinn-
liche Liebe. Wenn du mir das nicht gewährst, bist du nicht mehr
die große weiße Mutter, sondern eine ekelhafte schwarze Hexe."

Je gründlicher der Patient die Abwegigkeit und Vorläufigkeit
dieser „erotischen" Übertragung erlebt, und je deutlicher doch
gleichzeitig der gesunde Kern zum Vorschein kommt, der auch in
diesen abwegigen Wünschen noch enthalten ist (nämlich die Sehnsucht nach einem tragfähigen Wir), um so gründlicher lassen sich
diese Vorgänge für den Aufbau der Gesundheit und des positiven
Lebens verwenden. Aber die Aufgabe ist im Rahmen der Einzelbehandlung so schwer, daß auch bei guten und erfahrenen Therapeuten schon manche Behandlung an diesem Punkte gescheitert ist.
In der heilenden Gruppe dagegen sind immer noch Helfer vorhanden, in die der Patient gerade nicht verliebt ist. Und die beiden,
zwischen denen die Übertragung spielt, können sich, wenn sie nicht
weiterkommen, mit der Bitte um Hilfe an den neutralen Dritten
wenden. Und auch hier muß der Patient erleben, daß er ernstgenom-
men wird, daß man ihn nicht auslacht, sondern versteht, und daß
man gemeinsam Wege finden kann, auf denen die Beteiligten gemeinsam weiterkommen.

Der Wirbruch wiederholt sich nicht, sondern er wird ersetzt durch
eine neue Gemeinsamkeit, durch das Reifende Wir, das hier dem
Patienten zum erstenmal als lebendige Wirklickheit entgegentritt.
Er sieht sich gleichzeitig aufgenommen als Mitglied dieses Reifenden Wir und doch zum Verzicht genötigt (nämlich zum Verzicht
auf das frühkindliche, auf das pathologische Wir); und er erlebt
halb freudig staunend und halb ängstlich erschrocken, daß dieser
Verzicht weit leichter ist, als es je schien. Er erlebt, daß das Leben
um so reicher wird, je mehr man das Nehmen durch das Geben
und das Geliebtwerden durch das Lieben ersetzt.

26. Widerstände

Wir verdanken den Begriff des „Widerstandes gegen die Behandlung" ebenso wie den der „Übertragung" der Genialität Sigmund
Freuds. Aber sosehr wir auch bestätigt finden, was er beobachtet
und festgestellt hat, sowenig können wir doch mit seiner Deutung

und darum auch mit seinen praktischen Ratschlägen einverstanden sein[1]). Auch hier gilt das gleiche wie auf dem Gebiete der Übertragung.

Schon längst war es den Nervenärzten bekannt, daß nervöse Menschen manchmal „eigentlich gar nicht geheilt werden wollen". Man schrieb diesen Zug dem sogenannten hysterischen Charakter zu, der ohnehin an ärgerlichen und unverständlichen Zügen so reich war. Man schalt, man versuchte zu überreden oder gar zu drohen; man sah, daß die Sache dadurch nur noch schlimmer wurde, und man ignorierte schließlich den ganzen Tatbestand, weil man so seine eigene Ignoranz ignorieren konnte.

Seit Freud wissen wir, daß der Widerstand mit der Übertragung aufs engste zusammenhängt; und wir können vom Standpunkt der dialektischen Charakterkunde aus hinzufügen, daß auch der Widerstand nichts weiter ist als die selbstverständliche und unvermeidliche Anwendung psychosklerotischer Dressate. Der Patient tritt allen Vorgängen des Lebens grundsätzlich mit gesteigertem Mißtrauen entgegen; er sucht sich überall zu sichern, um jede etwa mögliche Gefährdung seines Ich zu vermeiden. Nach den gleichen Regeln sichert er sich daher auch gegen den Arzt, gegen die Behandlung und gegen die zu erwartende Heilung.

Bei genauer Nachforschung zeigt sich jedoch, daß er die Heilung als solche nicht ablehnt; im Gegenteil, er wünscht sie aus ganzer Seele. Aber er wünscht sie nur unter bestimmten Bedingungen: er will geheilt werden, doch so, daß seine ichhaften Sicherungen erhalten bleiben. Die Heilung ist ihm ungeheuer wichtig, aber die Ichbewahrung ist ihm noch wichtiger.

Wenn man den Widerstand so betrachtet, enthält er durchaus nichts Neues. Er bedeutet nur einen Sonderfall der allgemeinen Sicherungstendenz des Patienten. Man kann fast sagen, daß der Neurotiker mit Recht (aber unbewußt) das Gesundsein für eine sehr schwere Aufgabe hält, während er sich (bewußt) eine märchenhafte Schein-Gesundheit als Ziel vorgaukelt, nämlich ein Glück ohne Belastungsproben und ohne Verantwortung. Je deutlicher es während der Behandlung wird, daß der Weg nicht zu diesem Märchenglück hinführt, sondern zu jener schweren Aufgabe, die den Einsatz des ganzen Lebens verlangt, um so mehr sträubt sich der Patient

[1]) Vgl. Freud (L. 12, Bd. VI, S. 55 f.).

gegen eine solche Zumutung. – Darum setzt die Überwindung
der Widerstände zweierlei voraus: nämlich die Klärung der Aufgabe (oder des Begriffs der Gesundheit) und die Ermöglichung des
Weges (die Beschaffung der nötigen Mittel und die Ersetzung der
Angst vor dem Wagnis durch die Freude an ihm). Aber dadurch
kommen wir auf einen weiteren Gesichtspunkt, der für das Studium
der Widerstände überaus wichtig ist.

Solange der Patient sich eine falsche Vorstellung von der Gesundheit macht, nämlich eine zu angenehme oder manchmal (aber selten)
auch eine zu unangenehme, solange ist er noch nicht genügend auf
die Heilung vorbereitet. Man kann gelegentlich beobachten, daß
das Verschwinden einiger Symptome während der Behandlung die
Patienten in eine gewaltige Erregung versetzt, die schließlich in
Angst übergeht. Kurz darauf pflegt diese „freischwebende Angst"
wieder durch andere, meist ganz neue Symptome ersetzt zu werden.
Hier handelt es sich um eine Möglichkeit der Gesundung, die zu
früh und darum blindlings hervortrat. Das Leben in der Gesundheit
muß vorbereitet und gelernt werden wie das Leben in einem fremden Land; und jede Behandlung, die dies sogenannte „positive
Training" versäumt, vergrößert logischerweise die Widerstände.

Hier erscheint uns der Widerstand als die sinnvolle Abwehr eines
unorganischen Sprunges und als ein Mittel der Natur zur langsamen
schrittweisen Bewältigung des Übergangs. Natura non facit saltum.

Praktisch können sich die Widerstände auf allen nur denkbaren
Gebieten bemerkbar machen; aber da die Wir-Bildung zwischen
Therapeut und Patient den entscheidenden Schritt der Behandlung
darstellt, so wird an dieser Stelle auch der Widerstand am heftigsten und am deutlichsten hervortreten. Die vorhin erwähnte Bedingung einer „Heilung ohne Ich-Gefährdung" nimmt hier die
Form an, daß das Wir zwar erstrebt wird, genau wie die Gesundheit,
daß es aber wie diese mit allerhand Garantien für die gefährdete
Ich-Maske ausgestattet werden soll. Unbedingte Parteinahme für
den Patienten (etwa gegen seine Angehörigen) und unbedingte
Rücksicht auf seine Schwächen sind meist die wichtigsten Forderungen, die hier gestellt werden – und die die Wir-Bildung unmöglich machen.

Sehen wir uns nun die verschiedenen Formen an, in denen der
Widerstand sich zu äußern pflegt, so kann man eine theoretische

und eine praktische, und unter den praktischen wieder eine harte und eine weiche Form unterscheiden.

Theoretisch wird etwa der Einwand erhoben, daß irgendwelche Verhaltungsweisen durch Vererbung unabänderlich festgelegt seien. Wenn Jähzorn, Empfindlichkeit oder Schlaflosigkeit von den Vorfahren ererbt sind, besteht angeblich keine Verpflichtung mehr zur Umgestaltung dieser Eigenschaften. Auch die Prädestination und die Lehre von der Unfreiheit des Willens wird häufig ins Feld geführt; ebenso astrologische, graphologische oder auch hellseherische Urteile. Es wurde schon erwähnt, daß aus diesem Grunde ein Kenner dieser Lehren in jeder heilenden Gruppe vorhanden sein sollte.

Meist ist ein brauchbarer Kern in diesen Feststellungen aufzufinden. Man muß ihn nur aus der Form einer Tatsachenbeschreibung in die Form einer selbsterzieherischen Aufgabe übersetzen. Es darf nicht heißen: „Du bist jähzornig oder du bist überempfindlich", sondern statt dessen: „Dein Jähzorn oder deine Überempfindlichkeit bedeutet eine Aufgabe, mit der du fertigwerden mußt". Man darf ein Gespräch über diese Dinge nicht völlig abweisen; aber man darf sich auch nicht auf theoretische Streitigkeiten einlassen. Im Rahmen der Behandlung ist es nicht wichtig, ob es Prädestination gibt; aber es ist wichtig, zu welchem Zwecke der Patient die Frage nach der Prädestination immer wieder ins Feld führt (nämlich im Dienste welchen Widerstandes).

Auf der praktischen Seite nimmt der harte Widerstand meist die Form einer versteckten oder auch einer offenen Feindschaft gegen den Therapeuten an. Vom leisesten Mißtrauen bis zur wildesten Beschimpfung und zu tätlichen Angriffen kommen alle erdenklichen Zwischenformen vor. Auch Verleumdungen und falsche Beschuldigungen sind nicht selten. Schon bei der Besprechung der negativen Übertragung wurde auf diese Dinge hingewiesen. Jetzt läßt sich sagen, daß ihre Form aus frühkindlichen oder gar archaischen Erfahrungen stammt; ihr Sinn aber und ihre Dynamik entspricht der Abwehr von Zumutungen, auf die der Patient noch nicht genügend vorbereitet ist. Das Wir zwischen ihm und dem Therapeuten muß nach seiner Meinung in frühkindlicher, unzeitgemäßer und darum noch „pathologischer" Form auftreten. Der Therapeut aber will und muß diesem Wir von vornherein schon Zumutungen, Belastungen und Fehler einfügen, die der Patient als Wirbruch empfindet. Der Übergang aus dem „pathologischen" in das „reifende" oder „therapeutische" Wir gelingt nur langsam und unter ständigen Schwankungen. Solange es gut geht, erscheint der Therapeut als weißer Riese; aber bei jeder größeren Belastungsprobe wird er zum schwarzen Riesen; die Übertragung wird negativ und die harten Widerstände flammen auf.

So zwingen diese Widerstände den Therapeuten zu einem langsamen und gründlichen positiven Training, wie wir es als den Weg der Ermöglichung später beschreiben werden.

Die weiche Form des praktischen Widerstandes ist weit schwerer zu erkennen und meist auch schwerer zu überwinden als die harte. Der Patient spielt hier die Rolle des weißen Zwerges; er wird zum Jawohl-Sager reinsten Stiles. Er liebt und verehrt den Therapeuten. Die Übertragung bleibt positiv, und zwar oft in gut versteckten Formen. In scheinbarer Sachlichkeit vollführt der Patient alles, was der Therapeut ihm sagt und auch was er unausgesprochen wünscht. Verdächtig sind schon die systemgerechten Träume. Wenn der Patient eines Freudianers nur von offensichtlichen Sexualsymbolen träumt, wenn derjenige eines Adler-Schülers jede Nacht von unten nach oben klettert und der des Jung-Schülers ständig mit unterirdischen Schlangen, eingeschnürten Seelen-Embryonen und aufstrebenden Geistesvögeln zu tun hat, dann steht der weiche Widerstand in voller Blüte, und die Behandlung kann in den allerangenehmsten Formen noch viele Jahre lang dauern.

Wir haben diese Art, wie man die analytische Arbeit selbst im Dienste des Widerstandes ausnutzen kann, als „Analysitis" oder Analysenentzündung bezeichnet. Die schlimmste Form, die gleichzeitig auch sachlich ein schweres Problem darstellt, ist aber der oft beschriebene Wunsch des Patienten, möglichst bald selber ein Psychotherapeut zu werden. Schließlich hat jedes Kind eine Zeitlang den Wunsch, dasselbe zu werden wie sein Vater; und je krasser die Übertragung ins Kraut schießt, um so heftiger sehnt sich jeder Patient danach, seine Mitmenschen mit Psychotherapie zu beglücken. Und der schlechte Ruf, den wir vielfach genießen, stammt nicht zuletzt daher, daß halbgeheilte Patienten von ihren eigenen halben Psychotherapeuten als ganze Psychotherapeuten anerkannt werden.

Die Schwierigkeit dieses Problems beruht auf der Tatsache, daß dieser Wunsch der Patienten meist nicht völlig abwegig und in manchen Fällen sogar recht sinnvoll erscheint. Man darf ihn nicht in Bausch und Bogen als noch krankhaftes Symptom ablehnen; aber man darf ihm auch nicht nachgeben, solange er noch irgendwelche Kennzeichen der Neurose aufweist.

Für den Abbau der Widerstände ergeben sich folgende Wege: erstens die bessere Aufgabenstellung; nicht das Glück, sondern die Gesundheit muß erstrebt werden; und zweitens die Verständigung über den Begriff der Gesundheit: er bedeutet nicht ein Schlaraffenland, sondern Arbeit und Reifung. Drittens die Bewußtmachung der geheimen Zusammenhänge zwischen Übertragung und Widerstand; Klarstellung der Bedingungen, die auf dem Wege der Heilung mit in Kauf genommen werden müssen und gegen die man sich bewußt oder unbewußt noch zur Wehr setzt. Und viertens die Ermöglichung des Weges durch Aufteilung in unendlich viele kleinste Schritte; das positive Training, von dem noch die Rede sein soll.

27. Krisen

Wenn man sich das Verhältnis von Krankheit und Heilung schematisch veranschaulicht, kann man sich die Verschlimmerung der Symptome und das Anwachsen der Verzweiflung als eine nach abwärts gerichtete Linie vorstellen. Der Zustand des Patienten verschlechtert sich schließlich von Tag zu Tag; das ergibt sich aus der Wirksamkeit der Teufelskreise und zum Teil auch aus den Maßnahmen der Behandlung selbst. Dann aber kommt ein Zeitpunkt, von dem ab der Zustand sich bessert. Der Patient befindet sich auf einer aufsteigenden Linie; die Symptome verschwinden; die Einordnung ins Leben gelingt. – Die Stelle der Umkehr nennen wir mit einem Ausdruck, der sich zuerst in der Gestalttheorie eingebürgert hat: die Kippe.

Aber es läßt sich nur in seltenen Fällen genau angeben, wo und wann diese Kippe sich vollzieht. Oft glaubt man, daß sie schon dagewesen sei; aber diese Meinung erweist sich nachher als trügerisch. In anderen Fällen wieder wartet man noch immer darauf und merkt schließlich, daß die Kippe sich schon längst vollzogen hat. Auch Schwankungen der verschiedensten Art sind recht häufig, so daß man sich bildlich nicht immer einen einfachen Winkel mit absteigendem und aufsteigendem Schenkel vorstellen muß, sondern statt

dessen eine Wellen- oder Zickzacklinie, deren tiefster Punkt sich
gar nicht feststellen läßt.

Die „Kippe" bleibt demnach ein theoretischer Begriff, der dem
Übergang aus einer Erlebnisform in die andere entspricht. Prak-
tisch bezeichnen wir den ganzen Zeitraum des unentschiedenen
Schwankens zwischen wachsender Mutlosigkeit und wachsendem
Lebensmut als die Zeiten der Krise.

Charakterlich sind die Krisen gekennzeichnet durch das Versagen der bisherigen Lebensform. Alle Charakterzüge und Verhaltungsweisen, die man bisher ausgebildet hatte (einschließlich der
neurotischen Symptome), führen jetzt nicht mehr zu ihrem Ziel,
sondern im Gegenteil, sie haben gerade das zur Folge, was sie vermeiden sollten. So kämpft etwa ein empfindlicher Mensch gegen
den Eindruck der Lächerlichkeit; sein bestes Mittel ist das Pathos;
aber je pathetischer er wird, um so lächerlicher finden ihn die anderen. Oder in der Behandlung sichert sich der Patient (unbewußt)
gegen das Durchschautwerden; aber je mehr er sich wehrt, um so
deutlicher verrät er sich; gerade diejenigen Bewegungen, die den
Feind am Eindringen verhindern sollen, öffnen ihm schließlich die
Tore.

Das Hereinbrechen der Krise ist eine notwendige Folge jenes
Naturgesetzes, das wir als die Wirksamkeit der Teufelskreise beschrieben haben. Die Charakterkrisen sind daher Teile der Lebens-
entwicklung, die nirgends ganz fehlen, und denen ursprünglich
immer der Sinn von Entwicklungskrisen oder Reifungsprozessen
zukommt. Aber freilich gibt es auch mißlungene Krisen mit nega-
tivem Ausgang, die zu steigender Verhärtung und zu fortschreitender Entgleisung führen. Der Übergang von der Psychosklerose zur
Teilneurose und von dort zur Vollneurose kann als Beispiel dieser
negativen Entwicklung verstanden werden. — Die Krisen gehören
wie gesagt durchaus nicht nur der neurotischen Lebensform an. Sie
bilden einen wichtigen Bestandteil auch im Leben der sogenannten
Gesunden; und ihre genaue Kenntnis und sachgemäße Betreuung
ist eine wichtige Aufgabe aller Lehrer, Seelsorger und Führer.

In der Charaktertherapie treten die Krisen regelmäßig an ent-
scheidender Stelle auf. Aber sie werden keineswegs etwa durch die
Behandlung hervorgerufen. Im Gegenteil, je geschickter und lebendiger die Therapie verläuft, um so weniger krisenhaft wirken die

Krisen. Die scharfen Zickzacklinien werden gleichsam durch weiche
Kurven ersetzt, die dramatische, einmalige Krisis, das Damaskus-
Erlebnis, zerlegt sich in zahllose Einzelerlebnisse, und der furcht-
bare Sprung über den Abgrund wird zum planmäßigen Hinab- und
Hinaufsteigen auf mühsam gemeißelten Stufen.

Aber jede kleinste Stufe enthält auch dann noch die Kennzeichen
des krisenhaften Vorgangs, nämlich Verzicht, Wagnis und schöpferische Leistung, nur in so kleinem Maßstabe, daß der Patient es
kaum bemerkt. Das Alte versagt, und das Neue ist noch nicht da;
es muß erst aus dem Nichts geschaffen werden. – Der Patient
fürchtet sich etwa, seinem Gegenüber in die Augen zu sehen. Er
hat sich seit vielen Jahren gewöhnt, stets den Kopf abzuwenden.
Aber in einem entscheidenden therapeutischen Gespräch fühlt er
sich plötzlich im Zentrum seines Wesens bedroht. Zornig, mit dem
Mute der Verzweiflung, wendet er sich dem Angreifer zu. Eine
Minute lang sehen sich beide fest in die Augen. Dann löst sich die
Spannung in ein frohes Lachen auf, denn der Feind, der Therapeut,
hat sich als Freund bewährt. – Es ist eine Kleinigkeit, ein Vorgang,
wie er wohl hundertmal im Verlaufe einer Analyse vorkommen
mag. Aber das Wesen der Krisis tritt deutlich zutage: die alten
Mittel versagen, das Wegschauen schützt den Patienten nicht mehr.
Gerade seine Flucht vor dem Schicksal führt ihn mitten ins Schicksal hinein. Je mehr er sich entziehen will, um so mehr gibt er sich
preis und um so weniger kann er sich noch entziehen. Er fühlt sich
„gestellt", wie der Hirsch vom Jäger gestellt wird. Es bleibt ihm
nichts übrig, er muß den Kampf wagen, und er geht – zum erstenmal seit seiner frühesten Kindheit – ohne Winkelzüge und ohne
Maske in furchtbarer Offenheit auf den Gegner los. Er erlebt das
„Du" sich gegenüber, und findet sich vor diesem Du als Subjekt,
als echtes Ich; an Stelle der Ichmaske von früher. – Dann löst sich
die Spannung, und beide, Du und Ich, erleben sich als Wir. Du-
Findung und Ich-Findung sind unerläßlich für die echte Wir-
Findung.

Faßt man die kleinen Stufen zu größeren Einheiten zusammen,
so zeigt sich, daß die Krisis innerhalb der Behandlung stets den
Übergang aus dem pathologischen Wir (dem Schein-Urwir) zum
therapeutischen Wir (zum Reifenden Wir) darstellt. Der Patient
läßt sich verhältnismäßig leicht zu einer unzeitgemäßen Wirbildung

verleiten, in der er selbst die Rolle des verwöhnten Kindes spielt, während der Therapeut als weißer Riese erscheint. Extravertierte Patienten geraten meist sofort und automatisch in diese Lage; bei introvertierten dauert es länger, aber das Ergebnis ist doch das gleiche. — Bald müssen jedoch Belastungen auftreten, die den Ansprüchen des Patienten nicht mehr gerecht werden. Am häufigsten ist es die „monogame Forderung", die den Stein ins Rollen bringt. Der Patient will den Therapeuten ganz für sich haben und ist auf seine Mitpatienten eifersüchtig. In anderen Fällen wieder sind es kleine Mißverständnisse oder auch wirkliche Unzulänglichkeiten des Therapeuten. Immer aber erlebt der Patient eine schwere Enttäuschung. Das Wir gestaltet sich nicht so, wie er es braucht. Es droht zu zerbrechen; der Verrat der frühen Kindheit, der Wirbruch, will sich wiederholen. Alleingelassen, ausgeliefert, nur auf sich selber und auf die geheimnisvollen Mächte des Lebens angewiesen, steht der Patient mitten im Schicksal. Mehr denn je verlangt er in diesem Augenblick nach der schützenden Hand — um wieder das verwöhnte Kind zu spielen. Aber der Therapeut steht neben ihm, verstehend, anteilnehmend und wohl wissend, daß jetzt jedes Helfen nur neue Verwöhnung, Verkindlichung und Entmannung sein würde. Er greift nicht ein, aber er hält die Treue. Er läßt nicht im Stich, sondern er achtet die Selbständigkeit, die Verantwortung und das persönliche Schicksal seines Gegenübers. So wird aus äußerster Verlassenheit zum erstenmal ein ernstes Nebeneinanderstehen gleicher Schicksalsträger. Die Gemeinsamkeit der völlig Einsamen wird erlebt, und das Reifende Wir beginnt. — Der Weg führt um das äußerste Vorgebirge des Individualismus herum. Seine Stationen heißen: „Ich bin alles, außer mir ist nichts", und: „Ich bin nichts, Gott ist alles".

Je größer die Not wird, und je mehr Verhaltungsweisen, Sicherungen und Symptome sich als wirkungslos erweisen, um so tiefer greift der Mensch zurück in das Arsenal seiner frühen Erfahrungen. Immer kindischer werden seine Ausflüchte, immer heftiger seine Affekte und immer unbesonnener seine Äußerungen. Die „Regression" tritt deutlich zutage[1]). Aber schließlich schlägt auch hier, wie in jeder dialektischen Entwicklung, die Quantität des Alten um in eine neue Qualität. Die kindischen Versuche der Flucht und der

---

[1]) Freud (L. 12, Bd. V, S. 131 f.).

Abwehr schlagen um in offene, freie Kindlichkeit. Das „Wieder
werden wie die Kinder" erweist sich als der Weg der menschlichen
Reifung. Je kindischer die Verhaltungsweisen werden, mit Trotz
und Wehleidigkeit, mit Schelten und Weinen, um so näher ist schon
die weise Ruhe und das große Vertrauen des echten Kindes heran-
gerückt.

Aber das wiedergeborene Kind steht nicht etwa schutzlos und
unbeholfen den Aufgaben des Erwachsenseins gegenüber. Alles inzwischen Gelernte bleibt erhalten. Es geht nichts verloren. Nur
etwas Neues, nämlich das ganz Alte, das so lange Zeit verloren war,
kommt jetzt hinzu. Man steht den Dingen gegenüber mit allen
Kenntnissen und allen technischen Fähigkeiten des Erwachsenen,
aber außerdem auch noch mit der freien, spielenden Schaffensfreude
des Kindes. Man hat vielleicht schon tausendmal die Schwierigkeiten des Alltags, den sogenannten Aktualkonflikt, nach allen möglichen Seiten hin durchdacht. Man hat diese und jene Möglichkeit
erwogen, und es war kein Ausweg möglich. Aber nun, in der produktiven Freiheit des spielenden Kindes, stellt man die alten Steine
auf dem alten Brett noch einmal in ganz neuen Ordnungen auf. Und
plötzlich tritt die Lösung des Rätsels deutlich hervor. Nun sieht
man den Weg, den man gehen muß; und man wundert sich, daß
man bisher so blind sein konnte. – Wenn die Krisis vorüber ist,
erscheint das Ergebnis immer als Ei des Kolumbus.

Sieht man genauer zu, so läßt sich stets eine Veränderung des
Standpunktes feststellen, die man am besten als ein „Abstandnehmen" oder ein „Sich über die Situation erheben" beschreiben
kann. Man stelle sich zwei Menschen vor, die in einem Irrgarten
herumlaufen, um sich zu treffen. Je mehr sie sich anstrengen und
je mehr sie sich aufregen, um so häufiger rennen sie aneinander vor-
bei. Und schließlich glaubt jeder, daß die Bosheit des anderen an
allen Mißerfolgen schuld sei. Sobald aber einer von ihnen auf die
Hecken oder Wände des Irrgartens hinaufklettern würde, würde er
das System der Anlage von oben überschauen. Er würde erkennen,
wo die Möglichkeit der Begegnung gegeben ist, alle Erregung und
alle Anstrengung würde überflüssig werden, und nach wenigen Minuten könnte die Begegnung erfolgen.

Es ist überaus wichtig, festzustellen, daß die Kippe nie eine
Kraftanstrengung bedeutet. Es ist ein Irrtum zu sagen: „Ich würde

es vielleicht schaffen, wenn ich noch bei Kräften wäre; aber das Leben hat mich schon so zugerichtet, daß ich gar nicht mehr weiter kann." Das ist nur eine Ausrede, die der falschen Meinung entstammt, daß im Seelenleben „Energien" nötig seien. Die andere Schau, der Wechsel des Standpunktes, kostet durchaus keine Kraftanstrengung. Im Gegenteil: ein Loslassen, ein Aufhören zu kämpfen, ein Nicht-mehr-sich-Bemühen ist die Voraussetzung, auf die es hier ankommt. Die Überschau oder das Abstandnehmen gelingt nur, wenn das Subjekt sich von den Objekten trennt, wenn es nicht mehr an ihnen klebt, und wenn es andererseits sich ihnen doch zuwendet und nicht mehr vor ihnen zu fliehen sucht. Diese Haltung des Subjekts, das den Objekten gegenübersteht, sie anerkennt und sie richtig behandelt, ohne doch mit ihnen verwachsen zu sein und auch ohne sie zu leugnen oder umzudichten, diese Haltung bezeichnen wir am besten mit dem bekannten Ausdruck aus dem mittelalterlichen Geistesleben als „Gelassenheit".

Dieser sachliche Zustand ist ohne eine krisenhafte Loslösung aus den vorhergehenden Zuständen nie zu erreichen. Aber der Reifungsprozeß kann und soll, wie schon gesagt wurde, in möglichst viele Miniaturkrisen aufgeteilt werden. Der Anruf an das Zentrum der Persönlichkeit, die Erweckung und das Hervortreten der unmittelbaren Subjektität sollte stets verbunden sein mit kleinen praktischen Vorgängen und Aufgaben aus dem Gebiete der Mittelbeschaffung. Wer nur das Du anruft, ist Priester. Wer nur die Mittel beschafft, ist ein Heiltechniker im Rahmen der materialistischen Medizin. Wer auf dem Wege über die Beschaffung der Mittel zur Erweckung des Du in kleinen Schritten weitergeht, der verbindet die periphere mit der zentralen Behandlung zur Totalbehandlung des gesamten Menschen. Und von diesem Wege soll noch des genaueren die Rede sein.

Das letzthin Wirksame sind auch hier, wie in jeder Heilung, die Mächte des Lebens selber. Weder Willenskraft noch seelische Energie noch sonst eine Anstrengung oder ein Verdienst des Einzelmenschen kann die Heilung erzwingen. Auch die Kunst, das Wissen oder die Arbeit des Therapeuten darf nicht als „Ursache" der Heilung bezeichnet werden. Unsere Bemühungen beschränken sich darauf, dem Heilungsvorgang möglichst günstige Bedingungen zu schaffen. Herbeiführen können wir ihn nicht; aber verhindern können wir ihn wohl.

Biologisch ist die Charakterheilung als ein zentraler Vorgang
etwa mit einer Mutation zu vergleichen, während die Heilung eines
Beinbruchs oder einer Tuberkulose als peripherer Vorgang nur mit
einer Regulation verglichen werden kann. Diesem Unterschied entspricht es auch, daß periphere Heilungen genau wie die Regulatio-
nen bei Tieren ebenso vorkommen wie bei Menschen. In ihrem
Charakter bleiben Tiere und Menschen davon unberührt. Zentrale
Charakterheilungen aber bringen genau wie Mutationen etwas
Neues hervor, nämlich eine neue Stufe der Reifung und der charakterlichen Entwicklung. Der Charakter hat eine Geschichte; er ist
im Barock etwas ganz anderes als in der Gotik; zwischen beiden
liegt die große Mutation der Renaissance. Aber auch im Leben des
Einzelmenschen gleicht die Charakterkrisis einer Mutation. Wer
dem Urwir nahestand, wird Individualist; wer Individualist war,
geht hinüber ins Reifende Wir.

Der Mensch unterscheidet sich vom Tier dadurch, daß Entwicklungskrisen, Mutationen, Fortschritte in neue, unbekannte Lebensformen hinein bei ihm sich schon in seinem kurzen Einzelleben
vollziehen. Was dem Tier nur gattungsweise widerfährt und auch
im Leben der Gattung nur selten und im Zeitmaß von Jahrhundert-
tausenden, das widerfährt dem Menschen zwischen Jugend und Er-
wachsensein und Greisentum ununterbrochen. Darum ist es kein
Wunder, daß es charakterliche Entgleisungen bei den Tieren nur
in schwachen Andeutungen gibt (nämlich bei Haustieren),während
die Charakterpathologie bei Menschen fast gleichbedeutend ist mit
der Charakterkunde selbst.

28. Gymnastik, Atmung, Ernährung

Die Charakterheilung ist immer gleichbedeutend mit der Überwindung von Grenzen, die bisher als unübersteigbar galten. Die
Psychosklerose läßt sich am einfachsten als ein System von starren
Charaktergrenzen verstehen. Das Wiederlebendigwerden, Gesund-
werden und Produktivwerden bedeutet die Beseitigung der sklerotischen Starrheit; an Stelle der Mutlosigkeit tritt der Mut, an Stelle
der Unmöglichkeit die Möglichkeit und an Stelle der ängstlichen
Sicherung das zuversichtliche Wagnis. Auch die Ersetzung der ichhaften durch die wirhafte Haltung läßt sich als das Überwinden

einer charakterlichen Grenze beschreiben. Das Wir ist das erweiterte Ich; das Ich ist das soweit wie möglich eingeengte Wir. Aber die Sprengung dieser Ich-Fessel oder, was für uns dasselbe ist, das grundsätzliche Heraustreten aus der Psychosklerose bildet den zentralen Heilungsvorgang, der in der Krisenlehre schon beschrieben worden ist. Jetzt handelt es sich um andere Grenzüberschreitungen mehr peripherer Art, wie sie in großer Zahl der eigentlichen „Kippe" vorhergehen oder nachfolgen müssen.

Auch hier wird die Sklerose durch Lebendigkeit ersetzt; auch hier tritt ein freies Wagnis anstelle einer starren Sicherheit (die inzwischen zur Gefahr geworden ist). Aber es handelt sich noch nicht oder nicht mehr um die Grenze zwischen dem Wertträger Ich und dem Wertträger Wir, sondern es handelt sich zunächst um die sekundären Grenzen, die durch sekundäre Dressate in den Beziehungen zwischen dem Subjekt und seinen (inneren oder äußeren) Objekten zustande gekommen sind. Was die äußeren Objekte angeht, so wird der Frieden mit ihnen durch Arbeit, Studium, Sport und Wandern wiederhergestellt. Die inneren Objekte werden nach der körperlichen Seite hin durch Gymnastik, Atmung und Gesang wieder lebendig gemacht. Und die Grenzen, die den Weg zu den inneren geistigen Objekten versperren, lassen sich auf dem Wege der freisteigenden Einfälle und der Meditation überwinden. Andere, sehr wichtige Übungen greifen gleichzeitig nach der seelischen und nach der körperlichen Seite hinüber wie vor allem die suggestiven Ruheübungen und das autogene Training (J. H. Schultz)[1].

Erst in zweiter Linie und gleichsam als Nebengewinn werden auf allen diesen Wegen auch Dressate berührt und überwunden, die die Beziehung zwischen Ich und Wir, zwischen Einzelmensch und Gruppe zu stören pflegen. Es ist ein Unterschied, ob jemand allein singt oder in Gegenwart eines anderen und ob er rhythmische Bewegungen für sich allein vor dem Spiegel ausführt oder in Gegenwart seines Lehrers oder gar in Gemeinschaft mit einer übenden Gruppe.

Das Kennzeichen dafür, daß es sich hier nicht um Leistungen oder Übungen im gewöhnlichen Sinne handelt, sondern daß die ganze Schwierigkeit und die ganze Verantwortung der Charaktertherapie dabei in Betracht kommt, wird stets eindeutig durch das

[1] J. H. Schultz (L. 39).

geliefert, was wir den „therapeutischen Maßstab" nennen. Ein
Mensch mag unzählige Male durch ein Zimmer gegangen sein.
Seine Fähigkeit zu dieser Leistung geht uns jetzt nur insofern etwas
an, als sein Gang dabei noch entstellt, gehemmt und unnatürlich
war. Das lebendige Gehen wird ihm nicht plötzlich möglich, wenn
es bisher durch Dressate behindert war. Es gehören sorgfältige und
planvolle Vorübungen dazu, zahllose kleine Grenzen müssen in
kleinsten Wagnissen erst überwunden werden. Diese Kleinarbeit,
diese Aufteilung einer „unüberwindlichen" Schwierigkeit in sehr
kleine, noch eben lösbare Aufgaben, ist die Anwendung des „therapeutischen Maßstabes". Ein Wagnis, das im praktischen Leben
gleich Null sein würde, erscheint im therapeutischen Maßstab unter
Umständen schon überaus groß. Wir arbeiten wie mit einem Mi-
kroskop, und Hemmungen, die sonst unsichtbar (aber wirksam)
waren, treten jetzt deutlich zutage.

Das Heben und das Senken des Beins, das bisher mechanisch, oder
richtiger gesagt, psychosklerotisch erfolgte, muß zum ersten Male
als lebendiges Ereignis ins Bewußtsein treten. Was überhaupt ein
Bein ist, wird erst langsam entdeckt. Bisher gab es dies Bein nur
von außen als Objekt, als ein Glied, das man sehen und anfassen
konnte. Von innen her, subjektal, wurde es nur bemerkbar, wenn
die Schuhe drückten oder die Muskeln nach dem Turnen wehtaten.
Das innere Erlebnis „Bein" ist eine überwältigende Neuigkeit,
ganz ähnlich wie die erste Reise durch ein bisher unbekanntes
Land.

Aber es ist ein großer Unterschied, ob die innere Entdeckung des
eigenen Körpers bisher unterblieben ist, nur weil niemand darauf
achtete und weil die Gelegenheit nicht günstig war, oder ob diese
Entdeckung durch Dressate verboten wurde, so daß die körperliche
Unlebendigkeit zu einem Teil der Psychosklerose geworden war.
Im ersteren Falle kann jede Gymnastiklehrerin Abhilfe schaffen;
die Wege in das neue Land lassen sich ohne Gefahr auffinden und
gangbar machen. Im zweiten Falle aber stößt man gegen ein Dressat und die Widerstände erheben sich zum Schutze des psychosklerotischen Systems. Das innere Gleichgewicht ist gefährdet, der
Schüler wird Patient; und wenn die Gymnastiklehrerin nicht eiligst
ihr Amt niederlegt, kommt es zu Krisen, die meist mit Weinkrämpfen und Wutausbrüchen einhergehen und die in einzelnen Fällen

in Selbstmordversuche und manchmal in den wirklichen Selbstmord hineinführen.

Keine Gymnastiklehrerin sollte ein Diplom erhalten, wenn sie nicht weiß, ob und wann sie für ihren Schüler zum weißen Riesen oder zum schwarzen Riesen wird, ob und wann sie Dressate berührt und zentrale Charakterkrisen hervorruft. Gymnastik ist so nah mit Psychotherapie verwandt, daß die Charakterpathologie in allen Gymnastikschulen zumindest als Nebenfach oder Grenzgebiet gelehrt werden sollte. Und jeder Fall, der auf dem Wege durch die Gymnastik in charakterliche Krisen hineingerät (vermutlich die große Mehrzahl der Fälle), gehört nicht mehr in die Nur-Gymnastik, sondern in die heilende Gruppe hinein.

Daß die heilende Gruppe den Krisen gewachsen ist, braucht nicht mehr betont zu werden. Die Bewältigung der Krisen als das Wesen der Heilung schlechthin ist ihr tägliches Brot. Ob die Krisis nun durch gymnastische Übungen oder durch Singen oder Tanzen oder Meditieren ausgelöst wird, macht hier kaum noch einen Unterschied. Wir suchen die Dressate zu überwinden, wo auch immer wir sie treffen; und wir wissen, daß jedes Dressat letzthin eine Sicherung der Ich-Maske darstellt und daß es darum durch Affektausbrüche von äußerster Heftigkeit verteidigt werden kann.

Es gibt Dressate, die alle Ausdrucksbewegungen verbieten, und andere, die den ruhigen Ablauf jeder Zweckbewegung stören. Im ersteren Falle benimmt sich der Mensch steif wie eine Maschine; im letzteren greift er immer übers Ziel hinaus, bewegt sich zu stark und zerdrückt gleich die Blume, die er nur anrühren wollte. In anderen Fällen wieder ist das gymnastische Erlebnis ziemlich frei geblieben, solange man allein ist. Die Dressate treten erst in Kraft, wenn die Rücksicht auf Zuschauer einsetzt; und in noch anderen Fällen wirken die Dressate nicht mehr wie ein Verbot, sondern umgekehrt wie ein Gebot, nämlich wie der Zwang zu gezierten Bewegungen und koketten, lasziven oder dramatischen Posen. Es wird gewissermaßen etwas ausgedrückt, was gar nicht da ist; die Ich-Maske erscheint sehr lebendig, aber das Subjekt fehlt. — Wirkliche Gymnastik ist fast immer Erziehung zur Ehrlichkeit, Abbau der Ich-Maske, Ermutigung des Subjekts und darum schon ein Teil der Psychotherapie.

In noch höherem Maße gilt das Gesagte vom zentralen Kernstück der Gymnastik, nämlich von der Atemkunst. Die Dressate, die hier angegangen werden, bilden nicht mehr einzelne periphere Bestimmungen des Charakters. Es gibt wahrscheinlich kein Dressat, das hieße: Atme schlecht, atme langsam oder atme schnell. Der Atemrhythmus scheint unmittelbarer Ausdruck für die Grundeinstellung des Charakters zu sein[1]). Der Ängstliche atmet anders als der Zuversichtliche, der Stolze anders als der Demütige. Und andererseits scheint die Atmung mit der Akzentverteilung zwischen Sympathikus und Parasympathikus ebenso wie mit der Regulierung des endokrinen Systems unmittelbar verbunden zu sein. Jede Änderung des Atmens führt auf die Dauer zu tiefgreifenden Änderungen der Gesamtpersönlichkeit.

So ist es kein Wunder, daß auch das Atmen zu Krisen führt, die in den Atemschulen als „Zustände" zwar sehr bekannt sind, aber weder verstanden noch behandelt werden können. Diese Atemkrisen müssen den Menschen von drei Seiten her erschüttern. Erstens handelt es sich um eine einfache Hyperventilation, um ein Übermaß von Sauerstoffzufuhr, das bekanntlich zu rauschartigen Vergiftungen und zu großer Müdigkeit führt. Zweitens kommt eine Umstellung innersekretorischer Art in Betracht, die dem Innenleben des Menschen ganz andere Mittel zur Verfügung stellt als es bisher der Fall war. Und auch diese Umstellung in den Mitteln bringt eine vorübergehende Störung des seelischen Gleichgewichts mit sich. Aber damit ist schon untrennbar der dritte Einfluß verbunden, der hier genannt werden muß; und dieser dritte Einfluß ist rein seelischer Art. Es wirkt nämlich nicht nur erfreulich, sondern auch erschreckend, wenn plötzlich verschlossene Türen sich öffnen, hinter denen man bisher nur gräßliche Gefahren vermutet hat. Nicht nur Sehnsucht nach dem Leben, sondern auch Angst vor dem Leben war vorhanden; und nun sind die Mittel da, und der Antrieb zur Benutzung dieser Mittel wird fühlbar — aber die neue Zielsetzung, die Umstellung im Wertsystem und der Übergang von der ichhaften Sorge zur wirhaften Schaffensfreude ist noch keineswegs gelungen. Darum wird die seelische Krisis hier zum sinnvollen Widerstand gegen eine Heilung der Mittel, die noch eine Heilung der Ziele vermissen läßt.

[1]) Vgl. G. A. Roemer (L. 35, S. 18—28) und H. Aubel (L. 4).

Unser Einwand gegen das Nur-Atmen ist der gleiche wie derjenige gegen die Nur-Gymnastik. Solange die gleichzeitige psychotherapeutische Einwirkung fehlt, kann das beste und wichtigste Ereignis dieses Weges, nämlich die Krisis, der „Zustand", weder verstanden noch ausgewertet werden. Man muß einfach abwarten, bis die Zustände vorübergehen oder bis der Schüler durch sie so weit herunterkommt, daß er als ungeeignet entlassen werden muß. In einer heilenden Gruppe aber können diese Vorgänge aufs gründlichste nicht nur studiert, sondern auch ausgenutzt werden. Und besonders dem Endokrinologen öffnet sich hier ein vielversprechendes Arbeitsgebiet. Denn wenn sich unsere Vermutung bestätigt, daß man auf dem Wege über den Atem die sonst unzugänglichen innersekretorischen Störungen beeinflussen kann, so würden einzelne Heilerfolge, die sich bisher besonders bei Zwangsneurosen beobachten ließen, nicht nur verständlich werden, sondern sich zu einem systematischen Heilverfahren ausbauen lassen. — Der Träger dieses Heilverfahrens würde selbstverständlich die heilende Gruppe sein müssen.

Nicht minder tief greift die moderne Ernährungslehre in das Wesen der menschlichen Persönlichkeit ein. Der Stoffwechsel innerhalb der Zelle, auch der Nerven- und Drüsenzelle, die Ausschüttung der Hormone und die Zusammensetzung des Blutes läßt sich durch Diät und Fasten bis in die Einzelheiten hinein regulieren. Dadurch werden Stimmungen und Fähigkeiten sowie Frische und Müdigkeit in hohem Maße beeinflußt. Man kann auf diese Weise Depressionen erzeugen und zum Verschwinden bringen; man kann die Lebensgeister anfachen und dämpfen; — aber alle diese Vorgänge beziehen sich doch schließlich wieder nur auf die Mittel, die dem lebendigen Subjekt zur Verfügung stehen, aber nicht auf das Subjekt selbst, das sich Ziele setzt oder auf Ziele verzichtet. Doch kann der Einfluß auf die subjektale Zielsetzung mit Hilfe der Besserung oder Verschlechterung des Apparates so gewaltig werden, daß das Subjekt im ungünstigen Falle zum Neinsagen gezwungen wird. Man kann auf Grund von Stoffwechselstörungen so deprimiert werden, daß man schließlich am Leben verzweifelt. Und im günstigen Falle kann man zum Jasagen zwar angeregt und verlockt, aber freilich niemals gezwungen werden.

29. Suggestion, Entspannung, Meditation

Die Suggestion spielt im Bereiche des Urwir eine überaus wichtige Rolle; und da wir uns diesem Bereiche nie ganz entziehen können, erlischt auch die Wichtigkeit der Suggestion niemals ganz. Sogar auf derjenigen Entwicklungsstufe, die dem Urwir am krassesten entgegengesetzt ist, nämlich in der starren Ichhaftigkeit, bleibt die Wirksamkeit von Suggestionen noch recht groß; nur tritt sie hier unbewußt, unkontrolliert und geradezu gegen den bewußten Willen des Suggerierten hervor. Auf dieser Stufe ist es die abgelehnte Vorstellung, die sich verwirklicht. Die Furcht, man könnte fallen, führt den Fall herbei; und je mehr man sich bemüht, in einer Rede nicht stecken zu bleiben, um so sicherer versagt das Gedächtnis. Dieses „Gesetz der das Gegenteil bewirkenden Anstrengung" wird in der Schule Coués besonders betont; aber seine richtige Erklärung gelingt erst, wenn man berücksichtigt, daß Ichhaftigkeit stets Gegnerschaft ist, und daß die geheime Angst vor dem Mißlingen hier ein ständiges Sicherungsbedürfnis erzeugt. Der Pessimismus, der immer auf der Lauer liegt, äußert sich in jedem unkontrollierten Augenblick durch die warnende Vorstellung, daß ein Unglück eintreten werde. Sobald von Typhus die Rede ist, denkt der ichhafte Mensch, daß er sich vielleicht doch anstecken könne. Und wenn man sich über Fehlleistungen unterhält, vermehren sich die Beispiele gewaltig. — Im Bereiche der ichhaften Menschen ist daher die „Desuggestion", die Versachlichung des Denkens und die Auflösung des bereitliegenden Pessimismus eine äußerst wichtige, aber nie ganz lösbare Aufgabe[1].

Mindestens zwei Bestandteile müssen sorgfältig unterschieden werden, wenn man sich über die Brauchbarkeit und die Unbrauchbarkeit des Suggerierens klar werden will. Der erste ist die bildende Wirksamkeit der Vorstellung selbst. Diese „Bildkraft" ist oft beschrieben worden (Klages, Heyer). Auch Alfred Adlers Lehre von

---

[1] G. R. Heyer führt als Grund gegen die Suggestivtherapie die Tatsache an, daß weder Ärzte noch Patienten heutzutage für dieses Mittel primitiv genug wären. In unsere Sprache übersetzt: Nur wer dem Urwir noch nahe genug steht, mag mit gutem Erfolge Suggestivtherapie treiben (L. 16, S. 56—62). Vergleiche auch die „Desuggestion" von Tietjens (L. 40). Über das Gesetz der das Gegenteil bewirkenden Anstrengung siehe Baudouin, „Suggestion und Autosuggestion" (L. 6, S. 129—136).

der Wirkung des Leitbildes gehört hierher; und ebenso Freuds Lehre vom Ich-Ideal. Wer dauernd in der Vorstellung lebt, daß er ein Priester oder daß er ein Offizier sei, der nimmt unwillkürlich ein Benehmen, ein Handeln, ein Denken und ein Fühlen an, das zu einem Priester oder zu einem Offizier stilmäßig paßt. Die Ablehnung gewisser Möglichkeiten und der sorgfältige Ausbau gewisser anderer Möglichkeiten wird zu einem Training auf das Leitbild hin.

Aber was für die Gesamthaltung des Lebens zutrifft, gilt in noch höherem Maße von der Einzelleistung und ihren siegesbewußten oder hoffnungslosen Leitbildern. — Ein junger Mensch will über einen Graben springen. Die Vorstellung des Sprunges und des kunstgerechten Landens auf der anderen Seite führt zum richtigen Gebrauch seiner Nerven, Muskeln und Knochen. Die Vorstellung aber, daß er zu kurz springen werde, führt zur Einschaltung besonderer Vorsichtsmaßregeln, besonderer Anstrengung und bewußter Kontrolle. Dadurch werden die Bedingungen für die Leistung verschlechtert, und der Mißerfolg wird um so wahrscheinlicher, je mehr sich die Furcht vor ihm festsetzt. Darum hat der Pessimist so oft Gelegenheit, zu sagen, daß seine düsteren Erwartungen gerechtfertigt seien, da sie sich ja regelmäßig verwirklichen.

Der zweite Bestandteil jeder Suggestion ist ihre Subjektfremdheit. Wenn der fremde Suggestor sagt: „Sie schlafen ganz ruhig", so wird diese Vorstellung um so wirksamer, je mehr der Suggerierte bereit ist, sich dem Suggestor unterzuordnen. — Wenn aus dem eigenen Unbewußten die Vorstellung auftaucht: „Ich werde hinfallen" oder „Ich werde in der Rede stecken bleiben", so tritt auch diese Vorstellung, die ja dem Wunsche des betreffenden Menschen widerspricht, wie etwas Fremdes, wie die Drohung einer feindlichen Autorität gleichsam von außen an das Bewußtsein heran. Und nur unter dieser Bedingung kann sie sich durchsetzen. Coué versucht, die Subjektfremdheit und damit die Autorität und die Wirksamkeit der Vorstellung dadurch zu erreichen, daß er das betreffende Bild kritiklos, wunschlos und gleichsam subjektlos mitten ins Bewußtsein hineinstellt. Aber daß dieser Trick stets nur bis zu einem gewissen Grade gelingen kann, versteht sich von selbst, da ja die Identität zwischen dem Subjekt, das selbst die Vorstellung erzeugt, und dem Subjekt, das durch diese Vorstellung plastisch beeinflußt werden soll, nie ganz vergessen werden kann. Und ferner wird auch verständlich, daß die Couésche Autosuggestion weit besser gelingt, wenn eine Gruppe von Menschen, eine Art künstliches Urwir, gemeinsam die Vorstellung der Gesundheit erzeugt. Das suggerierende Subjekt ist dann ein Wir und als solches nicht mehr ganz identisch mit dem beeinflußten Subjekt, das stets ein Ich bleibt.

Wir haben weder gegen die Suggestion noch gegen die Autosuggestion als Heilmethode etwas einzuwenden. Wir dürfen nur nicht vergessen, daß es sich erstens um reine Mitteltherapie handelt; denn die Veränderung der subjektalen Ziele läßt sich nicht suggerieren, sie kann nur in krisenhaften, bewußten Kämpfen erreicht werden. Und zweitens müssen wir im Auge behalten, daß die Subjektfremdheit jeder gelingenden Suggestion zur Subalternität des beeinflußten Subjekts führen muß. Unser eigentliches kulturelles Ziel, die individuelle Verantwortlichkeit des einzelnen im Rahmen des Wir, läßt sich daher durch Suggestionen niemals fördern; ja, es muß auf diesem Wege wenigstens zeitweise aufgehalten und behindert werden. — Wir wenden Suggestionen darum nur an, wenn ganz besondere Umstände uns dazu zwingen (etwa die Nähe eines Examens, einer Operation oder einer Reise oder sonst einer Terminsetzung, bis zu der gewisse Symptome überwunden sein müssen). Daß auf die Form der Übertragung dann besonders sorgfältig geachtet werden muß, versteht sich von selbst. — Und das gleiche gilt in noch höherem Maße für die Hypnose.

Als dritten wichtigen Bestandteil kann man, wenn man will, auch innerhalb der Suggestivtherapie schon die Entspannung anführen. Die Anweisung, man solle sich innerlich und äußerlich zur Ruhe bringen, sich loslassen, sich um nichts mehr kümmern, an nichts denken, nichts mehr fürchten und nichts mehr wünschen — diese Anweisung findet sich fast gleichlautend in der Technik der Psychoanalyse, der Suggestion, der Autosuggestion, des autogenen Trainings, der meisten Meditationsmethoden und gewisser Yogaübungen. Vielleicht ist ein großer Teil der Erfolge, die alle diese Methoden zu verzeichnen haben, ohne Rücksicht auf die sonstigen Vorgänge schon auf diese immer wiederholte Entspannung zurückzuführen.

Charakterologisch gesehen ist jedoch die suggerierte Entspannung etwas ganz anderes als die wirkliche Entspannung, die sich erst auf dem Wege einer langwierigen subjektalen Reinigung erreichen läßt. Der Versuch, sich zu beruhigen und zu entspannen, stößt schon körperlich auf schwere Hindernisse. Die Gelenke werden nicht locker, besonders die Nackenmuskulatur bleibt hart, die Atmung behält ihre zackige Kurve, ja sie wird vielleicht noch unruhiger, und allerlei unbehagliche Sensationen stören den Körper. Noch schlimmer geht es im Bereiche des Bewußtseins zu. Der Versuch, die Gedanken auszuschalten, scheitert fast immer. Es drängt sich diese oder jene Vorstellung auf, eine Sinneswahrnehmung oder eine Erinnerung ganz oberflächlicher Art bleibt mit boshafter Zähigkeit im Mittelpunkt stehen; und nur die tiefenpsychologische Auflösung der Widerstände führt über diese Hemmung hinweg. Aber auch dann tritt keine Beruhigung ein. Rudolf Steiner hat einmal darauf aufmerksam gemacht, daß bei tieferen Meditationen „die Hunde des Weltalls" über die meditierende Seele herfallen können, um sie zu verderben. Wir brauchen nicht in so großartigen Worten zu reden; aber etwas sehr Ähnliches erleben wir häufig. Je mehr die seelische Entspannung gelingt, um so freier tauchen bisher unbewußte Vorstellungen aus dem Dunkel hervor. Meist sind es Angstgestalten aus ferner Vergangenheit, die Inhalte des Pessimismus und die Warnungen der „Gegnerschaft", die unseren Charakter bestimmen.

Hier steht die Therapie am Scheidewege. Wählt sie den Weg der Ruhe und der Entspannung um jeden Preis, so müssen diese „Hunde des Unbewußten" wegsuggeriert werden. Man erkauft einen scheinbaren und vorläufigen Seelenfrieden dadurch, daß man die unliebsame Krisis und die endgültige Gesundung künstlich verzögert. Jede Suggestivmethode und besonders der Couéismus schlägt hier die falsche Richtung ein. Der ehrliche Weg führt dagegen geradlinig hinein in die bellende Meute. Mehr noch, die störenden Hunde werden in ihren Schlupfwinkeln aufgesucht; man geht den alten Angstvorstellungen nach; man untersucht ihre Herkunft; man entgiftet sie, man versöhnt sich mit ihnen, und man ist nicht zufrieden, bevor sich nicht das „böse" als „gut", das Gefährliche als heilsam und das scheinbar Unerträgliche als wünschenswert erwiesen hat. Die Versöhnung und die Einswerdung mit den unterdrückten, verbotenen und gefürchteten Erlebnismöglichkeiten wird zur Voraussetzung des seelischen Gleichgewichts. Die Ruhe und die

Entspannung tritt erst ein, wenn die inneren Gegensätze synthetisch überwunden und zu einer neuen produktiven Einheit zusammengewachsen sind.

Eine ebenso wichtige wie interessante Mittelstellung zwischen der Nur-Entspannung und der inneren Durcharbeitung bildet das autogene Training von I. H. Schultz. Hier wird wissentlich und planvoll die Auseinandersetzung mit den dunklen Mächten des Unbewußten vermieden, soweit es sich dabei um seelisch-geistige Dinge handelt. Dafür werden aber die anderen Teile des unbewußten Lebens, nämlich die körperlichen Funktionssysteme, schrittweise aufgelockert und durchgearbeitet. Diese Methode ist weder einfache Suggestion noch einfache Ruheübung; man muß sie eher als das somatische Gegenstück der Tiefenpsychologie bezeichnen; und man kann hoffen, daß sie in richtiger Zusammenarbeit mit den übrigen Methoden zu einem unentbehrlichen Bestandteil der Gesamttherapie werden wird. Das gewöhnliche Turnen ist ein Training von Körpervorgängen im Dienste äußerer Zwecke. Die Gymnastik ist ein Training von Körpervorgängen im Dienste dieser Vorgänge selbst. In beiden Fällen bleibt das Subjekt mit den inneren Ereignissen (dem inneren Es) durchaus verwachsen. Das autogene Training ist dagegen die erste Methode, in der das Subjekt das innere Objekt zwar kultiviert, aber nicht mit ihm verwächst. Es tritt ihm vielmehr immer aufs neue subjektal gegenüber. Hier endet jede Ruheübung damit, daß das Subjekt sich nach wenigen Minuten wieder handelnd seiner Mittel bedient. Nur hier wird der Abstand zwischen Subjekt und innerem Objekt, der der westlichen Kultur eigentümlich ist, bewußt und planmäßig trainiert[1]). – Es wäre zu fordern, daß in jeder heilenden Gruppe ein Arzt vorhanden sei, der das autogene Training gründlich beherrsche.

Ein ähnlicher Unterschied wie zwischen der Nur-Entspannung und der entspannenden Durcharbeitung des Unbewußten läßt sich auch im Bereiche der Meditation zwischen den verschiedenen hier üblichen Methoden feststellen. Je mehr die Meditation sich auf bestimmte Inhalte festlegt – wie etwa Friedrich Rittelmeyer und Adele Curtis übereinstimmend raten, man solle über den Satz meditieren „Gott ist die Liebe" – um so mehr müssen jene störenden Hunde (sei es des Weltalls oder sei es nur des Unbewußten) zum Schweigen

---

[1]) Vgl. I. H. Schultz (L. 39).

gebracht, besänftigt oder verdrängt werden. Das kann für kurze Zeit einmal ratsam werden; auf die Dauer führt es zur Unehrlichkeit, zur Scheinheiligkeit und zur Verkrampfung[1]).

Je freier die Meditation wird, um so länger bewegt sie sich zunächst in den Sorgen des Alltags, und dann in den gedanklichen Nöten der Weltanschauung; aber um so gründlicher führt sie auch in die Tiefe, wenn man nur Zeit, Geduld und Mut genug hat, um durchzuhalten. Allerdings verschwindet dann auch mehr und mehr der Unterschied zwischen Meditation und Gebet.

Wer sich in die Aussage vertieft, daß Gott die Liebe ist, wird meist zuerst auf Einfälle kommen, wie Rittelmeyer sie schildert. Dann aber fällt ihm vielleicht der Tod seiner Großmutter ein, die unter unmenschlichen Qualen am Krebs gestorben ist, oder ein Gasangriff in Flandern, das Schlachtfeld mit vielen hundert aufgedunsenen, blaugelben Leichen, oder die Folterkammern des Mittelalters oder die Pest in Indien oder die Sintflut. Ist Gott die Liebe, trotz allem? Jetzt heißt es Farbe bekennen. Alle Rätsel der Theologie stürmen auf den Hilflosen ein; und die lieblichen Themen der Meditationen „Liebe, Ruhe, Frieden, Harmonie" klingen nur noch wie alberne Kindertrompeten im Gebrüll einer modernen Schlacht.

Auch hier ist das furchtlose Standhalten, das Durcharbeiten und das Jasagen auch noch zum Unerträglichen der einzige Weg, der zur Versöhnung führt. „Ich lasse dich nicht, du segnest mich denn."

Aber es dürfte klar geworden sein, daß der einzelne sich hier nicht mehr zurechtfinden kann. Nur die Gemeinsamkeit, die schicksalhaft verbundene Gruppe kann helfen, und auch die Gruppe nur, wenn sie wenigstens ein paar Menschen hat, denen es gegeben wurde, durch die äußersten Belastungsproben hindurchzugehen.

30. Das Reifende Wir

Die zuletzt besprochenen Wege, Gymnastik, Atmung, Ernährung, Suggestion, Entspannung und Meditation, führen zwar nahe an den Kern der Persönlichkeit heran, aber sie erschöpfen sich schließlich doch alle in der Verbesserung der Mittel und in der Hebung der Kräfte. Was der Mensch nachher mit diesen neuerworbenen Mitteln und Kräften anfängt, wird innerhalb dieser Wege noch nicht

[1]) Vgl. Rittelmeyer (L. 34) und Curtis (L. 11).

entschieden. Zwar werden die bisherigen Verhaltungsweisen, Grenzen und Sicherungen erschüttert (darum kann auf diese Weise eine Charakterkrisis eingeleitet werden), aber die neue Zielsetzung wird noch nicht planvoll hervorgerufen. Wenn sie zustande kommt, bleibt sie dem Zufall überlassen. — Es handelt sich darum auch hier noch um Mittel-Therapie, und die eigentliche Charakterheilung kann sich dieser Mittel zwar bedienen, aber sie darf sich nicht mit ihnen begnügen.

Charakterheilung bedeutet den Übergang von der Ichhaftigkeit zur Wirhaftigkeit, von der Starrheit zur Lebendigkeit, oder was dasselbe ist: von der finalen zur infinalen Zielstrebigkeit. Und dieser Übergang wird vorbereitet und erleichtert durch den Abbau falscher Verhaltungsweisen und durch die Umstellung ungesunder Gewohnheiten; aber er läßt sich auf diesem Wege noch nicht einmal im eigentlichen Sinne „ermöglichen". Der Übergang selbst, die „Kippe", erfolgt plötzlich oder allmählich im Laufe einer krisenhaften Entwicklung. Wir können ihn unterstützen, ihn möglich machen, aber nicht erzwingen. Es läßt sich fast immer nachweisen, inwiefern die Charakterheilung vor der Behandlung unmöglich war und inwiefern sie während der Behandlung möglich wurde. Diese Ermöglichung besteht einerseits, wie schon erwähnt, in der Bereitstellung gesunder Mittel, und anderseits — was das Entscheidende ist — im schrittweisen Hineinwachsen des Patienten in ein Reifendes Wir.

Die tägliche Gewöhnung im Zusammenleben mit anderen sowie im Einsamsein, und vor allem der planvolle Wechsel zwischen Stille und Gesellschaft, und ebenso zwischen Arbeit und Ruhe stellt das wichtigste Gebiet der „Lebensübungen" dar, die gleichsam einen stufenweisen Übergang zwischen dem Krankenzimmer und der gesunden Wirklichkeit bilden sollen. Der Träger dieser Übungen kann nur die heilende Gruppe sein.

Die ersten bescheidenen Schritte auf diesem Wege lassen sich am besten unter vier Augen vollziehen. Man hat etwa mit einem extravertierten Patienten zu tun. Er konnte noch nie eine Arbeit um ihrer selbst willen in Angriff nehmen; was er tut, tut er im Hinblick auf eine Beziehungsperson. Von dieser Beziehungsperson, von ihrer scheinbaren Autorität und von der Subalternität des Patienten ist schon in vielen Sitzungen gesprochen worden. Nun ergibt sich die Frage, wann und wo der Patient schon einmal einen objektiven Tatbestand, ein „Es", als Quelle der Autorität oder der Wahrheit empfunden hat. Die Antwort lautet: „Nirgends und niemals". Gegenfrage: „Aber in der Mathematik?" Antwort: „Auch dort habe ich die Formeln geglaubt, weil sie im Buche standen oder weil die Lehrer sie glaubten." — Jetzt gilt es zum ersten Male, eine eigene Überzeugung aus der Sache selbst zu gewinnen. Die Loslösung vom Du, das selbständige Subjektsein, die Ich-Findung, kann nur gelingen, wenn gleichzeitig das Es, der objektive Tatbestand in der Wirklichkeit, unmittelbar erlebt wird. Hier muß der Ichhaftigkeit die Sachlichkeit gegenübertreten.

Man legt drei Stöcke so auf den Tisch, daß sie ein Dreieck bilden. Man vergrößert langsam den einen Winkel. Es zeigt sich, daß die gegenüberliegende Seite wächst. Man verkleinert eine Seite, und es zeigt sich, daß der gegenüberliegende Winkel sich verkleinert. Das ist so. Es muß so sein. War es schon so, noch ehe es Menschen gab, die es begreifen konnten? Muß es auch auf dem Sirius so sein, wo niemand es sehen kann? Bleibt es auch so, wenn der Vorgesetzte das Gegenteil behauptet? Und warum ist es so? — Weil die Autorität es befiehlt? — Das ungeheure Erlebnis, das in der Wissenschaft als „Evidenz" bezeichnet wird, tritt diesem haltlosen, ichhaften und fast subjektlosen Menschen zum erstenmal ins Bewußtsein. Der Lehrer ist nicht mehr die Autorität, die befiehlt, was sein soll, sondern der Freund und Mitarbeiter, der nur hinweist auf das, was tatsächlich ist. — Das „Es", die objektive Wirklichkeit ist in ihrer unbeirrbaren und unerschütterlichen Majestät in Erscheinung getreten. Hier sind Zusammenhänge, an denen man nicht mehr irregemacht werden kann. Die innere Sicherheit, die fast völlig gefehlt hat, findet hier zum erstenmal ein tragfähiges Fundament.

Der Zwangsneurotiker dagegen, der Introvertierte, der nur zu gern mit objektiven Wahrheiten spielt, der die Mathematik und die Ethik wie ein Jongleur benutzt, um nicht Subjekt sein zu müssen, kann auf einem solchen Wege niemals erlöst werden. Auch für ihn beginnt das Reifende Wir unter vier Augen, und auch er braucht etwas Objektives, einen Tatbestand, ein Es, an dem das Wir sich entfalten kann. Aber nicht Wahrheit muß er kennenlernen, sondern den Vorgang, das Ereignis. Man kann mit ihm Tischtennis spielen oder über ein Seil springen, ein Stück Land umgraben oder Unkraut ausjäten; was gelernt werden muß, ist hier immer die Freude am Werden, das Durchlaufen noch unentschiedener Zwischenstufen und das ruhige Abwarten einer Entscheidung.

Erst wenn der Spannungsbogen so weit gewachsen ist, oder, was auf dasselbe herauskommt, wenn die starren Grenzen der ichhaften Sicherungen soweit überwunden sind, daß diese bisher unzugänglichen Erlebnisse nichts Schreckliches mehr enthalten, kann sich der nächste wichtige Schritt vollziehen, nämlich die Erweiterung des Wir von vier auf sechs oder acht Augen. Je nach Umständen wird zunächst ein zweiter Helfer oder ein zweiter Patient aufgenommen werden. Man kann zu dreien Ball spielen oder zu dreien Mathematik treiben. Aber es gelingt nur, wenn das Interesse an der Sache oder an der Leistung (kurz: am Es) schon größer ist als das Interesse am Du und am Ich. – Mißlingt der Versuch, so muß zunächst die tiefenspychologische Arbeit noch fortgesetzt werden. Aber das Mißlingen selbst gibt dann meistens die Anhaltspunkte für die Richtung, in der man weiterarbeiten muß. – Gelingt dagegen der Versuch, so erweitert er sich ganz von selbst; das sachliche Interesse wächst, die Gruppe der sachlich Vereinten wächst auch, und in der Arbeit am Es kommt das Wir zum Erlebnis; – bis schließlich doch wieder die Grenze erreicht ist, an der die Wirhaftigkeit noch versagt; bis ein unangenehmer Mitarbeiter nicht mehr ertragen wird oder bis ein Mißerfolg den neuentstandenen Mut noch einmal zerbricht. Dann tritt aufs neue die Tiefenpsychologie in den Vordergrund.

Das klassische Beispiel für das Reifende Wir in unserer Zeit ist „die Elf" oder besser gesagt „die Zweiundzwanzig"; die Mannschaft, die um einer Leistung willen allerhand Mißlichkeiten erträgt; die Gefolgschaft, die sich mit ihrem Führer für eine Sache einsetzt bis zum äußersten. Die Formel der charakterlichen Gesundheit lautet: die Aufgabe, die zu lösen ist, bedeutet die Auseinandersetzung des Subjekts mit einem Tatbestand. Aber der Tatbestand ist so, daß eine Gruppe von einzelnen dem Es, der Aufgabe, gegenübersteht. Die Aufgabe selbst enthält schon die Forderung, daß nicht das Ich, sondern daß das Wir sie lösen muß. Wer das Es begreift, muß auch das Wir begreifen. Es kommt nicht darauf an, daß ein Torwart oder ein Stürmer sich hervortut, sondern es kommt

darauf an, daß die Elf gewinnt. Wer das Ziel erlebt, erlebt auch das
Subjekt als Träger dieses Zieles, nämlich das Wir. Die Es-Findung
wird gleichbedeutend mit Wir-Findung; und vom neuentdeckten
Wir aus wird das Es wiederum tiefer und lebendiger entdeckt. Das
Wir erweist sich als etwas Lebendiges, es ist in seinen Zielsetzungen
unbegrenzt. Und dementsprechend muß auch das Es mit seinen
Aufgaben und Bedingungen aus der finalen Begrenzung in die
infinale Lebendigkeit übergehen.

Es ist einerlei, ob zuerst die Freude am Ballspiel oder an der
mathematischen Wahrheit erlebt wurde. Bald handelt es sich um
andere Dinge, nämlich um die Fragen, die uns alle bewegen, und
um die Aufgaben der Gegenwart. Man muß sich klar werden über
ständische Gliederung des Volkes, über Führertum, Gefolgschaft,
Disziplin und Verantwortung. Und diese Dinge erscheinen dem
Landwirt anders als dem Industriellen, und dem Wissenschaftler
anders als dem Praktiker, dem Arbeitnehmer anders als dem Arbeit-
geber. Aber in einem kleinen Kreis von suchenden und arbeitenden
Menschen, in dem diese Gegensätze ungeschminkt zu Worte kommen, lernt man zuerst den anders Denkenden, den anders Gearteten
und den anders Interessierten zu ertragen, zu verstehen und schließlich auch zu achten. Und erst von hier aus kann man sich mit seiner
eigenen Stellung im Volksganzen, in der Kultur und im wirtschaftlichen Leben noch einmal auseinandersetzen. Man kann nun erst
begreifen, wer man ist, wo man steht und wie man in das Ge-
triebe des Lebens hineingehört. Eine neue, vertiefte Ich-Findung
wächst hervor aus der Wir-Findung, die mit der Es-Findung
gleichbedeutend ist. Und diese neue Ich-Findung bedarf keiner
Ich-Maske mehr; sie ist nahezu schon das Bewußtwerden des
Subjekts selber; sie ist das Hervortreten der vollverantwortlichen
Persönlichkeit.

Die bewußte Persönlichkeit steht sowohl dem inneren wie dem
äußeren Objekt ruhig gegenüber; sie läßt sich weder mitreißen noch
in die Flucht schlagen; sie bleibt gelassen, trotzdem sie sich im
Glücke freut und im Unglück traurig ist. Vor allem aber weiß sie
sich als Teil des Wir; die Ziele der Familie, des Standes, des Staates, des Volkes und der Kultur sind ihre eigenen Ziele; sie steht im
Dienste dieses Wir, so wie das Wir es verlangt, als Führer oder als
Gefolgsmann, als Bahnbrecher oder als Mitarbeiter. Aber weder

diese Stellung innerhalb des Wir noch das Wir selbst, noch auch seine Ziele sind endgültig festgelegt. Das wachsende Leben bringt wachsende Aufgaben mit sich; heute drängt sich diese und morgen jene Seite der Wirklichkeit in den Vordergrund. Ohne starre Grenzen, ohne Vorurteile, mit stets wachsenden Fähigkeiten und immer neuen Kräften steht der gesunde Mensch mitten im Leben. Aber er ist dazu nur imstande, weil er durch Krisen hindurchgegangen ist, weil er Ichhaftigkeit, Angst und Starrheit auf sich nehmen mußte, und weil das Leben selber ihm nicht erlaubt hat, auf irgendeiner von den vielen Stufen für immer stehenzubleiben.

Literaturverzeichnis[1])

1. **Adler, Alfred:** (54) Studie über die Minderwertigkeit von Organen. Verlag Jul. Springer, Berlin 1927.

2. —, (93, 94) Über den nervösen Charakter, 4. Aufl. Verlag J. F. Bergmann, München 1928.

3. —, (96, 170) Praxis und Theorie der Individualpsychologie, 4. Aufl. Verlag J. F. Bergmann, München 1930.

3a. —, (84) Menschenkenntnis, 4. Aufl. Verlag S. Hirzel, Leipzig 1931.

4. **Aubel, H.:** (220) Atmung und Stimme, Heft 20 d. Samml. Arzt u. Seelsorger. Verlag Friedrich Bahn, Schwerin 1929.

5. **Baker, Mary:** (181) Science and Health. Boston.

6. **Baudouin, Charles:** (222) Psychologie der Suggestion und Autosuggestion. Sibyllenverlag, Dresden 1926.

7. **Bergmann, Karl von:** (77, 88) Funktionelle Pathologie. Verlag Julius Springer, Berlin 1932.

8. **Bircher-Benner:** (185) Der Menschenseele Not. Wendepunkt-Verlag, Berlin 1933.

9. **Blüher, Hans:** (80) Traktat über die Heilkunde. Verlag Eugen Diederichs, Jena 1926.

10. **Buber, Martin:** (111) Ich und Du. Insel-Verlag, Leipzig 1923.

11. **Curtis, Adele** (227) Die neue Mystik, 3. Aufl. Anthropos-Verlag, Prien 1922.

12. **Freud, Sigmund** (76, 84, 88, 94, 98, 104, 111, 121, 133, 142, 151, 171, 198, 206, 213) Gesammelte Werke. Internationaler Psychoanalytischer Verlag, Leipzig-Wien-Zürich.

13. **Haeberlin, Paul:** (88) Wissenschaft und Philosophie, Band II. Verlag Kober, Basel 1912.

14. **Heidegger, Martin** (77, 88, 99) Sein und Zeit, 3. Aufl. M. Niemeyer, Halle a. S. 1931.

15. **Heim, Karl:** (77, 88, 98, 99, 111) Glaube und Denken. Furche-Verlag, Berlin 1931.

16. **Heyer, Gustav R.:** (10, 88, 111, 166, 174) Der Organismus der Seele. Verlag J. F. Lehmann, München 1932.

17. **Jaspers, Karl:** (77) Existenzerhellung. Verlag Julius Springer, Berlin 1932.

---

[1]) Die Zahlen in Klammern hinter den Autorennamen bezeichnen die Seiten dieses Buches, auf denen die betreffenden Werke zitiert sind.

18. Jung, C. G.: (111, 144) Das Unbewußte im normalen und kranken Seelenleben, 3. Aufl. Verlag Rascher & Cie., Zürich 1926.

19. —, (133, 198) Über die Energetik der Seele und andere psychologische Abhandlungen. Verlag Rascher & Cie., Zürich 1928.

20. —, (142) Psychologische Typen. Verlag Rascher &Cie., Zürich 1930.

21. —, (118) Das Geheimnis der goldenen Blüte. Dornverlag, München 1929.

21 a. —, (98) Die Beziehungen zwischen dem Ich und dem Unbewußten. Verlag Otto Reichl, Darmstadt 1928.

22. Kant, Immanuel: (77) Prolegomena. Reclams Universal-Bibliotkek, Philipp Reclam jun., Leipzig.

23. Klages, Ludwig: (87) Geist und Leben, Verlag Junker & Dünnhaupt, Berlin 1934.

24. Kraus, Friedrich: (76) Allgemeine und spezielle Pathologie der Person. Verlag Georg Thieme, Leipzig 1926.

25. Kretschmer, Ernst: (82, 88, 109, 133, 148, 167) Über Hysterie, 2. Aufl. Verlag Georg Thieme, Leipzig 1927.

26. —, (142, 170) Körperbau und Charakter. 9.—10. Aufl. Verlag Julius Springer, Berlin 1931.

27. Kronfeld, Arthur: (88, 166) Perspektiven der Seelenheilkunde, Verlag Georg Thieme, Leipzig 1931.

28. Levy-Brühl: (104) Die geistige Welt der Primitiven. Verlag F. Bruckmann, München 1927.

28a. Montessori, Maria: (12) Selbsttätige Erziehung im frühen Kindesalter. Verlag J. Hoffmann, Stuttgart.

29. Müller, Johannes: (185) Flugschriften. Verlag der Grünen Blätter, Elmau.

30. Müller-Freienfels: (77) Metaphysik des Irrationalen. Verlag F. Meiner, Leipzig 1927.

31. Nietzsche, Friedrich: (87) Werke. Verlag Alfred Kröner, Leipzig.

32. Prinzhorn: (178) Bildnerei der Geisteskranken. Verlag Julius Springer, Berlin 1923.

33. Rank, Otto: (147) Das Trauma der Geburt. Internat. Psychoanalyt. Verlag, Leipzig-Wien-Zürich 1924.

34. Rittelmeyer, Friedrich: (227) Meditation. Verl. Christengemeinschaft, Stuttgart.

35. Roemer, G. A.: (220) Bericht des allgemeinen ärztlichen Kongresses für Psychotherapie, 1931. Verlag S. Hirzel, Leipzig 1932.

36. Schauer, Franz: (94, 182, 195) Die Mangeldiagnose. Verlag Friedrich Bahn, Schwerin 1934.

37. Scheler, Max: (146) Wesen und Formen der Sympathie, 3. Aufl. Verlag Fr. Cohen, Bonn 1931.

38. Schopenhauer, Arthur: (95) Sämtliche Werke. Verlag F. A. Brockhaus, Leipzig.

39. Schultz, I. H.: (82, 111) Das autogene Training. Verlag Georg Thieme, Leipzig 1932.
40. Tiedjens, E. (222) Desuggestion. 2. Aufl. Verlag Elsner, Berlin 1929.
41. Wexberg, Erwin: (126) Handbuch der Individualpsychologie. Verlag J. F. Bergmann, München 1926.
41 a. Wickes, F. G.: (25) Analyse der Kindesseele. Verlag Julius Hoffmann, Stuttgart 1931.
42. Zweig, Stephan: (181) Die Heilung durch den Geist. Insel-Verlag, Leipzig 1932.

Schriften von Dr. Fritz Künkel

Im Verlag von S. Hirzel, Leipzig:

43. Einführung in die Charakterkunde. 6. Aufl. 1934.
44. Charakter, Wachstum und Erziehung. 2. Aufl. 1934.
45. Charakter, Liebe und Ehe. 1932.
46. Charakter, Einzelmensch und Gruppe. 1933.
47. Vitale Dialektik. 1929.
48. Eine Angstneurose und ihre Behandlung. 1931.

Im Verlag Friedrich Bahn, Schwerin in Mecklenburg:

49. Die Arbeit am Charakter. 18. Aufl. 1933.
50. Jugendcharakterkunde. 10. Aufl. 1933.
51. Krisenbriefe. 3. Aufl. 1933.

Im Verlag Junker & Dünnhaupt, Berlin:

52. Grundzüge der politischen Charakterkunde. 2. Aufl. 1934.